DIE VERTRAUTE DER ENGEL

Leben der Mystikerin Mechthild Thaller- Schönwerth
(1868-1919)

im Spiegel ihrer Schriften
und nach Aussage Nahestehender

Herausgegeben von
Irmgard Hausmann

Meiner lieben Kusine

Thea Schönwerth

zugeeignet

3. Auflage 1992

Gesamtherstellung:
Miriam - Verlag · D-7893 Jestetten

ISBN 3-87449-133-1

INHALT

TAGEBUCH 1912 enthält unter anderem:

Zum Anfang sei's gesagt ...

Seit Jahrhunderten überlieferte es sich in der Familie Schönwerth, daß ihr Ahnherr, ein Graf von Belle Isle — noch steht sein Schloß auf der Insel Belle Isle unweit der bretonischen Küste — nach Aufhebung des Edikts von Nantes[1] nach Deutschland flüchtete.

Nach der Überlieferung legte er seinen Adelstitel ab und seine, zum Katholizismus zurückgekehrten Nachkommen lebten 38 Jahre später mit dem Namen Schönwerth (Werth = Wörth, alte Bezeichnung für Insel) in Amberg in der Oberpfalz. Als Sohn eines geachteten Bürgers jener Stadt wurde dort 1810 Mechthilds Vater, Franz Xaver Schönwerth geboren. 1832 vollendete der außerordentlich Sprachbegabte an der Universität München seine Studien und verblieb in der Landeshauptstadt, von Kronprinz Maximilian zum Privatsekretär ernannt. Als Maurer verkleidet, rettete er — was ihm sein Dienstherr besonders hoch anrechnete — während des Lola-Montez-Aufstandes (1848) die Kronjuwelen, die er in ein Nachtkästchen verpackte und auf einem Schubkarren hinaus nach Schloß Nymphenburg brachte. Einige Jahre darauf wurde er königlicher Ministerialrat, geadelt, und heiratete Maria Rath, deren Vater Germanist und Eigentümer von Hammerwerk und Herrensitz Neuenhammer in der Oberpfalz war. Diese Familie war mit dem Regensburger Bischof Schwäbel befreundet,[2] der Neuenhammer eine Schloßkapelle schenkte. Lange Jahre beschäftigte sich Franz Xaver von Schönwerth, ebenfalls auf Anregung seiner Frau hin,[3] mit der Verfassung der zweibändigen »Sitten und Sagen der Oberpfalz«. Doch ließ ihn das nicht die sorgfältige Erziehung seiner acht Kinder vergessen.

In Mechthilds Erinnerung war ihr Vater ein heiligmäßiger Mann, der keinen Tag die heilige Messe, keine Viertelstunde das Ave Maria versäumte. Nach seiner Pensionierung soll man ihn stets mit dem Rosenkranz in der Hand angetroffen haben. Er tat auch viel für die Kirche, den Kapuzinerorden und für arme Studenten.[4]

* * *

Am 30. März, dem Tag von Mechthilds Geburt, strahlt ein Engel vor Gottes Thron, der dazu berufen ist, die bereiten Seelen mit einer derartigen Hochglut von Gottesliebe zu durchfluten, daß sie nicht mehr als die geringsten seiner Kinder sein wollen. Er hilft ihnen, nicht nur die Kreuzesliebe zu erlangen, sondern dem Erlöser die tiefverwundende Last des Kreuzes nachzutragen. Noch dazu war der 30. März 1868 ein Karfreitag — nach Mechthilds Aussage sogar der historische Karfreitag — und sie wurde zur Stunde von Jesu Tod geboren. Ihre Mutter mochte sie nicht, weil das Kind bei seiner Geburt ihr Leben gefährdet hatte, und sie nur Söhne haben wollte. Von dieser Mutter sagte ein Autor, daß sie eine Weltdame[5] gewesen sei. Allein die Tatsache, daß sie acht Kindern das Leben schenkte, widerspricht diesem Urteil. Derselbe Verfasser schrieb auch, daß die Mutter Mechthild haßte. Zwischen „nicht leiden können“[6] und hassen ist jedoch ein Unterschied. Ein anderer Autor[7] sprach von Maria Rath Neuenhammer als von einem „volkstümlich reizenden Mädchen“. Auch das kann nicht mehr nachgewiesen werden. Aber daß sie siebenundzwanzig Jahre jünger war als Mechthilds Vater, wirft doch einiges Licht auf die Sachlage.

Kinder, die an mangelnder Mutterliebe leiden, sind nicht selten. Ein erschreckendes Beispiel ist die — ebenfalls stigmatisierte — Seherin von La Salette, Mélanie Calvat. Sie wurde aus dem Haus gesperrt, die kaum Dreijährige lebte lange Wochen in einem nahen Wald, wo das erscheinende Jesuskind sich ihrer annahm. Und wie es mit Mélanie geschah, wurde auch Mechthild in ihrer Einsamkeit — sie durfte nicht mit, wenn ihre Geschwister eingeladen waren — in frühem Alter von der Liebe zum Gekreuzigten erfaßt. Es war tiefstes Mitleid, daß sie dazu brachte, lange vor dem Kruzifix im Stiegenhaus der elterlichen Wohnung[8] zu sitzen und zu Ihm aufzuschauen. Sie sah den Gekreuzigten damals nicht visionär, mit dem dreifach brennenden Heiligenschein der Gottheit. Sie sah nur ein großes, geschnitztes Kruzifix, und man kann sich gut vorstellen, daß sie, wie die kleine, verlassene Mélanie dachte: „Christus weint nicht, er hat die Augen geschlossen und er schweigt. Ich liebe Ihn und werde Ihn nachahmen, ich will nicht mehr weinen ...“

Schon in ihrem vierten Lebensjahr sah Mechthild oft ihren Schutzengel und seit ihrem fünften Jahr betreute die schon so früh nach Vollkommenheit Strebende ebenfalls ein Erzengel, der ihr aber auch nicht immer sichtbar war. Um dieselbe Zeit gewahrte sie die erste Arme Seele. Es war ein armer, bleicher Mann, der wie ein Bettler vor ihrer Haustür stand und um den sich niemand kümmerte. „Vater", sagte die Kleine, „was ist denn das, bei uns bekommen doch alle Armen etwas, und diesem abgezehrten Mann gibt man nichts!" Der Vater ließ sich zu dem armen Mann hinführen und erkannte, daß es eine Arme Seele war. „Kind", sagte er dann, „solche Armen kann man nicht mit Speise erquicken, denen hilft nur Opfer und Gebet." Beide sahen den »Bettler« öfters, Mechthild nannte ihn nur den »grauen Mann«. Er sagte ihnen, daß er ihr verstorbener Ahnherr sei — also der Graf von Belle Isle — und daß er im Fegfeuer bleiben müsse, bis die männliche Linie erloschen sei; denn er habe all sein aus Frankreich mitgenommenes Vermögen aus Geiz vergraben.[9]

Andere Begebenheiten aus Mechthilds Kindheit werden hier nicht berichtet, da sie im Tagebuch erwähnt sind.

Von Kindheit an war Mechthild so freigebig, daß ihre Geschwister sie scherzhaft die »Hausdiebin« nannten. Als sie zur Schule ging — später war sie eine der begabtesten Schülerinnen der Schulschwestern vom Angerkloster — stand sie jeden Tag um vier Uhr auf, ging um fünf Uhr zur nahen Ludwigskirche und verblieb dort bis halb sieben Uhr. Ihr Sinn war nur auf Religiöses gerichtet, so daß es der Mutter oft zuviel wurde. Mechthild hatte auch eine selten klangvolle Altstimme. Ihre Schwester Hedwig erinnerte sich nicht, jemals in Theater oder Konzert eine solche Stimme gehört zu haben. Wenn das junge Mädchen zu Hause sang, blieben die Passanten auf der Straße stehen, um zuzuhören.[10] Zusammen mit ihren Brüdern lernte sie Latein, Griechisch und Spanisch. Oft kam ein Schulfreund der Brüder ins Haus, der vier Jahre älter war als Mechthild. Er wurde später Oberdomänenrat des Fürsten von Thurn und Taxis und hielt um ihre Hand an. Ihr Beichtvater sagte, es sei Gottes Wille, daß sie heirate. Gewöhnt in der Stimme des Beichtvaters diejenige Gottes zu erkennen, willigte sie ein und vermählte sich am 7. Mai 1885. Die ersten drei Jahre ihrer Ehe verbrachte sie in Regensburg. Ein schwerlastendes Kreuz erwartete sie und sie bedurfte heldischen Hochsinns und glühendster Gottesliebe, es so zu tragen, wie Heilige dies tun, bis zu ihrem Tod.

* * *

Aus Mechthild's ersten Briefen von Obermarchtal

Als Mechthild 1898 nach Obermarchtal[11] gekommen war, beklagte sie sich brieflich bei ihrem heiligmäßigen Regensburger Beichtvater, Pater Schora, über den Pfarrer von Obermarchtal. Dieser scheint wahrlich kein guter Beichtvater gewesen zu sein. Pater Schora — er soll eigentlich Schörer geheißen haben — antwortete, sie werde als Entschädigung noch einen guten Beichtiger bekommen, ,,wenn Du vielleicht auch anfangs die *Gabe Gottes* nicht erkennen wirst.'' Seitdem nannte Mechthild den in Aussicht gestellten Beichtvater »Deus dedit« (Gott gab ihn). Sie schrieb Pater Schora: ,,Jetzt, wo mir mein gekreuzigter Jesus alles genommen hat, woran sich Herz und Seele erfreuen konnte, entschädigt er mich durch die Gabe des kontemplativen Gebetes. Immer wieder bitte ich den Heiligen Geist, mir nicht soviel innere Süßigkeit zu geben, und immer wieder kommt mir die Antwort, daß die gegenwärtige Süßigkeit des Gebetes mir nur deshalb gegeben wird, um mich für das kommende schwere Kreuz zu stärken. Es bleibt mir nichts anderes übrig, als zum Herrn zu sprechen: ,,Ecce ancilla tua! Fiat!'' Mechthild unterschrieb ihre Briefe »Ancilla« (Domini), also »Magd des Herrn«. Manchmal, besonders ihrer Freundin Mater Hedwig Schabel gegenüber, nannte sie sich »Magdalena«, welchen Namen sie bei Aufnahme in die Grignon-Bruderschaft erhalten hatte. Für ihre geistlichen Kinder war sie »Mutter Magdalena«.

Schon in jener frühen Zeit wollte sie, daß ihr erkrankter Regensburger Beichtvater ihr seine Schmerzen sende; sie würde es als große Gunst betrachten, wenn ihr Gott seine Leiden geben würde. Der heiligmäßige Pater Schora befahl ihr in der Folge, sie solle den gekreuzigten Heiland bitten, ihr den Obermarchtaler Leidenskelch nicht länger vorzuenthalten, worauf sie sich Gott als Ganzopfer darbot. ,,Woher mir das Kreuz kommen wird,'' schrieb sie, ,,weiß ich nicht!'' Sie sollte auch das Gelübde des vollkommenen Gehorsams diesem geistlichen Führer gegenüber erneuern, bis der angekündigte Beichtiger ihr geschickt werde. Im September 1898 konnte sie sich mit Pater Schora in München aussprechen, er befahl ihr, sofort den Beichtvater zu wechseln. Mechthild fragte ihn in der Folge brieflich, warum er sooft gesagt habe: ,,Gib acht auf Deinen Mann, komm ihm entgegen, wo Du kannst.'' Diese Worte erfüllten sie mit großer Bangigkeit. Und bald fiel das schwere Kreuz mit aller Wucht auf sie. Ihr Mann fand eine Freundin. Eine schlechte, verheiratete Person drängte sich ihm auf und verblieb fast Tag und Nacht im Haus. Mechthild erkrankte schwer, erhielt sogar mehrmals die Sterbesakramente. Ihr Mann, gänzlich ungerührt von ihrem Gesundheitszustand, schrie sie an: „Wenn Dich nur endlich einmal der Teufel holen wollte, da hätte er einen guten Bissen!" Schließlich verwehrte er ihr sogar ihre ohnehin kleinen Mahlzeiten, so daß sie, wie sie schrieb, „rasenden Hunger" litt. Sie teilte damals Pater Schora auch mit, daß sie von ihrer lieben Mutter eine große Schachtel mit Zwieback, Biskuit und Lachsschinken bekam, doch bevor sie auch nur ein Stückchen gegessen hatte, landete alles bei der Freundin ihres Mannes — und desgleichen sei schon öfters vorgekommen. Im Mai 1900 konnte Pater Schora, welcher nach Rom versetzt worden war, der mit dem Tode Ringenden, doch vollkommen Ergebenen, einen letzten Besuch abstatten. Seine Worte waren ihr eine überaus große Ermutigung.

Allmählich lernte Mechthild den neu angekommenen Kaplan Fischer, »Deus dedit« kennen; falsch unterrichtet, glaubte sie am Anfang, er weiche ihr aus. Der Briefwechsel mit Pater Schora setzte sich fort; wir wiederholen hier, was Mechthild auf seine Frage antwortete, welche Eigenschaften, in ihren Augen, ein wahrhaft guter Priester haben müsse. Sie erklärte:

1. Muß ein guter Priester vor allem eine gewisse Kindlichkeit haben, bei allem Geist, bei aller Redegewandtheit, die ihm vielleicht zu Gebote steht. Es ist ein gewisser Hauch von unschuldiger Kindlichkeit, die über einem solchen Priester liegt. Man trifft diese Kindlichkeit selten und sie ist keine absolute Notwendigkeit für einen guter Priester; doch ist das, meiner Meinung nach, ein Zeichen der Auserwählung.

2. Muß ein guter Priester viel unbewußte Demut haben. Eine gewissermaßen gesuchte Demut, die sich im Grunde nur selbst Weihrauch streut, kommt sehr oft vor, leider, aber diese unbewußte, arglose Demut ist unaussprechlich anziehend — und selten.

3. Muß ein guter Priester liebenswürdig von Charakter und Wesen sein, doch ohne Süßlichkeit und Gefühlsschwäche, in aller Natürlichkeit. Die liebenswürdigsten Charaktere fand ich im Priesterstand. Es gibt Geistliche, die durch ihre Liebenswürdigkeit die besten Apostel sind, die durch ihr liebenswürdiges Benehmen die reichsten Fischzüge machen, d.h., die meisten Seelen für Gott gewinnen.

4. Ein guter Priester muß von einer hohen Frömmigkeit sein — ohne sie aber aufdringlich zu machen, das ist gefährlich!
5. Habe ich noch nie einen guten Priester angetroffen, der nicht zugleich ein großer Kinderfreund war. „Lasset die Kleinen zu mir kommen!“ Und der Priester ist Christi Stellvertreter, kann er da anders, als die Kleinen zu lieben, denen der geliebte Herr und Meister das Himmelreich versprach?
6. Dann muß ein guter Priester auch sanftmütig und geduldig sein. Wie oft wird namentlich dem Priester gegenüber alles aufgeboten, ihn zu Zorn und Ärger zu reizen, und wie muß sich ein Priester beherrschen, wie muß er sich selbst Gewalt antun, um Verleumdung und Lieblosigkeit sanft und geduldig anzunehmen und zu ertragen. Fürwahr, sein Lohn wird groß sein im Himmel.
7. Ein guter Priester muß allen alles sein, nach dem erhabenem Vorbild seines göttlichen Meisters.

Wieviel verschwiegene Selbstverleugnung, wieviel verborgenen Opfermut habe ich namentlich bei Priestern gefunden! Und die armen Menschen erkennen so selten, wie begnadigt sie von Gott durch die Einsetzung des Priestertums sind. Meine Gedanken über die unaussprechliche Macht und Höhe der priesterlichen Gewalt sind Ihnen ja schon bekannt. Es ist überhaupt unmöglich, Ihnen mitzuteilen, was ich als Kennzeichen für einen guten Priester halte. Am liebsten würde ich sagen: „Jeder gute Priester ist ein Heiliger, ein wohlgefälliges Schauspiel für Gott und den Himmel, ein stetes Opfer für die gesamte Menschheit.“

* * *

Tagebuch

November 1906 - Januar 1908

7.11.1906

Ich schlafe jetzt jede Nacht drei bis fünf Stunden, manchmal sechs Stunden, doch wird mir die Wachezeit nicht lang. Da betrachte ich gewöhnlich oder spreche mit meinem gekreuzigten Heiland. Das Treppensteigen ist mir nun fast zur Unmöglichkeit geworden. Ich bin im Leben schon über soviele Stiegen gelaufen; wenn ich hinaufging, erinnerte ich mich stets, wie meine liebste Liebe so mutig den Kalvarienberg erstieg. Und beim Hinabsteigen vereinigte ich meine Schritte mit denen Jesu, die er auf Erden tat, um uns verlorene Schäflein wieder zu finden. Wenn mich als Kind oft meine Eltern oder die Dienstboten riefen, um ihnen zu helfen, dann beeilte ich mich und wetteiferte in Gedanken mit dem Kinde Jesu, das seinem Pflegevater so vollkommen gehorsam war. Und wenn jetzt mein Mann meine Dienste beansprucht, gehorche ich ihm mit Freuden als meinem vorgesetzten Oberhaupt, und ich vereine diesen Gehorsam mit demjenigen Jesu Christi. So war mir der Gehorsam stets nur Süßigkeit und niemals schwer. Ich konnte im Gehorchen niemals ein Opfer finden, denn meine gekreuzigte Liebe war bis zum Tode gehorsam, wie könnte ich da ungehorsam sein? Der Gehorsam gegen meine geistlichen Führer war mir immer etwas ganz besonders Liebes und Freudiges. Dies ist keine Tugend, sondern nur eine gute Eigenschaft, sagte Pater Schora. Aber für diese gute Eigenschaft habe ich Gott schon oft von Herzen gedankt, denn sie hat mir schon großen Frieden gebracht.

Sooft ich mein Kruzifix anschaue, könnte ich weinen über meine Kälte gegenüber der gekreuzigten Liebe. Als Kind hatte ich oft ein heißes Verlangen, mein Leben für Christus hinzugeben, und als ich mit sieben Jahren von Pater Angelus gefragt wurde, was ich am liebsten werden möchte, sagte ich: „Märtyrerin!" Später sagte ich das nicht mehr, denn ich sah ein, daß ich einer solchen Gnade nicht würdig sei. Mit dreizehn Jahren bat ich den guten Beichtvater Pater J. S. das Gelübde ewiger Keuschheit ablegen zu dürfen. „In vierzehn Tagen gebe ich Dir Antwort", sagte er, „halte eine Novene zum Herzen Jesu und zum Heiligen Geist!" Vierzehn Tage darauf legte ich auf sieben Jahre das Gelübde ab.

Als ich es dann erneuern wollte, sagte mein Beichtvater: „Nein! Du bist zur Ehe bestimmt." Da wagte ich keine Widerrede, aber ich war von Herzen betrübt, denn ich dachte, dann kann ich meiner gekreuzigten Liebe nicht mehr so anhängen! — Als ich sechzehn Jahre alt war, starb mein teurer Vater. Ich trat mit Bewilligung meines Beichtvaters in den Dritten Orden des hl. Franziskus ein.

Einmal studierte ich fleißig im Garten, weil ich ein Sprachexamen ablegen wollte. Da ergriff mich plötzlich eine brennende Sehnsucht nach einem Besuch des Allerheiligsten, daß mir ganz elend wurde. Als ich wieder zu mir kam, kniete ich vor dem Sakramentsaltar von St. Ludwig und mein Sehnen war gestillt. Nach ein paar Minuten war ich wieder daheim am Gartentisch, gegenüber meiner lieben Mutter, die mitten im Reden war und meine Abwesenheit nicht bemerkt hatte. Bei der nächsten Beicht gestand ich meinem heiligmäßigen Beichtvater diesen »Ausflug«. Er blieb eine zeitlang stumm, dann sagte er: „Kind! Wenn Du Dein Verlangen nach Jesus um des Gehorsams willen und um Jesu willen bezwungen hättest, wäre es besser gewesen. Ich verbiete Dir, nochmals so ungenügsam zu sein. Lerne Gott um Gottes willen verlassen; das ist der Weg zur Vollkommenheit! Wenn Dich die Liebe nochmals fortreißen will, sage: „Herr, ich darf nicht, ich muß folgsam sein!" Also tat ich. Doch dieser Gehorsam war schwer, denn ich mußte acht geben, ihn halten zu können.

Einmal, in Regensburg, im ersten Jahr meiner Ehe, war ich in einen Abgrund von Trauer versenkt. Da kniete ich mich nieder vor meinem Kruzifix und sagte weinend: „O süßeste Liebe! Der, dem ich mein Herz geschenkt habe nach Deinem Willen, hat mich ins Gesicht geschlagen, und ich bin zu Tode betrübt. Ich ertrage es schweigend zu Ehren des Dir versetzten Backenstreiches, aber liebster Herr! Was gibst Du mir dafür?" Da wurde das Kruzifix lebendig, und eine rührende, ergreifende Stimme sagte mit unendlicher Liebe: „Meine geliebte Tochter!" Da wurde mir das enge Zimmer zur Kapelle und ich fand keine anderen Worte als: „O meine gekreuzigte Liebe!" Von dieser Stunde an konnte ich alle Beleidigungen und moralischen Mißhandlungen mit Geduld ertragen und ohne Vorbehalt verzeihen. Pater Schora sagte damals: „Kind, wie klein ist Dein Glaube und wie schwach Deine Liebe, daß der Herr sich solcher Mittel bedienen muß!

Da bat ich Jesus inständig um Verzeihung für diesen Fehler. Jetzt will ich mich nicht mehr über meine Kinderlosigkeit beklagen. Auch meine

Mechthild im Alter von 12 Jahren

Mechthild im Alter von 20 Jahren

körperlichen Schmerzen werden mir jetzt teurer: Denn Jesus gibt sie mir, weil ich in meinem Beruf keine freiwilligen Abtötungen mehr üben kann und diese Leiden sind mehr wert, als alle freiwilligen Abtötungen.

Auch die Verleumdungen meiner Umgebung sind mir kein Schmerz mehr, weil es der Wille Jesu ist, daß man mich verachtet. Daß ich nicht zur Kirche gehen kann, betrübt mich nicht länger, weil ich mein Verlangen zum Opfer bringen soll. Ich weiß jetzt auch die Antwort auf meine Frage, warum ich bei Deus dedit oft ängstlich bin, über geistliche Dinge zu reden: Es ist das Gefühl meiner absoluten Unwürdigkeit gegenüber so vieler unverdienter Güte. Pater Schora sagte, man müsse mich stets mit Strenge behandeln. Zum Schluß bitte ich Deus dedit, er möchte das Gelübde des Gehorsams, das er in beschränkter Weise von mir nahm, zu einem wirklichen, vollkommenen Gelübde umformen.

9.11.1906

Kämpfe werden kommen, und ich werde viel leiden müssen. Aber: „Je mehr Leiden, desto mehr Liebe.“ Auch darf ich bald kommunizieren, welche Freude, daran zu denken!

In meiner Vaterstadt ist ein Kloster der Servitinnen. Zweiundsechzig Insassen zählt es, ohne die weltlichen Ausgehschwestern. Die Regel ist sehr streng. Im Kloster sind zirka zwölf Chorfrauen, die alltäglich das große priesterliche Brevier beten. Jede Nacht, von elf bis ein Uhr knien sie vor dem Allerheiligsten und verrichten Sühnegebete. Fleisch gibt es selten; strenge Bußübungen täglich. Unter den Chorfrauen heißt eine Maria Benedicta de St. Spiritu. Sie ist klein von Gestalt, doch ihre Gesichtsform ist schön. Diese Servitin hat eine heiße Andacht zum süßen Namen Jesu. Sie besitzt die Gabe der Tränen. Ihr Gesicht glüht vor Liebe, wenn sie den Namen Jesu hört, und vor zwei Jahren fand durch eine erzbischöfliche Kommission eine Prüfung statt, weil es hieß, diese Ordensfrau hätte eine solche Liebe zu ihrem göttlichen Bräutigam, daß manchmal ihre Lippen glühend seien, so daß die Blätter ihres Breviers oft Brandflecken zeigten, wenn sie den Namen Jesu küßte. Die Kommission fand keine Erklärung für die Brandflecken. Daß sie durch Berührung mit den Lippen oder mit den Händen entstanden waren — steht fest.

Das nenne ich vom Feuer der göttlichen Liebe entzündet sein. Diese Ordensfrau ist meine älteste Schwester.[12] Mir wäre eine aufsehenerregende Gabe fürchterlich. Ich glaube, daß zum Ertragen von so etwas Außerordentlichem eine große Demut gehört.

Ich kann nur sehr schwer knien, auch im Sitzen habe ich oft Schmerzen. Im Liegen weiß ich manchmal nicht, was tun, um mich erträglich zu fühlen. Ich glaube, ich werde wieder recht leidend, die heftigen Kreuzschmerzen zeigen es mir an.

Heute ist Freitag, der Tag des Leidens Jesu. Ich werde mit Gottes Hilfe nie mehr vergessen, daß das Kreuz noch schwerer wird, wenn ich mich nicht in Gottes Willen ergebe, denn dann trägt Jesus auch noch meinen Kreuzesbalken.

Heute Nacht, als ich wenig Ruhe fand, war ich sehr glücklich im Gedanken an die Güte meines Jesus. Ich habe die allerseligste Jungfrau, den hl. Josef und alle Heiligen, besonders meine Schutzheiligen, inständig gebeten, sie möchten mir doch etwas von ihrer Gottesliebe schenken. Aber die Liebe ist nicht nur ein göttliches Gnadengeschenk, sie will auch verdient sein.

Opfer gibt es wieder viele, und ich lese sie freudig auf. Deus dedit meint wunder, was er hat, wenn ich ihm die Hälfte des »Verdienstes« gebe, aber wenn er es näher betrachten würde, wären es doch nur recht unscheinbare »Öpferchen« und sonst nichts. Es ist schön, wenn man allwöchentlich ein oder zwei Tage hat, an denen man beichten kann. Nichts war mir hier am Anfang schrecklicher, als der Verzicht auf diese Gewohnheit; Pater Schora nannte es »eine schwere Prüfung«. Und die öfteren Kommunionen, die bis dahin mein Teil waren: Als ich hierher kam, war alles abgeschnitten, der Quell des lebendigen Wassers war vertrocknet. Dann wurde ich krank und wäre ganz verlassen gewesen, wenn ich nicht den Briefwechsel mit Pater Schora gehabt hätte.

Nicht ganz alltägliche Vorkommnisse sind an und für sich eine tiefe Verdemütigung. Stets war mir Pater Schora's Ausspruch maßgebend, der sagte, in solchen Fällen soll ich soviel Reue als möglich erwecken und überzeugt sein, daß meine Seele nicht gut ist, sonst würde sich Gott nicht außerordentlicher Mittel bedienen. Ich glaube, mir stehen wieder schwere Leidensstunden bevor. Da ist dann der Geist nicht so gesammelt, wie er sollte, denn nur wenn die Seele vollständig in Ruhe ist, läßt sich Gottes Stimme vernehmen. Ich bin von Herzen dankbar für die Ölbergstunden, aber die Angst, die ich vor den entsetzlichen Schmerzen habe, kann ich nicht ganz bezwingen. Ich bin allein und werde nicht imstande sein, mir auch nur die geringste Erleichterung zu verschaffen.

12.11.1906

Heute nach dem Essen zog ich mich in mein Zimmer zurück, um zu »ruhen«, in Wahrheit aber, um zu betrachten. Ich dachte nach über die wunderbaren Wege der göttlichen Vorsehung, die jedem Menschen den Platz zuweist, an dem er heilig werden kann. Da sah ich in der Betrachtung wieder Jesus vor mir, doch ohne Kreuz und ohne Dornenkrone. Der Herr öffnete seine Hände, und da sah ich, daß er kostbaren Schmuck, herrliche Kronen und alles mögliche Geschmeide in seinen heiligen Händen hielt. Und er sprach zu mir: ,,Wähle, meine Tochter, unter all diesen Schätzen, was Dir am begehrenswertesten erscheint!" Ich trat hinzu und erkannte, daß alle diese Edelsteine herrliche Tugenden waren. Die Barmherzigkeit zog mich einen Augenblick aufs höchste an: sie war dargestellt durch einen köstlichen Ring. Aber ich wählte sie doch nicht, sondern suchte weiter unter den Schätzen. Da sprach ich: ,,Ach liebster Herr, was ich will, hast Du nicht unter den Juwelen, und wer sollte es mir geben können, wenn nicht Du?" Da lächelte der Herr ganz wundersam und sprach: ,,Suche nur weiter!" Endlich fand ich, was ich wollte, es war eine kleine Dornenkrone. Die ergriff ich und sprach: ,,Das sei mein Anteil! Aber die Krone ist zu klein für mich und hat zu wenig Dornen!" Da erwiderte der Herr: ,,Warum nimmst Du die Dornenkrone? Siehe her, da sind noch kostbarere Diademe aus Gold und Edelsteinen, sind sie nicht viel schöner?" Ich sagte: ,,Was ist kostbarer als die Dornenkrone, die Du für uns getragen hast? Ist sie nicht edler als alle anderen Kronen? Und hast Du nicht selbst gesagt, als ich Dich bat, mein Herz in heißer Liebe zu Dir zu entflammen: ,,Durch Leiden gelangst Du zur Liebe!" Ach, liebster Herr, wie kannst Du mir statt dieser Leidenskrone ein Diadem aus Gold anbieten? Da nahm mein Jesus die Dornenkrone und setzte sie mir aufs Haupt, und ich fühlte, daß die Dornen lang und spitzig, und der Dornenkranz so weit und groß wurde, daß er meine Stirn umspannte. Ich dankte dem Herrn, daß er meine Eigenliebe ertötet hatte. Und Er sprach mit ergreifendem Ausdruck: ,,Trage Dein Kreuz, folge mir nach; beuge Dich unter der Dornenkrone, aber unterliege nicht!" Da hatte ich Angst, daß mich der Herr schon verlassen wollte und ich rief: ,,Herr! Bleibe noch bei mir und gib mir Antwort auf das, was mein Führer wissen will, sonst bin ich ungehorsam!" (Deus dedit wollte wissen, was er noch zu tun habe, um den Willen Gottes vollkommen zu erfüllen). Da lächelte Jesus voll Liebe und sagte: ,,Ich habe Dir schon gesagt, daß er überreiche Gnade und meine Liebe besitzt, und daß ich stets bei ihm bin; aber den Willen, heilig zu werden, muß er selbst haben!" Da rief ich: ,,Kräftige seinen Willen, nimm ihn an der Hand und führe ihn zur Heiligkeit! Du willst ja, daß er heilig wird!" Da sprach der Herr: ,,Ich führe ihn, habe seinen Eifer neu belebt, ich ziehe ihn an mich mit der Süßigkeit meines Namens. Aber oft gehe ich neben ihm und er achtet meiner nicht. Oft biete ich ihm den höchsten Reichtum meiner Gnade an, und er begreift es nicht! Er soll auf meine Einsprechungen achten." Mit allem Eifer sprach ich: ,,Das genügt mir nicht! Du mußt mir versprechen, daß er heilig wird!" Nun erwiderte der Herr mit göttlicher Majestät: ,,Siehe, ich habe ihn gezeichnet in meine Rechte. Er wird ewig leben!" Und dann entschwand mein Jesus. Ich dankte dem Herrn für seine Barmherzigkeit und bereute von Herzen meine Sünden und Nachlässigkeiten. Ich werde keine schmerzensfreie Stunde mehr haben, und ich danke dem Herrn auch für diese Gnade.

Schon seit Jahren habe ich die Gewohnheit, morgens drei Ave zu beten zur heiligen Dreieinigkeit, daß Deus dedit täglich zunehme an Vollkommenheit. Doch ist dieses Gebet zu wenig, ich muß öfters beten.

Dann hätte ich noch ein Anliegen. Ich hatte mit zwei Personen einen Bund geschlossen, täglich drei mal »Ehre sei dem Vater« usw. zu beten, als Dank für die Menschwerdung, Erlösung und Einsetzung des heiligen Altarsakramentes. Könnte Deus dedit nicht noch zwei Personen bestimmen, die dasselbe beten? Denn von uns dreien sind zwei gestorben. Ich weiß, daß dieses Gebet dem Herrn überaus angenehm ist. (Deus dedit und sein Freund, Servus Dei [Diener Gottes] übernahmen die Gebete.)

2..12.1906

Abends zehn Uhr. Am späten Abend war ich wieder allein. Ich bat die allerheiligste Jungfrau um ihrer unbefleckten Empfängnis willen, um die Gnade der Heiligkeit für Deus dedit und seinen Freund Servus Dei. Auch bat ich meinen lieben Schutzengel, er möge den Erzengel an meiner rechten Seite bitten, dieses Gebet vor Gottes Thron zu bringen. Nun erblickte ich beide Engel vor mir und der Erzengel hatte eine goldene Schale in der Hand mit duftendem Rauchwerk, das zum Himmel stieg. Der Erzengel sagte zu mir: ,,Siehe, wie eilfertig ich bin, Deine Wünsche zu erfüllen!" Da wurde plötzlich Ruhe in meiner Seele und ich wage nun zu hoffen, daß der Herr meinem Herzen viel Stärke geben wird, um den Myrrhenstrauß zu ergreifen, den er mir angeboten hat. Nun gehe ich zur Ruhe, um Dein Gebot zu erfüllen, o Herr. Du hast angeordnet, daß der Mensch sich durch Schlaf von den Mühen des Tages erhole. Ich bitte Dich, gib mir Schlaf. Du mein teuerster Bruder, hl. Schutzengel, und Du, seliger Geist,[13] den die Barmherzigkeit der heiligen Jungfrau mir gegeben hat, haltet Wache und vertreibt die Engel der Finsternis.

4.12.1906

Heute stand ich den ganzen Tag, mit Ausnahme einer Stunde, am Küchenherd. Plötzlich wurde ich überaus betrübt, weil ich für keine eigenen Kinder zu sorgen hatte. Da zeigte sich mir der Erzengel und sprach: „Tue alles mit der Liebe und Sorgfalt, mit der Du arbeiten würdest, wenn Du dem Jesuskind zu Weihnachten eine Freude bereiten wolltest. Wenn Du dann am Christabend der heiligen Familie Dein armes Herz zum Aufenthalt anbieten wirst wie alljährlich, dann wird das Christkind Dein Herz mit tausend Freuden als Lager benutzen, denn durch Selbstverleugnung und Überwindung wird es wohl bereitet sein." Da war ich getröstet. Heute kann ich nicht mehr weiterschreiben, denn ich fühle mich vor Schwäche und Schmerzen fast einer Ohnmacht nahe. Wie kann ich »ans Kreuz geheftet« werden, wo mir das Kreuztragen schon fast unerträgliche Schmerzen macht?

6.12.1906

Als das ewige Wort empfangen war, wurde Maria von überirdischer Helle umgeben.[14] Der Glanz der von ihr ausstrahlte, war weit mächtiger als das Licht, das von den unzähligen Engeln ausging, die vom Himmel herabgekommen waren, ihrer Königin zu huldigen und das fleischgewordene Wort in Mariens Schoß anzubeten. Die Freude, die Maria damals empfand, war größer als die Seligkeit aller Engel und zukünftigen Heiligen zusammen. Ich erkannte, daß Maria damals, in diesem erhabensten Augenblick ihres ganzen Lebens, das Magnificat sprach. Es wurde von tausend und abertausend Engeln jubelnd wiederholt. Das göttliche Kind sah damals schon seine Leiden voraus, die noch vertieft wurden im Gedanken an die Schmerzen seiner sündelosen Mutter. Auch alle Seelen, die trotz seines bitteren Leidens und Sterbens verloren gehen, zogen in Gedanken an ihm vorüber. Doch sah er auch die standhaften Seelen, und dieser Anblick tröstete ihn, wenn ich diesen Ausdruck vom Gottmenschen gebrauchen darf. Josef schlief, als das Geheimnis der Menschwerdung sich vollzog. Seine Stunde war noch nicht gekommen, doch hatte er in jener seligen Nacht wunderbare Träume, die sein ganzes Herz einnahmen und seine Seele zu noch größerer Gottesliebe entflammten. St. Josef ist der allerdemütigste Heilige, den Gott je erschuf, und nicht nur demütig, sondern auch im höchsten Grad bescheiden. Die Demut Mariens ist unvergleichlich. Nach ihr ist aber St. Josef der demütigste aller Menschen. Als ich in die Betrachtung vertieft war, fiel mir plötzlich mein eigenes Leid ein, und ich wandte mich an die jungfräuliche Mutter Gottes voll Vertrauen, und bat sie aus Herzensgrund um Erbarmen und Hilfe in meinen Nöten. Ich bat sie inständig um ihre Fürbitte um der Freude willen, die sie bei der Empfängnis des Sohnes Gottes empfand. Da wandte sie sich zu mir und sprach in gütigem Ton: „Wann lernst Du endlich, dich zu ergeben in den Willen Gottes? Du zerstörst Dir die Krone, an der Du so mühsam gearbeitet hast, wenn Du nicht endlich den Willen meines Sohnes höher schätzest als Deinen eigenen. Du mußt sein wie frischer Ton in den Händen meines Sohnes. Wie schön würde das Gefäß werden, wenn Du Dich ergeben wolltest: Du würdest ein herrliches Gefäß der göttlichen Gnade, aber Du willst ja nicht!" Da erwiderte ich: „Ich will, aber ich kann nicht!" Maria antwortete: „Solange Du nicht mit Gewalt die Befürchtungen Deiner Natur unterdrückst, und alle Angst, die so unnötig ist, wirst Du niemals frei werden vom Irdischen. Sei mutig und zögere nicht, das Kreuz zu umfassen, und der Friede, nach dem Dein unruhiges Herz verlangt, wird Dein Anteil sein in Ewigkeit!"

Jetzt wende ich mich noch an St. Josef. Er weiß, was Angst, Sorge und Kummer ist, vielleicht erbarmt er sich meiner und hilft mir.

Deus dedit lernt mich allmählich kennen aus Pater Schoras Briefen. Heute habe ich das Adventfasten zweimal gebrochen: Um neun Uhr hatte ich so verzehrenden Durst, daß ich ein Stück von einem Apfel aß, und nachmittags, trotzdem ich eine Tasse Milchtee zu mir genommen hatte, aß ich ein Stückchen Brot. Ich habe jetzt oft plötzlichen Hunger; wenn ich dann eine Kleinigkeit, und sei es nur einen Bissen Brot zu mir nehme, ist es mir wieder besser. Darf ich mir in dieser Hinsicht etwas nachgeben? Morgen kommt Deus dedit, ich freue mich schon darauf.

7.12.1906

Heute durfte ich den ganzen Tag sehr viel leiden. Ich fange jetzt erst nach und nach an, die Güte des Herrn zu kennen. Ich war zuerst so überrascht von allem, was mir der heutige Tag gebracht hat, daß ich gar nicht an das Danken dachte. Ich muß Pater Schora recht geben, der mir sagte, ich solle über meine Sünden nachdenken, dann wird mir manches Unbegreifliche über die Güte und Langmut Gottes begreiflich. Trotz der wahrlich nicht geringen Schmerzen habe ich nun schon stundenlang ein Gefühl vollständiger Ruhe in Gott. Es wird ja nicht lange dauern, bis das Kreuz wieder beginnt. Doch gegenwärtig bin ich selig, als läge ich im Schoße Gottes. Ich fühle ein heißes Feuer der Gottesliebe, doch ohne Schmerz, und jetzt, wo ich allein bin, sehe ich die Zeichen meiner gekreuzigten Liebe wieder an meinen Händen.[15]

»Pax tecum«. Dieser Segensspruch Deus dedit's hat sich erfüllt. Die Buße, die er mir aufgab, gibt mir soviel Frieden. Auch bin ich glücklich, daß er mein Führer bleiben wird.

Was hätte ich heute betrachten können, als die fünf Wunden Jesu? O ihr armen Menschen! Wenn ihr ein kaltes oder wundes Herz habt, geht hin zum Gekreuzigten, verbergt euch in seine Seitenwunde, und eure Herzen werden warm und eure Wunden sind geheilt. O göttliche Liebe! Wie wenig wirst Du gesucht, und wie wenige finden Dich! O Kreuz Christi, wie süß bist Du. Gott sei Dank, daß ich an Dich geheftet bin für mein ganzes Leben. Ich trage Dich und Du trägst mich! Morgen tritt der Advent wieder in seine Rechte. Nächste Woche will mich mein Mann zu einer Wagenfahrt mitnehmen. Er befiehlt — ich gehorche. Das übrige überlasse ich Gott. Nun versuche ich zu schlafen im Namen Jesu.

8.12.1906

Trotzdem es mich mit aller Gewalt zur Betrachtung der Schmerzen Mariens zieht, folge ich dem Befehl meines geistlichen Vaters und halte eine Adventsbetrachtung über die Unbefleckte Empfängnis der allerseligsten Jungfrau. Ich habe sonst an diesem Tage viel gebetet und geweint wegen meiner Kinderlosigkeit und wenn mich auch der heutige Tag nicht in Tränen findet, so muß ich doch, wie alljährlich, besonders zum hl. Joachim und zur hl. Mutter Anna beten, sie möchten doch beim Herrn und bei ihrer unbefleckten Tochter für mich bitten, daß ich des gleichen

Glückes wie sie teilhaftig werde, die noch im hohen Alter Elternfreuden hatten. Ich wäre so bescheiden in meinen Wünschen, nur ein einziges Kind zur Taufe zu bringen, wenn es danach der Herr auch gleich zu sich nehmen würde. Ich dachte mir dann, daß mein Führer diese Gedanken mißbilligen werde und bat meinen Engel um Hilfe in meines Herzens Nöten. Da sah ich ihn und den Gabrielsgefährten (Erzengel) vor mir in Schönheit und Holdseligkeit. Ich sagte zu ihnen: ,,O wie schön seid ihr! Und doch müßt ihr tausendmal schöner sein als ich euch erblicke, wenn ich den ganzen Glanz eurer Herrlichkeit vor mir sehen würde, müßte ich ja vergehen!" Der Gabrielsgefährte erwiderte: ,,Ja, das ist wahr. Doch noch viel schöner als wir in unserer ganzen himmlischen Schönheit ist eine reine Seele. Die Seligkeit der Heiligen ist viel größer, als die unsere, denn sie durften für Gott leiden." Da erwiderte ich: ,,Wie schön ist die Seele meines geistlichen Führers und seines Freundes?" Da lächelten beide Engel und mein Schutzgeist sprach zu mir: ,,Du hast nur eine schwache Ahnung von der Herrlichkeit und Schönheit dieser Seelen. Wenn der Herr Dir ihre ganze Anmut offenbaren würde, wüßtest Du nicht, ob Du nicht den Herrn selbst vor Dir hättest. So ist es mit jeder reinen Seele. Die priesterlichen Seelen haben aber noch eine ganz besondere Herrlichkeit, sie sind so wunderbar in ihrem Glanze, daß sie sich erst im Himmel begreifen lernen. Und das ist der größte Teil ihrer Glückseligkeit und ihres ewigen Jubels." — Ich freute mich von Herzen über Deus dedit und sagte zu den Engeln: ,,Ach, er wird doch heilig werden." Der Gabrielsgefährte antwortete mit hohem Ernste: ,,Alles, um was er für sein Seelenheil bittet, wird ihm gewährt." Nun gehe ich in Gottes Namen zur Ruhe. Gestern und heute hatte ich viele Opfer zu bringen. Es war schwer, denn ich leide viel, besonders das Herz und die rechte Seite schmerzen mich. Im Hause kommunizieren kann ich nicht, wenigstens vorläufig. Mein Engel hat mich heute wieder gewarnt. Körperlichen Schaden darf mir der Teufel nicht zufügen, aber seine Gesellen, meine lieben Mitmenschen, arbeiten in seinem Namen. Ich will das Schwert der Geduld, Sanftmut und Selbstverleugnung in die Hand nehmen, das ist meine Waffe.

9.12.1906

Heute morgen betrachtete ich die Größe des hl. Johannes des Täufers. Wie kann ich nur einen Augenblick denken, je gefastet oder mich abgetötet zu haben, wenn ich auf St. Johannes schaue. Dieser Heilige, dieser Freund Jesu zu einer Zeit, wo ihn, den Höchsten, außer seinen Eltern niemand kannte, ist eine überwältigende Erscheinung. Er ist die verkörperte Selbstentsagung. Welch tiefen Frieden muß St. Johannes in seinem Herzen gehabt haben. Von seiner Kindheit an bereitete er sich zu seinem erhabenem Amt als Prediger in der Wüste vor. Er war auserwählt, Jesus zu taufen. Er sah bei dieser Gelegenheit den Heiligen Geist und hörte die Stimme des ewigen Vaters. St. Johannes predigte Buße und Besserung des Lebens. Auch heute noch, — man braucht nur an ihn zu denken, um sich diese hehre Gestalt vorstellen zu können. Trotz aller Demut ist er eine gebietende Erscheinung. Die Andacht zum heiligen Johannes dem Täufer ist eine der besten Vorbereitungen auf Weihnachten. Und von wie wenigen wird diese Andacht geübt! Die Legende erzählt, St. Johannes wäre auf Antrieb des Heiligen Geistes, — selbst noch ein Kind, — meilenweit gelaufen, um Jesus zu sehen, als er mit seinen Eltern von Ägypten zurück nach Nazareth reiste. Das ist nun keine Legende, oder ein Märchen, sondern Wahrheit. Ich sah heute in meiner Betrachtung, wie der kleine Johannes über Steine und Dornen eilte, unbekümmert, daß ihn die Dornen und Sträucher in seinem eiligen Lauf verwundeten, und wie er sich dann hinter ein hohes, dichtes Gesträuch kniete, als er die heilige Familie herankommen sah. Er, der heilige Knabe, wagte nicht, sich Jesus zu nähern. Er war zu demütig, und ich hatte die Erkenntnis, daß Johannes, als er den kleinen, heißgeliebten Jesus gesehen hatte, das Magnificat betete. Jetzt hatte ich, als ich sah, wie heilig Johannes schon damals war, ein großes Mitempfinden seiner Demut, eine große Bewunderung für seine Bescheidenheit und Selbstentäußerung. Er brachte das schwerste Opfer, das er zu leisten imstande war, er verzichtete aus Demut auf ein Gespräch mit Jesus. Da machte ich dann wieder den Vergleich mit mir. Johannes war so hoch an Heiligkeit und meine Sünden sind überaus groß. Ach, wenn ich nur von Herzen bereuen könnte. Aber wie soll ich bei meiner Selbstsucht zur tiefen Reue kommen? Da muß ich den heiligen Vorläufer Johannes schon recht herzlich darum bitten. Was nützt mir die Güte meines geliebten Jesus, wenn ich mich nicht bessere? Wenn ich durch Leiden zur Liebe gelangen darf, muß ich von der Liebe zur Reue gelangen.

Heute Mittag war ich sehr betrübt. Ich dachte wieder daran, wie wenig Freuden es waren, die mir das Leben bisher geboten hat. Ich gedachte der schrecklichen Lieblosigkeit, die meine Kindheit verbitterte, des

Aufgebens jedes eigenen Willens, die mir die Jugend brachte, der Schmerzen, Entsagung, Einsamkeit, des Hungers nach Verständnis, was mir alles die Ehe brachte, von meiner Kinderlosigkeit und getäuschten Erwartungen nicht zu reden. Da ich mit Macht gegen die Bitterkeit des Herzens kämpfte, und die unfreiwilligen Gedanken doch wiederkehrten, rief ich meinen Engel zu Hilfe. Ich sah ihn augenblicklich, ernst und kampfgerüstet. Ich sprach: ,,Geliebtester Bruder, warum trägt Deine Hand ein Schwert?" Er erwiderte: ,,Der Teufel steht auf wider Dich! Rüste Dich zum Streit und sei klug. Überall hat er sich Gehilfen geworben, erwirb Dir auch solche im Himmel. Verzage nicht, Du wirst siegen!" Da klagte ich dem Engel meinen Jammer, er tröstete mich liebevoll und sagte: ,,Das gehört zu Deinem Kreuz! Trage es um Gottes willen mutig, lasse Dir die Palme nicht rauben! Denn nur mehr kurz ist die Zeit!" Dann verschwand er.

10.12.1906

Heute Abend war ich eine kleine Viertelstunde bei Deus dedit. Nachträglich hatte ich die etwas unklare Empfindung, daß ich ihn gestört habe. Doch hat er mir jedenfalls in Jesu Namen verziehen. Am Abend kam ein Brief von Regensburg. Dadurch hat mir Gott wieder ein schweres Kreuz in Aussicht gestellt. Ich muß Deus dedit bitten, er möge auch beten, daß dieser Kelch vorübergehe. Heute ist der fünfte Bußtag. Jetzt bete ich meine Buße, den 90. Psalm, dann mache ich die Passionsbetrachtung. Herr, gib mir Reue, Liebe, Leiden und Beharrlichkeit bis zum Ende.

12.12.1906

Heute war ein großer Freudentag. Ich habe das göttliche Kind in der hl. Kommunion empfangen dürfen. Als Deus dedit sprach: »Ecce Agnus Dei«, sah ich ihn das göttliche Kind in der Hand halten voll Holdseligkeit und Liebe. Es streckte seine Arme nach mir aus — ach, die kleinen Kinderhände waren verwundet! Ich sah die fünf Wunden an dem guten Kind, und das hat mich sehr ergriffen. Um neun Uhr befahl mir mein Engel in sehr bestimmtem Ton, ich solle augenblicklich heimgehen. Ich ging, aber es war mir ein Opfer. Als Deus dedit mir die heilige Hostie reichte, sah ich, wie ihn seine Engel ehrerbietig begleiteten. Der »Gewaltige«[16] hat noch immer ein grünes Kleid.[17] Ich bat das göttliche Kind inständig, Deus dedit an Weihnachten recht viel geistige Freude und vermehrte Geduld zu geben. Er braucht sie notwendig. Als ich daheim war und gegen zehn Uhr die steile Treppe hinaufging, sah ich auf der obersten Stufe das göttliche Kind mir entgegengehen. Ich empfand eine so überquellende Freude, daß ich meine Hände emporhielt und meinen kleinen, liebsten Jesus umarmen und an mich pressen wollte. Doch das Kind hob abwehrend seine rechte Hand empor und sprach: „Berühre mich nicht!"

Ich erwiderte: „O göttliches Kind, heute warst Du Gast in meinem Herzen, Du hast Dich nicht gescheut, die Nahrung meiner sündhaften Seele zu sein, und jetzt darf ich Dich nicht berühren!" Da lächelte das Kind und sprach: „Jetzt noch nicht!" Diese Worte waren voll der seligsten Verheißung. Ich wurde kühn und sagte zu meiner holdseligsten Liebe: „O liebster Herr! Du kommst heute als Kind zu mir, laß mich doch eine Bitte aussprechen!" Und als das göttliche Kind lächelnd bejahte, bat ich es inständig, mir zu gewähren, daß Deus dedit nur ein einziges Mal die Zeichen an meinen Händen sehen könne, denn ich dachte mir, er zweifelt daran, wie es bei mir selbst immer wieder der Fall ist. Da wurde das Kind ernst und sprach: „Was ich gesagt habe, bleibt. Doch ich will gestatten, daß der Beichtvater, aber nicht der Seelenführer, meine Zeichen an Deiner Hand sieht." Nun erinnerte ich das göttliche Kind an den Apostel Thomas und bat um Nachsicht. Es antwortete: „Wer könnte nachsichtiger sein als ich? Und wer geduldiger und sanftmütiger? O lerne von mir!" Damit verschwand das liebe kleine Jesulein und ließ mich in großer Freude zurück. Nachmittags überwand ich mich und machte einen Krankenbesuch. Danach ging ich zu Deus dedit und kam mit einem reichen Schatz von guten Gedanken heim.

13.12.1906

Abends fünf Uhr. Gestern Abend nach zehn Uhr erschien das göttliche Kind wieder. Es trug die fünf Wunden und sprach: „Willst Du die Leiden meiner Kindheit kennen lernen?" Ich rief: „Ja, göttliches Kind, das will ich gerne und ich will sie mit Dir teilen, wenn es Dir so gefällt!" Das Kind neigte sein Gesichtchen ein wenig nach der rechten Seite und sprach: „Mein ganzes Leben war, von der Empfängnis an, nur Kreuz und Schmerz. Noch im Mutterschoß verborgen, war meine größte Trauer die, daß mein Blut für so viele Seelen umsonst vergossen werden sollte. Mein einziger Trost waren die wunderbaren Eigenschaften meiner jungfräulichen Mutter. Wie oft weinte sie bitterlich, wenn sie an mein Leiden und Sterben dachte, doch überwog immer wieder die Freude, daß ich in ihrem Leib Wohnung nahm. Als sie mich geboren hatte, war sie voll der höchsten Seligkeit, und auch ich berührte mit Freuden die Erde, die ich durch mein Blut erlösen sollte. Doch meine erste Empfindung war große Kälte, denn ich hatte den Natur-Elementen Macht über mich, ihrem Schöpfer, gegeben. Die zweite Empfindung war Hunger. Ich war Mensch geworden und wollte die Schmerzen der Menschheit alle an mir erfahren. Wie mühselig war die Flucht nach Ägypten! Wie mühselig waren alle Arbeiten im Hause Josefs, dem ich half, so gut ich konnte, denn mein menschlicher Körper verlangte nach Nahrung und ich wollte das Gebot meines himmlischen Vaters erfüllen, der zu Adam sprach: „Im Schweiße deines Angesichts sollst du dein Brot essen!" Und doch waren alle diese körperlichen Anstrengungen nichts im Vergleich zur Furcht, die ich vor meinem Leiden hatte. Als Gott kannte ich meine Leiden und sehnte mich danach, doch die menschliche Natur sträubte sich entschieden dagegen. Sooft ich meinen lieben Nährvater einen Balken zurichten sah, dachte ich an das Kreuz, das mir gezimmert würde; sooft ich einen Nagel ins Holz schlug, dachte ich an meine entsetzliche Kreuzigung. Sooft ich einen Dornenstrauch erblickte, dachte ich an die Dornenkrone, und wenn ich Stricke und Lederriemen sah, bedrängte mich die Beschämung und der heftige Schmerz, die mir die Geißelung bringen sollte. Wenn ich die Klagen einer Witwe um ihren Sohn hörte, mußte ich weinen, denn ich fühlte die Schmerzen meiner allerreinsten Mutter voraus. So war meine Kindheit voll Angst und schmerzlicher Erwartung. Oft, wenn mich meine makellose Mutter in ihre Arme nahm und mich mit aller Inbrunst liebkoste, kam ihr plötzlich der Gedanke an mein zukünftiges Leiden, und sie weinte so heftig, daß mein Antlitz von ihren Tränen genetzt wurde. Als ich erwachsen war, wuchs ihre Angst. Oft verbarg sie sich in ihrer Kammer und weinte, und nicht immer kam ich, sie zu trösten. Aber sie blieb stets geduldig und liebevoll. Mir jedoch war die Trauer meiner Mutter eine Verdoppelung meines Leidens. Die größte Angst erlebte ich am Ölberg. Da war ich ganz allein, denn meine Apostel schliefen. Meine Mutter hätte mit mir gewacht und gebetet, doch ich verzichtete freiwillig auf diesen Trost, um euch Menschen mehr Geduld und Ergebung im Todeskampf zu verdienen. Willst Du die Leiden und die Angst meiner Kindheit kosten?" Ich erwiderte: „Ja, meine verwundete Liebe! Ich will es, ich will alles, was Du willst!" Da sprach das Kind: „Von heute ab wirst Du aller Tröstung beraubt sein, Du wirst die Dornen der Einsamkeit und des körperlichen Leidens fühlen, Dein Herz wird voll Trauer und Angst sein, und ich werde Dich stärken müssen, damit Du die Leiden ertragen kannst. Nur in meinen fünf Wunden wirst Du Ruhe finden. Der Kelch des Leidens ist für Dich bereitet, ergreife ihn ohne Zaudern!" Damit verschwand das Kind und ließ mich in Schmerzen und Angst zurück. O Jesus, erbarme Dich meiner!

16.12.1906

Heute habe ich schon schwere geistige Leiden ertragen. Ich bin wieder einmal der Gegenstand unerhörter Verleumdung, es war mir ein solcher Schmerz, anhören zu müssen, was ... mir sagte, daß ich wirklich glaubte, das Herz müsse mir zerbrechen. Jetzt möchte ich morgen gerne zu Deus dedit. Hoffentlich hat dann nicht wieder der Teufel die Hand im Spiel. Das Ärgste ist, daß diese Verleumdungen mir von Menschen kommen, die ich mir eigentlich zu höchstem Dank verpflichtet habe. Ich habe gewiß nicht das Recht, beleidigt zu sein, denn wie oft beleidige ich meinen Jesus. Aber ich bin mutlos, das Kreuz drückt mich zu Boden. Kann ich mich wieder erheben unter dieser schweren Last?

Heute betrachte ich die Kindheit Jesu. Unter den Spielgefährten des kleinen Gottmenschen befand sich auch Judas. Jesus wußte, daß dieses Kind ihn einst verraten würde. Er war stets demütig und liebevoll gegen ihn, ja er unterordnete seine kindlichen Wünsche denen des Judas. Er wollte dessen Herz für sich gewinnen. Judas war ein schöner Knabe, doch hatte er schon damals einen unüberwindlichen Hang zum Geiz und scheute vor nichts zurück, um diesen zu befriedigen. Auch war er neidisch. Er beneidete Jesus, weil dieser von allen Kindern geliebt wurde. Und er beneidete die Kinder, weil er dachte, die ihnen von Jesus gegebene Liebe entginge ihm. Ein unglückliches und unglücklich veranlagtes Geschöpf! Auch die Augen der allerseligsten Jungfrau ruhten oft forschend auf Judas. Doch hatte sie damals keine Ahnung, daß er einst ihren geliebten Sohn mit einem Kuß verraten würde. Jesus lehrt mich, wie ich sanftmütig sein soll, auch mit denen, die unter mir stehen und meine Fürsorge mit Undank vergelten. Das Kreuz drückt mich schwer, mehr kann ich wohl nicht ertragen. Doch muß ich mich trösten, weil es Gottes Zulassung ist. Ich muß Deus dedit sagen, was vorgefallen ist, das ist mir das Allerschwerste. Nicht umsonst hat sein Engel ein grünes Gewand, und ich fürchte, er trägt es noch lange.

Ich bin allein in der Wohnung, der Teufel macht sich die Freude, mich ärgern zu wollen. Wenn er es zu bunt treibt, will ich ihn vertreiben.

Nachmittags halb sechs Uhr. Heute kämpfte ich furchtbar gegen mich selbst. Ich fühlte mich sehr leidend, doch mein Mann wollte die Regensburger Kiste gepackt haben. Ich überanstrengte mich und mußte heftig gegen Ungeduld kämpfen. Die Liebe, mit der mein Mann jeden einzelnen Gegenstand berührte und eifersüchtig darauf bedacht war, daß nur das Beste genommen werde. Ich hatte allerlei unchristliche Wünsche, die ich jedoch, fast ehe sie auftauchten, unterdrückte. Ich sah auf meine Hände und war wieder geduldig und zuvorkommend. Wie könnte es anders sein, wenn ich an die gekreuzigte Geduld denke? Doch ich sehe, daß sich die Verheißung einer Vergrößerung meiner Seelenschmerzen erfüllt. Auch denke ich mit Entsetzen an die Möglichkeit eines Umzugs.

Das alte Lied, das alte Leid, ginge dann von vorne an. Was kann ich anderes tun, als zu Dir fliehen, Mutter der göttlichen Liebe? Gedenke, daß Du noch nie jemand Deine Hilfe versagt hast. Ist es Dir möglich, mich ohne Trost gehen zu lassen? Ich erinnere Dich an Dein Mutterglück, so erbarme Dich meiner Verlassenheit. Weihnachten ist nahe, für die meisten ein Fest der Freude, mir brachte es schon jahrelang nur Tränen. Für mich, Mutter der Schmerzen, ist der Weihnachtstag ein Karfreitag voll Herzensnot. Gegrüßt seist Du, süßes Jesulein, Du weites Meer der Barmherzigkeit, Du Hoffnung der Unschuldigen und Sünder! Ich gedenke Deiner kindlichen Leiden, Deiner Hilflosigkeit im Stall zu Bethlehem und bitte um Erbarmen! Nur eine einzige Träne Deiner heiligen Kindheit versenke in meine Seele und alle Trauer wird in Freude verwandelt.

17.12.1906

Heute Morgen war ich bei Deus dedit. Ich brauche mich um seinetwillen nicht mehr zu sorgen. Bis spät abends hatte ich viel zu erdulden. Mein Mann ist von großer Launenhaftigkeit. Es ist mir nicht möglich, alles freudig zu tragen. Ich glaube, die Niedergeschlagenheit kommt mehr von körperlichen Leiden, denn ich habe Nächte, in denen ich vor Schmerzen kaum liegen kann. Aber ich bin zufrieden in Jesu Namen!

18.12.1906

Verdrießlichkeiten ohne Ende aus der Launenhaftigkeit meiner gesamten Umgebung. Von auswärts widerwärtige Briefe, dazu das Verlangen meines Mannes, nach Regensburg zu gehen. Heute war das Fest Mariä Erwartung. Dieser Tag war sonst mit außerordentlicher geistlicher Freude verbunden. Nun konnte ich nichts tun, als der unbefleckten Jungfrau einen Strauß Leidensblumen, umgeben mit den grünen Ranken der Geduld zu überreichen. Sooft ich mich in höhere Regionen aufschwang, drückten mich Verdrießlichkeiten oder Leiden wieder zur Erde. Ich betrachtete Maria, wie sie nach Bethlehem ging. Was war bewunderungswürdiger: ihr Gehorsam, ihre Demut oder ihre Bescheidenheit. St. Josef war so besorgt um sie. Er tat, was er konnte, um ihr die Reise erträglich zu machen. Ich sah Maria auf dem Esel sitzen, ganz in Andacht versunken, ganz in Liebe glühend, doch hatte sie viel von der Kälte zu leiden. Aber sie trug alles mit himmlischer Geduld. Gabriel und eine Unzahl von Engeln gaben ihr das Geleite. St. Josef war etwas betrübt, er hatte Mitleid mit der zarten Jungfrau, die in ihrem Zustand die weite, unbequeme Reise machen mußte. Sooft sie rasteten, sah ich, wie Gabriel und acht Erzengel die beiden bedienten. Vor Maria knieten die Engel, sie war ja der lebendige Tabernakel. Maria dachte hauptsächlich an die Geburt Jesu und sehnte sich unaussprechlich, ihren geliebten Sohn zu sehen. Sie wußte, daß er in Armut geboren werden sollte, sie konnte die Hoffnung Josefs nicht teilen, der sich von seinen Verwandten eine gute Unterkunft erhoffte. Ich war herzlich beschämt, daß ich Ansprüche auf Rücksicht erhebe, wo Maria, die Königin des Himmels, kein Obdach erhalten sollte. Ich will alle Unbilden noch geduldiger ertragen in Vereinigung mit der Geduld Mariens und Josefs auf der Reise nach Bethlehem.

20.12.1906

Von morgens bis spät in die Nacht habe ich ein ständiges Schachspiel der Geduld und Selbstverleugnung mit meinem Mann. Ich unterliege stets, aber in Wahrheit, d.h. in der Ewigkeit, bringt mir dieses Nachgeben den Sieg. Der Donnerstag bringt mir immer viel Leid. Aber ich bin trotz aller Seelenangst zufrieden. Ich habe heute meinen leidenden Meister gebeten, er möge die Adventsleiden noch verlängern, wenn es ihm wohlgefällt. Mein Mann ist ein ewiger Widerspruch. Ich sagte heute abend zu ihm: „Wie kannst Du stets so heftig und widerwärtig zu mir sein, Du hast ja gar keinen Grund, Dich zu erbittern. Jeder Befehl und jeder Wunsch wir Dir erfüllt, eine gehorsamere Frau als mich wirst Du nicht mehr bekommen." Die Antwort war ein furchtbarer Fluch. Das sind Adventsleiden, dieses Fluchen anhören zu müssen, da sind meine anderen Schmerzen nichts dagegen. Sonst bin ich neun Tage vor Weihnachten von elf bis zwölf Uhr aufgestanden zur Betrachtung. Jetzt bin ich von meinem Mann gezwungen, so lange aufzubleiben. Statt Betrachtung kann ich Geduld üben.

21.12.1906

Heute hänge ich seit dem frühen Morgen ohne Trost am Kreuz, mit fast unerträglichen körperlichen Schmerzen. Da fühlte ich wieder die leise Berührung meines Schutzengels. Ich konnte wieder den festen Vorsatz unerschütterlicher Geduld fassen. Mein Mann will nach Regensburg, bis Juli habe ich noch Gnadenfrist. Ich hoffe wider alle Hoffnung.

Gestern begann ich eine Novene zu den hl. Unschuldigen Kindern. Vielleicht erbitten sie mir beim Jesuskind, was ich so notwendig brauche. Heute morgen betrachtete ich die Verlassenheit Jesu am Kreuz. Wenn ich schon so seufze, was muß dann erst Jesus erduldet haben? Wie klein sind meine Leiden, wie gering meine Schmerzen, wie eingebildet meine Verlassenheit gegen Jesu Leiden und Sterben. Welche Reue erfaßt mich bei dieser Erwägung. Gott war wirklich unendlich barmherzig, mir ein Mahnzeichen zu geben, das mich stets an Jesu Leiden und meine Sünden erinnert. Heute morgen dachte ich des Apostels Thomas, der seine Hand in Jesu Seitenwunde legen durfte. Thomas war kleiner als Jesus, etwas hastig in seinen Bewegungen, stets eilfertig, und stets kam er zu spät. Ich habe ihn schon in meinen kindlichen Beobachtungen deshalb bedauert. Aber er war gesegnet unter den Aposteln; seine Hand ruhte in der Seitenwunde. Die Hände von Thomas waren zarter und besser gepflegt als die der anderen Apostel, mit Ausnahme des hl. Johannes. Er hielt schon als Kind darauf, daß er stets reine Hände hatte.

22.12.1906

Der heutige Tag fängt schon mit Herzeleid und Kummer an, ich weiß nicht, wie er enden wird. Mein Mann ist von unheimlicher Launen-

Das Schloß von Obermarchtal

Einfahrt zum Schloßbezirk, darüber Mechthilds Wohnung

haftigkeit, da steckt der Teufel dahinter. Die E. kommt mir heute wie besessen vor. Lieber Gott, hilf, daß ich geduldig bleibe!

25.12.1906

Heute morgen wohnte ich zwei hl. Messen bei. Gestern abend wollte ich meinen Mann um Erlaubnis dazu bitten. Doch mein Engel hielt mich davon ab. Um zehn Uhr zog ich mich auf mein Zimmer zurück und wollte bis ein Uhr betrachten. Da sah ich meinen Engel und er sprach: „Dein Beichtvater würde Dir verbieten, auch die heutige Nacht zu wachen. Schlafe und erhole Dich, morgen früh wecke ich Dich zum Gottesdienst." Ich gehorchte, hielt nur eine viertelstündige Betrachtung. Es überkam mich eine große Ruhe und ich opferte dem lieben Jesus alle meine und Deus dedit's Adventsleiden auf. Dann schlief ich bis drei Uhr. Da weckte mich der Engel und ich betrachtete eineinhalb Stunden, bis es Zeit war, zum Gottesdienst aufzustehen. Als ich über den Hof ging, hörte ich wundersames Jubilieren und Singen in den Lüften. Ich wurde tief bewegt und konnte es kaum erwarten, in die Kirche zu kommen. Als ich dann die Kirchentür aufgesperrt und wieder geschlossen hatte, wollte ich an der Sakristei vorbei zum Chor. Da sah ich das Jesuskind am Boden liegen, nur auf einem weißen Tuch. Jetzt kniete ich mich nieder und sagte: „Komm in meine Arme und an mein Herz!" Das Kind lächelte mir zu und ich hob es vom Boden auf und drückte es an meine Brust. Ich glaubte, mein Herz müßte brechen vor Liebe. Doch hatte ich nicht den Mut, das Kind zu liebkosen, denn meine vielen Sünden fielen mir ein. Ich sah nur immer voll Schmerz und Liebe auf das Kind in meinen Armen, das so zart, so schön und so klein war, und doch so furchtbar leiden mußte um meinetwillen. Tränen kamen mir in die Augen, doch ihre Bitterkeit wurde in Freude verwandelt und ich fühlte, wie mein Herz frei und licht wurde und voll Verlangen, Jesus zu lieben. Plötzlich empfand ich, daß sich mir das göttliche Kind entziehen wollte. Ich griff fester zu und betete: „Bleib bei mir, ich habe die Zeit Deiner Gegenwart noch nicht genützt!" Das Kind erwiderte: „Gibt es etwas Schöneres und Besseres als mich zu lieben, und etwas Nützlicheres als seine Sünden zu bereuen? Was willst Du von mir?" Ich rief: „Gib mir Deine Liebe und eine wahre Reue über meine vielen Sünden und erbarme Dich meines Seelenführers! Gib ihm Deine Liebe und recht viel geistliche Freude! Die Liebe zu uns Menschen hat Dich zum Kinde gemacht, also sei barmherzig!" Da hob das Kind voll Anmut und Majestät seine rechte Hand und segnete mich. Ich sah, wie sich aus seiner Hand ein goldener Strahl wie von Wassertropfen ergoß und mein Herz war getröstet. Dann verschwand das Kind und ich ging in die Kirche. Eben sang der Pfarrer das Evangelium. Bei der Wandlung sah ich das Kind wieder auf dem Altar. Ich betete von Herzen für Deus dedit, auch für Servus Dei, dann vereinigte ich meine Gebete mit denen von Deus dedit, der, als hier die Opferung war, seine dritte heilige Messe in X. begann. Später sah ich das göttliche Kind nochmals. Es hatte die Dornenkrone auf und seine Hände bluteten. Es sprach: ,,Wenn Du mich lieben willst, mußt Du das Leiden lernen." Mir wurde bang und ich sagte: ,,Ach, mein gekreuzigter Jesus, sag mir nur eine Stunde, in der ich leidensfrei gewesen wäre!" Das Kind antwortete: ,,Es ist wahr, doch Deine Leiden sind noch zu gering. Bedenke doch, nur durch Leiden gelangst Du zur Liebe!" — ,,Dann, mein geliebtes Kind, vermehre meine Leiden. Um Deiner Liebe willen will ich alles ertragen!" Das Kind lächelte und verschwand und ich warte auf die Leiden, die mir die Zeit bringen wird. Ich weiß, daß ich nicht lange warten werde. Denn die Zeit der Tröstung ist kurz. Dann sprach ich mit meinem Engel im Auftrag von Deus dedit; er sagte, ich solle in meinem Anliegen (Regensburg) ohne Unterlaß beten, es sei nicht der bestimmte Wille der Vorsehung, nur eine Zulassung. Ich sah, daß mein Engel ein dunkelgrünes Gewand hatte, mit Perlen bestickt. Ich fragte ihn, ob Deus dedit's Engel noch immer grün gekleidet sei, er lächelte und sagte, ich solle selbst sehen. Ich bat den Engel, er möchte zu Deus dedit gehen und sich ihm zeigen. Da wurde er ernst und sprach: ,,Er würde furchtbar erschrecken, das wäre nicht gut für ihn. Er wird im Jenseits für diese Enthaltung entschädigt werden." Ich sehe heute meinen Engel, sooft ich allein bin. Dieser Anblick erfreut mein Herz, doch nehme ich ihn als etwas Selbstverständliches. Es ist gerade so, als ob ich Deus dedit sähe, ebenso deutlich erscheint mir der Engel. Aber vor Deus dedit habe ich mehr Ehrfurcht. Ich hätte heute Morgen so gerne kommuniziert!

26.12.1906

Der gestrige Nachmittag und die heutige Nacht haben mir schwere Leidensstunden gebracht. Der von mir so gefürchtete Stickhusten hat sich auch wieder eingestellt. Nachts glaubte ich ein paarmal, ich müsse ersticken. Ich rief meinen Engel, der mir mitleidig beistand. Trotz der äußersten Schmerzen, ist mein Herz ruhig und in der Betrachtung des göttlichen Kindes versunken. Ich hatte soviele Gelegenheiten, Geduld zu üben und unzählige Opfer zu bringen, aber das war mir eine stille, ermutigende Freude. Die Belohnung für diese sogenannten »Verdienste« habe ich schon erhalten, und was gibt das göttliche Kind Deus dedit für die ihm gehörige Hälfte? Ich hoffe morgen, am St. Johannistag, Deus dedit besuchen zu können, aber ich habe nicht »frei«. Gestern habe ich mich, dem Rat meines Schutzengels folgend, nach Deus dedit's Engel umgeschaut. Der Schutzengel hat ein kostbares weißes Gewand, doch trägt er grüne Steine in seinem Diadem. Den »Gewaltigen« wird Deus dedit nicht mehr lange haben, wer wird seine Stelle vertreten?

Als ich meine Weihnachtsbetrachtung hielt, wurde ich im Geist nach Bethlehem versetzt. Die Geburtshöhle war groß und kalt. In einer Ecke lagen viele Binsen und viel Heu. St. Josef zog sich, als die Nacht hereingebrochen war, — es würde nach unserer Zeitrechnung vielleicht sieben oder acht Uhr abends gewesen sein, — in den entferntesten Winkel zurück. Er bereitete sich eine Art Zelt, indem er eine Matte quer über einen Felsenvorsprung befestigte, so daß der Winkel wie ein Gemach abgeschlossen war. Der gute St. Josef war sehr betrübt, daß er Maria keine bessere Herberge verschaffen konnte als den Felsenstall. Maria hatte ihm gesagt, daß in der kommenden Nacht das Heil der Welt geboren werde. Als St. Josef sich in seine Ecke zurückgezogen hatte, betete er inbrünstig. Dann kam er nach einer Weile noch einmal heraus und wollte nach Maria sehen, ob er ihr nicht irgend einen Dienst erweisen könne. Da erblickte er sie strahlend und glänzend, sie war wie mit Feuer umgeben. Maria kniete auf einem Teppich, näher beim Höhleneingang. Ihr Gebet wurde immer feuriger. Als es gegen Mitternacht ging, wurde sie in der Ekstase vom Boden erhoben. Sie war versenkt in den Anblick der allerheiligsten Dreifaltigkeit. Die ganze Höhle war erfüllt von Engeln, die ihre süßesten Lieder sangen. Die ganze Erde war atemlos in seligster Erwartung. Die wilden Tiere waren zahm, die Vögel fingen um Mitternacht zu singen an, frohlockend sprangen die Quellen.

Um Mitternacht blickte Maria, die noch immer über dem Boden schwebte, herab, und da sah sie ihren göttlichen Sohn vor sich liegen in wunderbarer Schönheit. Sie betete ihn an voll Demut und Liebe. Da begann das Kind plötzlich zu weinen, und Maria nahm ihren geliebten Sohn auf die Arme und nahm ihn an ihre Brust.

Der Esel und der Ochse im Hintergrund der Höhle hatte sich zu Boden geworfen und ihre Köpfe wie aus Ehrfurcht an die Erde gepreßt. Also huldigten die Tiere dem Schöpfer, der in sein Eigentum kam, und den die Menschen nicht aufgenommen hatten.

Etwas später rief Maria ihren Bräutigam. St. Josef nahte ihr zitternd vor Ehrfurcht und schweigend aus lauter Demut. Aus dem Angesicht des göttlichen Kindes leuchtete ihm unaussprechliche Liebe entgegen. Er warf sich auf die Erde und betete den neugeborenen Gottessohn voll Glaube und Liebe an. Es bedurfte vielen Zuredens von seiten der allerseligsten Jungfrau um St. Josef zu bewegen, den Herrn der Welt in seine Arme zu nehmen. Endlich entschloß sich Josef dazu. Seine sehnsüchtige Liebe hatte seine Demut bezwungen. Als er das holdselige Gotteskind auf seinen Armen sah, fielen seine Tränen darauf nieder und sein Herz wäre gebrochen aus Freude, wenn Jesus es nicht gestärkt hätte. Das Kindlein schmiegte sich vertrauensvoll an St. Josefs Arme. Als ich es so ruhig an Josefs Brust lehnen sah, dachte ich an den Evangelisten Johannes, der dreiunddreißig Jahre später sich an Jesu Brust lehnte und der auch eben erst geboren war.

27.12.1906

Was soll ich heute anderes betrachten, als die Liebe des göttlichen Herzens! Johannes, der Liebling Jesu, lehnte sich in der Abschiedsstunde an die Brust Jesu, und Jesus ließ seine Seele am nie versiegenden Quell seines Herzens trinken. St. Johannes floh gleich den übrigen Aposteln, doch er floh zur Mutter der Barmherzigkeit. Indem er Maria auf dem Kreuzweg begleitete, kräftigte sich seine Seele. Mutig und unbekümmert um Spott folgte er Jesus, dessen gebenedeite Mutter führend. Als Jesus starb, hatte er alles verteilt: Der Schächer kam ins Paradies, seine eigene Seele gab er dem himmlischen Vater, so blieb ihm noch der kostbare Schatz, seine hl. Mutter. Wem sollte er sie anvertrauen? Dem Petrus? Er hatte Jesus verleugnet. Dem Jakobus? Er war geflohen. Aber St. Johannes stand unter dem Kreuz. Ihm wurde der Vorzug zuteil. O glückseliger Apostel! Wie soll ich Gott genügend danken, daß er gerade Dich, seinen jungfräulichen Jünger, zu so hoher Gnade bestimmt hat! St. Johannes und St. Josef haben manche Ähnlichkeit. St. Josef war der Bräutigam der makellosen Jungfrau, er war ihr Beschützer, bis Jesus sein Lehramt antrat. Dann starb St. Josef, an der Brust seines göttlichen Pflegesohnes ruhend. Johannes ruhte vor dem Leiden Christi an seinem göttlichen Herzen, und vom Kreuze herab bestimmte ihn Jesus zum Beschützer seiner heiligen Mutter. St. Johannes hatte in seiner Erscheinung viel Ähnlichkeit mit Christus. Sein Antlitz war schmal, sein Blick von wunderbarer Reinheit, seine Bewegungen eher rasch als langsam, doch voll Weichheit und Anmut.

Jeder Priester sollte sich St. Johannes als Vorbild wählen. Er hat große Macht im Himmel. Maria unterstützt sein Flehen bei ihrem göttlichen Sohn. Wie könnte dieser seinem Lieblingsjünger etwas abschlagen? Deus dedit empfehle ich nun schon Jahre lang dem Lieblingsjünger.

Heute bin ich krank und verstimmt. Ich muß mich auf schwere körperliche Leiden gefaßt machen, sagt mein Engel. Wenn ich aber des göttlichen Kindes gedenke, das mir armen Sünderin schon soviel Liebe erwies, wird mein Herz wieder froh. Heute ermahnte mich mein Engel, ich soll von Neujahr an recht vorsichtig sein, und wenn ich einen Erzengel sehe, genau darauf achten, ob er ein Kreuz auf seiner Stola trägt. Und wenn das Kreuz fehlt, soll ich ihm befehlen, mir zu sagen, wer er sei. Ich will die Ermahnung beherzigen. Wenn nur endlich Deus dedit zur geistlichen Freude käme! Es ist Zeit.

29.12.1906

Heute war Deus dedit endlich wieder da. Wir sprachen auch über das Fegfeuer. Unwillkürlich kam ich gegen Abend in eine Betrachtung über die Glückseligkeit, die die Armen Seelen trotz ihrer Qual besitzen, da sie die Sicherheit haben, Gott nicht mehr beleidigen zu können und die Gewißheit, in absehbarer Zeit zur ewigen Freude zu gelangen. Dann besuchte ich mit meinem Schutzengel die Armen Seelen, soviel ich besuchen durfte. Ein Bruder von Deus dedit ist noch nicht im Himmel, aber er leidet nur mehr die Pein der Erwartung. Er hat ein ganz lichtes Kleid und wird bald seine Stimme mit dem Engelsgesang vereinen. Die Schwester von Servus Dei ist schon jahrelang im Himmel. Sie muß sehr viel gelitten haben, denn sie trägt die Märtyrerpalme in der Hand.

Als ich gestern meine Novene zu den Unschuldigen Kindern beschloß, kam ich in eine tiefe Betrachtung über den Kindermord. Man gedenkt dieser Erstlinge der Märtyrer, aber ihrer Mütter gedenkt man selten. Sie haben mehr gelitten als die Kinder, viele starben mit ihnen um ihretwillen. Ich will die Mütter der Unschuldigen Kinder recht herzlich anrufen, vielleicht erflehen sie mir vollständige Ergebung.

30.12.1906

Der gestrige Tag wurde mit vielen Opfern, die ich erleiden mußte, beschlossen. Der heutige wurde ebenso begonnen. Manchmal kommt mir ein großes Erstaunen, wie erfinderisch die Launenhaftigkeit meines Mannes sein kann. Als ich mir heute dachte, ich kann nicht mehr, sah ich plötzlich meinen Engel vor mir stehen mit erhobener Hand, als wollte er meinen Gedanken wehren. Ich bereute meine Ungeduld und bemühte mich, doppelt zuvorkommend zu sein. Als ich während der Gottesdienstzeit allein war und betete, folgte ich im Geist dem heiligen Opfer. Als ich die geistliche heilige Kommunion empfing, sah ich einen Augenblick das göttliche Kind, geduldig in der Krippe liegend. Die ewige Weisheit war stumm. Der Richter über Leben und Tod schwieg und ertrug die Leiden der menschlichen Kindheit. Ich will dem Herrn erneut mein armes Herz schenken. Es sind keine kleinen Opfer, nein, es sind schwere Kreuzesbalken, die ich aufheben mußte bis in die Nacht. Ich möchte so gerne etwas Ruhe, etwas Erholung, etwas Einsamkeit. Ich glaube, daß ich nicht einmal auf dem Sterbebett Ruhe haben werde.

Nachts. Ach, wenn ich nur fort wäre! Darf ich nicht auf ein paar Wochen oder Monate weg von hier? Ich fürchte, ich verliere die Geduld mit meinem Mann. Dieses Mißtrauen, diese ewige Unzufriedenheit! Ich tue was ich kann. O lieber Schutzengel, steh mir bei, daß ich nicht kreuzesmüde werde!

1.1.1907

Das neue Jahr soll im Namen Jesu beginnen. Ich kam erst spät zur Ruhe. Schreiben konnte ich nicht mehr, weil ich große Schmerzen hatte. Das vergangene Jahr hat mir trotz allem Gutes gebracht: Deus dedit wurde mein geistlicher Führer.

Über die anderen Gnadenerweise der göttlichen Liebe will ich nicht sprechen, sie sind ohnehin schon zum größten Teil aufgezeichnet. Heute morgen konnte ich nicht zum Gottesdienst gehen. Vormittags war der alljährliche Neujahrsempfang, für mich eine furchtbare Aufgabe. Um ein Uhr mittags mußte ich mich wieder hinlegen. Jetzt, sieben Uhr abends, stand ich auf, um meinen Mann zu bedienen. Er geht nun aus und läßt mich allein mit meinen Schmerzen und meiner Schwäche. Und Deus dedit sagt, ich darf nicht sterben!

Abends zehn Uhr. Ich fühle mich sehr elend und kein Mensch kommt mir zu Hilfe. O Kind Jesus, erbarme Dich meiner! Wenn ich sterben dürfte, wäre ich so zufrieden!

2.1.1907

Mir hat die Ehe nur Dornen, aber keine Rosen gebracht. Lieber Gott, hilf mir doch! Das Herz steht mir jeden Augenblick still. Woher soll es auch Kraft erhalten. Ich glaube, ich komme nicht nach Regensburg, sondern nach München auf den Friedhof. Mein Mann ist unzufrieden, weil ich so krank aussehe. Wie wäre es anders möglich. O Maria, ich erinnere Dich an die Seligkeit beim Anblick Deines göttlichen Kindes. Blicke herab auf mein Elend und erbarme Dich meiner!

3.1.1907

Das Leben ist grausam, eine schreckliche Prüfung. Als ich noch klein war, vielleicht vier bis fünf Jahre alt, sah ich, wie eine Katze ein kleines Mäuschen gefangen hatte. Sie ließ das Tier immer wieder ein paar Schritte laufen, dann nahm sie das arme, graue Mäuschen zwischen ihre Zähne, doch ohne es zu töten. Ich schlug nach der großen Katze mit einem Besenstiel, ergriff dann das arme Mäuschen und legte es in das Bett meiner Puppe, die ich herauswarf. Das Mäuschen zitterte vielleicht noch eine Viertelstunde, trotzdem ich es mit Watte zugedeckt hatte. Ich fürchtete, daß es friere, und brachte das Puppenbett mit dem Patienten an die Sonne, doch auch das warme Sonnenlicht half nichts. Das Mäuschen zitterte, bis es starb. Als es tot war, sah ich, daß es vollständig unverletzt war, nur die Angst hatte es getötet. Heute mußte ich weinen, als mir plötzlich dieses Kindheitserlebnis einfiel. In meinem Leben war die Ehe die grausame Katze, die mich folterte, vielmehr mein Mann, der — obwohl er mit jedem Tier grenzenlos mitleidig ist — mich wie die Katze die Maus behandelt. Ich nahm heute meine Zuflucht zu den Engeln und bat sie, in ihrer Glorie meiner zu gedenken. Da sah ich meinen Engel in wunderbarer Herrlichkeit. Er neigte sich über mein Bett und sprach zu mir: ,,Du bist ja nicht allein. Ich wache Tag und Nacht bei Dir, zähle

Deine Seufzer, trockne Deine Tränen, bringe Deine Gebete vor den Herrn. Und auch mein Bruder, der Gabrielsgefährte, ist wieder bei Dir. Er bringt Dir die Stärke, die Du notwendig brauchst, um die viele Bitterkeit ertragen zu können."

Da sah ich auch den Gabrielsgefährten. Er hatte eine grüne Stola und in seinem Diadem glänzten grüne Steine. Mein Schutzengel hat noch immer ein dunkelgrünes Gewand. Da überfiel mich eine große Trauer. Mein Engel aber sprach: „Nur durch geduldiges Leiden kommst Du dazu, Gott von ganzem Herzen zu lieben. Also fasse Mut!" Nun dachte ich der Sorge, die ich Deus dedit's wegen hatte, und fragte, ob er den »Gewaltigen« noch bei sich hätte. Der Gabrielsgefährte erwiderte: „Nein, vorläufig vertritt mein Bruder die Stelle des Gewaltigen, denn auch er braucht Stärke und unerschütterliche Geduld." Da sah ich Deus dedit in seinem Zimmer stehen. Er war verstimmt und leidend. Neben ihm standen seine zwei Engel, der Erzengel hatte eine grüne Stola wie der meine und sein Antlitz war ernst. Ich bat meinen Engel, er möge mir helfen, daß ich bald wieder aufstehen und ausgehen könne. Er versprach es, wenn ich meine Schmerzen noch länger geduldig ertrage. Ich leide viel — und morgen ist Freitag.

6.1.1907

Dreikönig. — Ich wäre heute morgen sehr gerne zur Kirche gegangen, doch war es unmöglich. Ich betrachtete nun, wie Maria den drei Königen ihr göttliches Kind darbot. Die Herzen der drei Könige brannten vor Verlangen nach dem neugeborenen Erlöser. Ich bin so nahe bei der Kirche, habe das göttliche Kind sozusagen stets vor Augen — nur einiger Schritte bedarf es, um bei ihm zu sein — aber meine Nachlässigkeit ist größer als meine Liebe! Die drei Könige waren Heiden. Trotzdem eilten sie, dem Rufe der Gnade zu folgen. Ich bin getauft und katholisch, wann habe ich mich je dieses Vorzugs würdig gezeigt? Für die drei Könige bedeutete die weite Reise einen großen Verzicht auf Bequemlichkeit. Dennoch brachen sie auf und wanderten dem Stern nach, der ihnen leuchtete. Als sie sich begegneten, hatten sie eine große Freude. Des Herren Engel war mit ihnen. St. Gabriel hatte ihnen den Befehl Gottes übermittelt. Sie zeigten sich gegenseitig die Gaben, die sie dem Herrn weihen wollten. Sie opferten ohne Zaudern das Kostbarste ihres Besitzes, ohne sich auch nur das Geringste vorzubehalten, sie opferten »mit

Freude«. Wann habe ich je dem Herrn ein wahrhaftes Opfer gebracht? Immer ist ein kleiner Vorbehalt dabei. Als die drei Könige ihren Gott auf dem Schoß seiner Mutter erblickten, wie jubelte da ihre Seele. Sie fielen auf ihr Angesicht nieder und verharrten in schweigendem Anbeten. Maria sprach sie an und bat sie, näher zu kommen. Sie folgten der gütigen Einladung und Maria gab jedem das göttliche Kind in die Arme.

Nun komme ich zur Vorbereitung auf meine heilige Kommunion. Die drei Könige sind das beste Vorbild, ihre Sehnsucht, ihre Andacht, ihr Verlangen und — ihre tiefe Demut. Hätte ich doch nur einen Funken davon! Und als sie ihren Gott auf den Armen hielten — wie versenkten sie sich in seinen Anblick, wie entflammten sich ihre Seelen und wie erstarb alles Irdische in ihnen! So sollte auch ich die heilige Kommunion empfangen, doch meine Seele ist oft kalt und lau mein Herz.

Die Könige hatten nicht den Mut, ihre Gaben direkt dem göttlichen Kind zu übergeben, sie legten sie vor die Füße Mariens nieder. Sie hielten sich für unwürdig und ihre Gaben für zu gering. Maria aber war voll Güte gegen sie. Sie waren die ersten Menschen, die ihr als Königin huldigten.

Ich hätte sehr gerne auch etwas geopfert, doch ich sah, daß ich gar nichts hatte. Da sah ich meine zwei Engel. Der Gabrielsgefährte hielt eine weite, goldene Schale; mein Beschützer legte einen Myrrhenzweig darauf. Er war sehr unansehnlich. Ich ergriff die Schale und bat das Kind, es möchte doch die Verdienste seines Leidens auf diese Schale legen, denn meine Gabe sei so gering. Da lächelte das Kind, segnete den Myrrhenzweig, und er wuchs ins Unendliche. Die grünen Ästchen wurden mit lauter dunkelroten Rosen bedeckt. Ihr himmlischer Duft erquickte mich so, daß ich meiner Schmerzen ganz vergaß.

Nun opferte ich dem Kind auch die Enthaltsamkeit der Priester und der Jungfrauen auf, und gedachte meines Führers. Ich sah ihn vor der Krippe knien in einem weißen Meßkleid, er hatte einen goldenen Kelch in den Händen, der ganz von Myrrhen umrankt war. Sein Engel hatte ein goldenes Rauchfaß und räucherte dem Herrn. Das göttliche Kind zog ihn an sein Herz. Deus dedit's Augen waren geschlossen, aber seine Seele war froh und zufrieden. Ich sah, daß er noch in Gottes Gnade steht und dankte Gott von Herzen dafür.

Gegen Abend führte mich mein Engel durch ein Stück Fegfeuer. Was ist alles Erdenleid dagegen? Was ist das fürchterlichste Feuer gegen diese flammenlose, verzehrende Glut? Ich kam in den letzten Winkel und sah dort eine längst selig geglaubte Verwandte (sie ist im gleichen Jahr geboren wie ich), die zu denen gehört, die am längsten leiden müssen, die von allen für sie gelesenen heiligen Messen nicht mehr als einen Tropfen Wasser haben, denen die Früchte der für sie dargebrachten Gebete nicht zugute kommen dürfen, ja, die sogar keine Erquickung annehmen *möchten,* weil sie wissen, daß Gottes Gerechtigkeit ihnen diese Strafen auferlegen muß. Das ist die Abteilung des Fegfeuers, wohin selbst die Engel nur alle heiligen drei Zeiten des Kirchenjahres kommen, um ihre ehemaligen Schutzbefohlenen zu trösten, ein Ort von schmerzlichen Seufzern und glühender Tränen. d.h. ein Ort, den ich als »Hölle« bezeichnen würde, wenn nicht die Gewißheit wäre, auf keinen Fall länger als bis zum letzten Gericht leiden zu müssen. O die ärmsten Seelen, die keinen anderen Trost haben, als daß durch unerhörte Qualen der göttlichen Gerechtigkeit Genugtuung geleistet wird.

Ich habe heute viel gelitten und gab die Hälfte davon diesen schwerstleidenden Seelen, die aber dadurch keine andere Erleichterung haben, als wir Menschen durch kühlenden Windhauch in der Sommerhitze. Diese Armen Seelen wissen, daß man für sie opfert, sie wissen aber auch, daß diese Opfer nur anderen zugute kommen. Trotz allem, diese Ergebung, dieses Preisen und Danken! Ich wollte einer Armen Seele die Hände reichen, sie an mich ziehen und trösten, doch mein Engel hielt meine Hände und sprach: ,,Berühre sie nicht! Du würdest verbrennen und zu Staub zerfallen. Dein Körper könnte trotz aller Stärkung dieses Feuer nicht ertragen!" Dabei war dieser Ort in größte Finsternis gehüllt. Ich hätte nichts gesehen, wenn nicht die Glorie meines Engels geleuchtet hätte. Ich sah diese bejammerswerten Seelen wie ertrunken in ihren glühenden Tränen, und obwohl fast versengt, zitterten sie vor Frost. Das ist die tiefste Stufe des Fegfeuers, sie grenzt an Höllenqual. Auch Priester sah ich in dieser Ecke, ihre Pein war noch größer, ihre geweihten Finger leuchteten wie Phosphor, sie hatten besondere Schmerzen. Diese Armen Seelen sind trotzdem selig zu preisen, denn die meisten Menschen, die sich dieser Sünden schuldig machen, werden verdammt. Ihre Sünde ist sehr groß, ähnlich wie diejenige Luzifers.

8.1.1907

Heute Nachmittag war ich bei Deus dedit. Endlich fängt er an, mich kennenzulernen. Wir sprachen auch von der Tragweite, die der letzte

Augenblick des Lebens in bezug auf die Ewigkeit hat. Sooft stören die Angehörigen diese letzten kostbaren Augenblicke, und doch hängt ein Mehr oder Weniger der Seligkeit davon ab. Im letzten Augenblick, noch solange der Mensch lebt, wird er gerichtet. Im letzten Augenblick kann der Sterbende durch Gottes besondere Gnade noch einen so vollkommenen Akt der Liebe erwecken, daß er das Fegfeuer wie im Flug durcheilt.

Ich sah einmal im Fegfeuer eine Seele, von der ich glaubte, sie müsse sehr lange leiden, denn sie hatte Gott stündlich in schwerster Weise durch Fluchen, Lästern und Zorn beleidigt. Als ich meinen Engel fragte nach der Zeitdauer der Strafe, sagte er lächelnd: „Diese Stunde noch gelangt diese Seele zur ewigen Freude.“ Als ich mich darüber wunderte: „Diese Seele ist ja erst seit gestern in der Ewigkeit!“ erklärte mir der Engel: „Als dieser Mann im letzten Augenblick gerichtet werden sollte, erweckte er eine so tiefe Liebe zu Gott und eine so heftige Reue, daß er das Leben so genossen hatte, sich auf den Tod freute, weil er im Jenseits seinen Erlöser nicht mehr beleidigen könne. Noch ehe er begraben und die Tränen seiner Verwandten versiegt waren, durfte er sich der himmlischen Glückseligkeit erfreuen. Als ich fragte, ob er eine niedere Stufe der Glückseligkeit hätte, sprach mein Engel: „Nein, er wird seinen Thron im Chor der Seraphim haben! Diese hohe Gnade wurde ihm, dem lasterhaften Menschen, nur zuteil, weil er niemals einem Armen das erbetene Almosen verweigerte.“ Wie könnte es auch anders sein, da die göttliche Wahrheit selbst gesprochen hat: „Selig sind die Barmherzigen, denn sie werden Barmherzigkeit erlangen!“

9.1.1907

Heute hätte ich Gelegenheit gehabt, in »Ferien« zu gehen, aber ich verzichtete darauf, da Deus dedit gestern sagte, ich solle keine solchen Gedanken hegen. Und der Gehorsam ist mir tausendmal lieber als jede sogenannte »Erholung«.

Ich betrachtete heute über die Anrufung: „Jesus, Du Sohn der Jungfrau Maria, erbarme Dich unser!“ Die wunderbare Süßigkeit des Namens Jesu ergoß sich in meine Seele. Immer wieder sprach ich den holdseligsten Namen Jesu aus. Da sah ich mich im Geist an den Nil versetzt, nach Ägypten. Maria mit ihrem göttlichen Kind war auf der Flucht. Sie saß auf einem kleinen Esel, den Josef führte. Maria und ihr getreuer Bräutigam waren todmüde.

Am Wege standen sieben Palmen, eng beieinander, auch eine vertrocknete Quelle war da. Das Wasser kam nur tropfenweise und verdunstete sofort in der außergewöhnlichen Hitze. Die heilige Familie lenkte ihren Kurs dorthin. St. Josef half Maria vom Lasttier, sie hatte ihren schlafenden Sohn an die Brust gedrückt. Josef wollte den Esel an eine Palme binden, doch Maria wehrte ihm, denn sie hatte Mitleid mit dem Tier. Das Gras war verdorrt und ungenügend für den Esel, die Quelle versiegt. St. Josef war betrübt, er hatte auf frisches Wasser gehofft. Gerne hätte er für sich verzichtet, aber er hatte Sorge um Maria. Er bereitete für sie einen möglichst bequemen Sitz unter den Palmen. Maria ließ sich nieder, sie war wie gesagt todmüde und hatte seit dem frühen Morgen keine Nahrung mehr zu sich genommen. Auch Josef sah erschöpft aus. Als Maria sich gesetzt hatte, wickelte sie das Kind aus den Tüchern, es öffnete seine Augen und blickte seine Mutter voll Liebe an. Gabriel stand hinter der allerseligsten Jungfrau, in Anbetung des menschgewordenen Gottes versunken.

Plötzlich erfüllte die Luft Vogelgezwitscher und Vogelgesang. Auf den Palmen hatten sich Hunderte von Vögeln niedergelassen, namentlich Schwalben, und sie begrüßten den Schöpfer. Alles gruppierte sich um die kleine Oase und bezeugte seine Ehrfurcht. Die Quelle fing plötzlich zu fließen an und das spärliche Gras verdichtete sich zu saftigem Grün und bot den Tieren ausreichende Nahrung. Josefs Herz war voll von Dank. Er kniete sich vor das Kind und betete es in heiliger Liebe an. Engel kamen und dienten der heiligen Familie. Ein Chor von Seraphim stand um Maria und sang.

Mein Herz war tief bewegt, und ich dachte, ich wollte künftig gerade so ausschließlich die heilige Kindheit Jesu als Meditation wählen, wie ich bisher das Leiden Christi betrachtete. Als ich das für mich gedacht hatte, öffnete das göttliche Kind seinen kleinen Mund und sprach: „Nur in Betrachtung meines bitteren Leidens und meiner fünf Wunden wirst Du den ersehnten Frieden finden, und allen Trost, den Du Dir wünschest!" Damit war ich auch zufrieden. Ich dachte an Deus dedit und bat das göttliche Kind, auch ihm die Betrachtung seines Leidens über alles teuer zu machen. Das Kind erwiderte: „Nein, diese Betrachtung rührt ihn nicht so sehr wie Dich, er hat eine andere Natur. Wenn er sich in mein Leiden versenken würde, müßte er die Heiterkeit seiner Seele verlieren, die mir gefällt." Da wurde ich unterbrochen, und ich verließ Gott um Gottes, d.h. um des Gehorsams willen.

Nachts elf Uhr. Das Herz will nicht mehr arbeiten, immer wieder kommt mir der Gedanke, daß ich doch dem Tod recht nahe bin. Gestern fühlte ich mich wenigstens nachmittags wohl.

Morgens drei Uhr. Ich habe noch keine Sekunde geschlafen, ich kann auch nicht betrachten, nur mein qualvolles Leiden aufopfern. Es werden soviele Todsünden begangen, während ich so arg leide. Wie gerne wollte ich noch zehnmal mehr aushalten, wenn ich nur eine einzige Todsünde dadurch verhindern könnte. Mein Jesus, Barmherzigkeit!

13.1.1907

Heute morgen wieder Verdruß, heute Mittag ebenfalls, heute abend wieder. Morgen um sieben und sechs Uhr, wenn mein Mann heimkommt, jedenfalls wieder, und so fort.

Besuchte nun auch die Armen Seelen, die wegen Mißachtung der Sakramente gestraft werden. Sie sind glühend heiß und leiden brennenden Durst. Sie stehen vor einer erquickenden Quelle und sind nicht imstande zu trinken.

Auch sehe ich die Gotteslästerer und Gewohnheitsflucher. Sie müssen eine markdurchdringende Kälte leiden und dabei verschmachten sie vor Hitze. Ihnen ist die Gnade versagt, den Namen Jesu auszusprechen, solange sie im Fegfeuer sind. Sie leiden geduldig und mit vielen Tränen. O wie furchtbar sind diese Tränen anzusehen, die die Seelen reinigen gleich Feuer.

Doch gibt es Arme Seelen, die nicht weinen dürfen. Das sind die Verleumder, Ehrabschneider und alle diejenigen, die auf Erden ihrem Nächsten Tränen erpreßt haben. Diese Seelen leiden eine fürchterliche, tränenlose, lautlose Qual. Und wie viele sind in diesem Reinigungsort. Alle Stände und Altersstufen, Kinder, Greise, Eltern. Da sind aus der ganzen Menschheit und aus jedem Beruf, zu meinem großen Entsetzen auch Priester und Ordensfrauen.

15.1.1907

Frl. P.[18] ist also magenleidend. Wenn ich nur ihre Stelle bei Deus dedit einnehmen könnte! Das grüne Kleid des Engels bewährt sich. Habe wieder viele Opfer und Leiden ertragen müssen, nun bin ich todmüde, daß ich kaum den Bleistift halten kann.

16.1.1907

Nachts elf Uhr. Heute morgen hatte ich eine große Freude, Servus Dei sandte mir eine Ansichtskarte von Beuron, wo er eine heilige Messe für mich las. Für was verdiene ich die Güte dieses treuen Diener Gottes?

Mein Mann verbot mir, mich von irgend einem Menschen sehen zu lassen, weil ich zu leidend aussehe. Ich habe eine Klausur, wie sie im strengsten Orden nicht schärfer sein könnte.

Heute betrachtete ich den Gehorsam Jesu gegenüber seinen Eltern. Er war ihnen untertan, d.h., er übte mehr als einfachen Gehorsam, er war »untertan«. Da kam ich nun zur Erforschung, wie *mein* Gehorsam beschaffen ist. Was nützt es mir, wenn ich ohne Zaudern gehorche, ohne Nachdenken? Der Gehorsam sollte so beschaffen sein, daß er alles Gebotene in möglichster Vollkommenheit erfüllt. Zu dem einfachen, wenn ich sagen darf, »stumpfsinnigen« Gehorsam bin ich fähig. Zu einem, wie Pater Schora sagte, »geistvollen« Gehorsam fehlt mir das Notwendigste, der Geist. „Das Einzige, wodurch Du Deine Seele retten kannst, ist der bedingungslose Gehorsam", sagte Pater Schora oft.

Die beste Zeit zur Betrachtung ist für mich die Zeit nach dem Mittagstisch; ich befolge die Mahnung vieler Geisteslehrer, niemals mehr zu essen als notwendig ist. Man soll nur soviel essen, daß man unmittelbar nachher fähig ist, eine gute Betrachtung zu machen.

Jetzt kommt bald Septuagesima, da möchte ich gerne die Fastenzeit anfangen. Darf ich? In diesem Punkt verlangt Gott vor allem Gehorsam, nicht Opfer.

17.1.1907

Heute sah ich Deus dedit aus der Kirche kommen. Der »Gewaltige« ist bei ihm in grünem Gewand. Ich hatte großes Mitleid und ging zum Kruzifix, um Jesus mein Leid zu klagen. Da neigte er sich zu mir und ich war gestärkt und getröstet.

Ich fragte meinen Engel, ob ich noch *lange* leben werde. Er antwortete: „Bereite Dich ernstlich vor auf den Tod. Und wenn Du leben würdest bis zum Weltende, könntest Du nicht früh genug beginnen damit!"

Als ich ihm klagte über die Schwäche in meinen Armen und Händen und in der Seite, sagte er: „Erst die Fastenzeit wird Dich leiden lassen! Jetzt ist erst Vorbereitung!" In Gottes Namen!

21.1.1907

Am Sonntag war ich morgens in der Kirche. Das Jesuskind neigte sich zärtlich zu Deus dedit. Ich durfte nicht hinzu treten zum Altar, zum Speisetisch. Wie mir das Herz brannte vor Verlangen! Ich opferte diese Sehnsucht auf für Deus dedit und Servus Dei.

Nachmittags begegnete ich dem göttlichen Kind auf der Treppe. Das waren selige Augenblicke, bis ich plötzlich hörte, daß mein Mann die Haustür aufschloß. Ich verließ das allerliebste Kind, um meinen Mann zu bedienen. Es war mir kein schweres Opfer, denn ich verließ Jesus um des Gehorsams willen. Ich war so glücklich, daß ich alle Anliegen meiner geistlichen Freunde dem göttlichen Kinde hatte vortragen können.

Aber als ich abends neun Uhr in mein Zimmer ging, um zu ruhen, bis mein Mann heimkam, wartete das göttliche Kind auf mich und sagte: „Du bittest stets für andere, was willst Du für Dich?" Voll Freude sagte ich: „Nur Deine Liebe, Beharrlichkeit und Geduld, und daß ich stets zuletzt an mich denke!" Da gab sich mir das Kind in meine Arme. Ich drückte es an mich und genoß soviel Himmelsseligkeit dabei, daß es mich wunderte, daß mein Herz nicht brach.

Heute abend fragte mich mein Schutzengel, ob ich nicht in nahen Verkehr mit den Armen Seelen treten wolle. Ich erwiderte, daß ich zuerst meinen Führer um Erlaubnis fragen muß. Da sagte er: „Ja, tue es baldigst, denn an Mariä Lichtmeß in der Frühe hole ich mir Deine Antwort. Dein Führer kann sich so neun Tage besinnen. Aber bedenke es wohl: Es heißt ein Verzicht auf jede andere Freude als im Gebet, auf ein Erwarten fortwährender schmerzlicher Leiden. Du darfst nicht über Deine Schmerzen klagen, sondern mußt sie willig und ergeben tragen wie die Seelen im Reinigungsort. Du wirst zu verschmachten glauben vor Durst und nichts wird Dich erquicken als der Gedanke, den leidenden Seelen Erleichterung zu verschaffen. Dein Kreuz wird noch schwerer und Dein Mann wird Dein Herz noch mehr verwunden als bisher. Bedenke das alles, und dann wähle!"

25.1.1907

Der Vorschlag meines Engels will mir nicht recht passen. Ich weiß nicht, ob ich noch *mehr* ertragen kann, als bis jetzt. Zum Glück kann ich die Entscheidung Deus dedit überlassen.

29.1.1907

Deus Dedit und Servus Dei sind sehr verschieden, aber ihre Charaktere ergänzen sich in schönster Weise. Ihre Schutzengel haben große Ähnlichkeit, man könnte sie miteinander verwechseln. Die »zweiten« Engel wechseln, je nachdem der betreffende Mensch eine höhere Stufe der Vollkommenheit erreicht. Ein Priester, der eine »Herrschaft« als Begleiter hat, hat die Gabe, die Herzen der ihm anvertrauten Seelen zu lenken. Er dominiert gewissermaßen. Aber Weltpriester haben selten eine »Herrschaft« zur Verfügung. Deus dedit hat seinen »Gewaltigen« nicht mehr. Er hat jetzt die »Herrschaft« neben sich, der Engel schaut so gebietend und herrlich aus, daß ich ganz verwirrt war, als ich Deus dedit und Servus Dei gestern empfing. Das englische, herrschaftliche Gewand ist von leuchtend heller Farbe. Der Herrscherstab leuchtet wie Sonnenstrahlen. Er trägt ihn in der linken Hand, die rechte ist frei und stets bereit, Deus dedit zu stützen, zu leiten und zu segnen. Es machte einen tiefen Eindruck auf mich, als ich gestern die zwei Priester nach dem Herzen Gottes an unserem Tisch sitzen sah. Ich mußte mich sehr anstrengen, um nicht in eine tiefe Betrachtung über die unaussprechliche Heiligkeit des *wahren* vollkommenen Priestertums zu versinken.

Heute Mittag hielt ich die Betrachtung über die Todesangst Jesu. Das war ein entsetzliches Leiden, schrecklicher als der ganze Kreuzweg, denn am Ölberg sah Jesus alle seine Leiden voraus. Die Erwartung unaussprechlicher Leiden ist entsetzlicher als das Leiden selbst, denn beim Leiden muß der Körper einen Teil auf sich nehmen. Aber bei der Erwartung leidet nur die Seele, und zwar auch für den Körper. Daher der blutige Angstschweiß Christi. Ach, liebster Jesus! Wer ist denn schuld an Deiner Angst? Ich, das heißt meine Sünden. Was preßt Dir das Blut aus den Adern? Ich, wieder ich unglückseliges Geschöpf. Warum zitterst Du am ganzen Körper? Weil meine Sünden Dich ans Kreuz hefteten.

Bei meiner Betrachtung kam mir der plötzliche Gedanke, allen vergossenen Angstschweiß der göttlichen Gerechtigkeit aufzuopfern für die Armen Seelen im Fegfeuer. Ich folgte dieser Eingebung augenblicklich und bat die neun Chöre der Engel mir beizustehen. Mein Gebet wurde so inbrünstig und dringend, wie ich wohl noch nie gebetet habe. Ich glaubte, nicht mehr auf dem Boden zu knien, ich fühlte mich nicht mehr durch körperliche Schmerzen beschwert. Als ich aussetzen wollte, sprach mein Engel: ,,Bete weiter! Bete solange, bis die Arme Seele, der

Gott Dein Gebet zukommen läßt, erlöst ist!" Da wurde ich in tiefster Seele bewegt und ich fand kein anderes Gebet als dieses: „O Jesus Barmherzigkeit! Du mußt barmherzig sein, denn Du bist für uns arme Menschen gestorben!" Diese Anrufung wiederholte ich immer dringender, und ich begleitete sie mit zahllosen Tränen, denn das Klagen der Armen Seelen drang an mein Ohr. Schließlich fühlte ich eine große Ruhe über mich kommen und schloß meine Augen vor Ermüdung, vielleicht eine Minute lang. Dann sprach mein Engel: „Öffne Deine Augen und preise die Barmherzigkeit Gottes!" Ich sah einen schönen Knaben vor mir stehen, voll himmlischer Anmut, und er sprach zu mir: „Dein Mitleid, Dein Gebet und Deine Tränen haben mir die Himmelspforte geöffnet. Nun trete ich vor den Thron Gottes. Vorher wollte ich Dir danken und Dir sagen, daß ich Dein Gebet tausendfach vergelte. Ich war 21 Jahre im Fegfeuer, vergessen von meinen Verwandten und Freunden. Wenn Du stirbst, werde ich kommen und Dir beistehen." Damit verschwand er. Ich fühlte mich tiefbewegt und opferte sofort meine Müdigkeit für alle Armen Seelen auf.

2.2.1907

Heute Morgen um vier Uhr wurde ich „dem Leiden und dem Schmerze vermählt."

(Ihr Seelenführer hatte, betreffs der Armen Seelen, ihr folgendes geantwortet: „Ich rate, auf die Frage des Engels ja zu sagen. Das Plus an Leiden braucht ancilla Domini nicht so sehr zu fürchten, es war auch bei der Anheftung ans Kreuz nicht so arg, wie ancilla Domini es sich seinerzeit vormalte. Also nur Mut! Das Plus an Leiden bedingt auch ein Plus an Gnade und Stärke, ein Plus an Verdiensten, sowie ein riesiges Plus von Trost für die Armen Seelen! Mutig zugegriffen! Gott scheint es zu erwarten, sonst hätte er nicht durch den Engel anfragen lassen.")

Kurz vor fünf Uhr kam mein Archangelus und sagte: „Dein Führer kann Dich von all Deinen Leiden befreien, wenn er es will, aus übernatürlichen Gründen, Wenn er will, daß Du Dich im Tagebuch aussprichst über Deine Schmerzen, so gehorche. Denn Du bist in ungleich höherem Maße ihm zum Gehorsam verpflichtet als mir." Er wollte entschwinden, doch ich sagte: „Im Namen Jesu will ich, daß Du bleibst! Ich muß noch mit Dir sprechen, sonst bist Du schuld an meinem mangelhaften Gehorsam." Dann wollte ich Deus dedit's Grüße und alle anderen Aufträge ausrichten. Er lächelte und sprach: „Ich stand ja hinter Dir und an seinem Segen hatte auch ich teil. Als er Dir auftrug, mich zu grüßen, beugte ich meine Knie und grüßte ihn tausendmal durch die Süßigkeit des Namens Jesu. Tue, was er Dir sagt, ihm bist Du untergeben, nicht mir. Du gehst sehr schweren Leiden entgegen. Wenn Dein Führer glaubt, Deine Leiden werden zu groß, so kann er Dir, kraft seiner Würde, diese erleichtern. Er kann Deinen Körperkräften sogar befehlen, sich zu stärken, so daß Du den Schmerzen gewachsen bist. Er kann durch seinen Befehl, nicht traurig zu sein, Deine Schwermut heilen oder doch auf ein geringeres Maß zurückführen. Er kann Dir Deine körperlichen Schmerzen, wenn Du glaubst, Du könntest sie nicht mehr ertragen, auf eine Weise reduzieren, daß die Armen Seelen gerade soviel Trost haben, als wenn Du wirklich gelitten hättest, indem er Dir befiehlt, nicht mehr zu leiden für eine kurze Zeit und statt dessen er Dir eine Gebetsübung oder eine kleine Abtötung aufgibt. Aber er muß es Dir ausdrücklich befehlen, nicht bloß diese Absicht haben.

Vergiß nie, daß Du durch den Gehorsam gebunden bist. Das Amt eines geistlichen Führers ist so erhaben, daß wir Engel staunen müssen. Dein Führer wird durch Dich die Gabe der Betrachtung erhalten. Seitdem er Dich leitet, versenkt er sich viel mehr in das Himmlische und sein Herz ist von Gott erfüllt. Das ist der Lohn für seine Treue. Sage es ihm, ich bitte Dich darum."

Auf den Wunsch meines Engels habe ich nun dieses alles niedergeschrieben.

Heute abend hatte ich noch eine sehr große Freude. Ich sah, wie das Allerheiligste zu einem Kranken getragen wurde. Es war eine so schöne Prozession! Der Priester mußte Deus dedit sein, denn die Herrschaft ging vor ihm her. Als das Allerheiligste zurück in die Kirche getragen wurde (ich stand während dieser Zeit am Fenster), sah ich auf Deus dedit's Händen ein kleines, strahlendes Kind. Als ich den Segen erhielt, segnete mich das göttliche Kind ebenfalls. Ich war so glücklich!

3.2.1907

Heute morgen konnte ich auf die Fürbitte der Armen Seelen beichten. Ich kam ungefährdet zur Kirche und zurück. Jedoch kam ich fast nicht über die Stiege hinauf vor Herzschwäche. Nun habe ich schon einen Leidenstag hinter mir, den ersten von noch vielen, denn die Armen Seelen beten jetzt für die Erhaltung meines Lebens. Sooft ich meinen Mann anschaue, fühle ich einen Stich durchs Herz. Ich habe mit der heißesten Inbrunst den Heiland beschworen, mich leiden zu lassen, statt meinen Mann, aber ich bekam zur Antwort: ,,Dafür wird seine Seele gerettet, die sonst verloren ginge.'' Nachmittags fühlte ich mich sterbensschwach. Da sah ich meinen Angelus und er sprach in strengem Ton zu mir: ,,Was fällt Dir ein? Sind Dir jetzt schon die Leiden zu schwer, sie sind doch gering im Vergleich zum Kommenden. Was wirst Du in der Fastenzeit tun? Rufe den süßesten Namen Jesu an, wie es Dein Beichtvater befohlen hat. Du wirst etwas getröstet werden. Im übrigen, leide, liebe und schweige zu allem, was Dir begegnet, in Erinnerung an das erhabene Schweigen Jesu Christi. Schaue, welchen Trost Du schon seit gestern ins Fegfeuer gebracht hast!'' Er nahm mich mit auf ein weites, trostloses Feld, wo ich viele Arme Seelen sah, die mich mit Freuden als ihre Trösterin begrüßten.

Der zweite Engel, den ich gestern in der Morgenfrühe erhielt, gehört zu den Erzengeln. Er ist grün gegürtet. Er wird mich stärken nach Gottes Willen. Er ist ernsten Angesichtes und er bleibt bei mir bis zum Tod.

In meinen Gefühlen zu meinem Mann ist eine große Umwandlung vorgegangen. War ich früher manchmal »anlehnungsbedürftig« gewesen, so ist es jetzt umgekehrt. Meine Zuneigung zu ihm ist nun »fürsorglicher«. Ich suche jetzt geradezu jede Gelegenheit für ihn zu sorgen. Ich komme mir viel älter und gereifter vor als er ist. Wenn ich das Glück gehabt hätte, einen Sohn zu besitzen, hätte ich ungefähr dieses Gefühl gegen ihn gehabt. Aber bei allem, was ich für meinen Mann tue, ist ein furchtbarer Schmerz dabei. Ich bin ein armes, sündhaftes Geschöpf, das diesen Schmerz verdient hat, was muß da erst die allerseligste Jungfrau ausgestanden haben bei Simeons Weissagung!

5.2.1907

Heute nachmittag hatte ich sehr heftige Schmerzen. Ich wollte etwas ruhen, da kam ein Franziskanerpater zu mir, mit abgezehrtem Antlitz, die Hände mit furchtbaren Geschwüren bedeckt, und sprach: ,,Denk doch daran, wie furchtbar die Qualen des Fegfeuers sind! Sieh mich an, wie leide ich! Erbarme Dich doch meiner und gib mir einen Tropfen Wasser!'' Da gab ich ihm Weihwasser und betete von Herzen für ihn. Er war getröstet und verschwand.

Was ist alles körperliche Leid gegen das Leid der Seele? Mein Mann mit seinen Erinnerungen an die ersten Jahre unserer Ehe zerreißt mir das Herz. Heute sagte er, daß er es über alle Maße bereut, damals die Konzeption unmöglich gemacht zu haben. Er malte sich und mir aus, wie glücklich wir wären, wenn wir Kinder hätten — und er sagt das zu mir! Fast hätte ich gesagt: „Schweig um Gottes Willen! Wer entbehrt denn dieses Glück mehr als ich! Wer hat die schreckliche Verantwortung? Wer muß mit dem Schuldigen leiden?" Doch ich schwieg. — Jesus aber schwieg.

Heute ist das Fest der Passion unseres Herrn. Ich finde gar keinen Trost, auch die fünf Wunden wollen sich nicht öffnen, um mich aufzunehmen. So habe ich schrecklich gelitten, und die Armen Seelen beten so inständig, daß ich noch möglichst lange lebe! Ich sagte zu einer erlösten Seele, sie soll für Deus dedit und für Servus Dei beten, das sei viel besser, denn die beiden müssen recht viel Nutzen von ihren Exerzitien mitbringen. Ich bat alle Armen Seelen, so zu beten. Heute haben sie mich oft daran erinnert, die gute Meinung nicht zu vergessen.

Als mir am Nachmittag mein Herzleiden solche Schmerzen verursachte, daß ich zu sterben glaubte, sprach mein Archangelus: „Du stirbst heute nicht. Diese Schmerzen wirst Du nun öfters haben. Jede Woche, in der Fastenzeit noch öfters. Du wirst stets die Nähe des Todes fühlen, aber danke Gott für diese große Gnade." Ich gehorchte und betete das Tedeum mit großer Müdigkeit.

6.2.1907

Heute kann ich gar nicht schreiben. Das sogenannte »Fasten«, wie es mir Deus dedit erlaubt, konnte ich auch nicht durchführen, mein Mann zwang mich zum Essen. Ich gehorchte, aber ich bezahlte dies teuer. Die unfreiwillige Abtötung hat hoffentlich das Fasten ersetzt.

7.2.1907

Ich glaube, es ist mir nicht möglich, heute aufzubleiben. Am Nachmittag begann ich, eine besonders schöne Palla (Umhang) für Deus dedit zu sticken mit einem Symbol des Heiligen Geistes nach der Beuroner Schule. Ich habe so viele Gebete und Anrufungen des Namens Jesu hineingestickt und so viele Akte der Ergebung in Gottes heiligen Willen.

Heute habe ich wieder unerklärliche Angst. Deus dedit schrieb eine Karte an meinen Mann. Es geht ihm gut. Das hat er meinetwegen geschrieben! Wenn es ihm nur immer gut ginge! Vor dem Essen dachte ich mir, ich könnte es nicht mehr aushalten vor Durst. Als ich mir aber ein kleines Glas Wasser holen wollte, trat plötzlich eine mir bekannte Arme Seele vor mich und sagte: „Ach, mich dürstet, ich verschmachte!" Das rührte mich im Innersten meiner Seele und ich verzichtete auf das Glas Wasser. Die Arme Seele lächelte und verschwand.

Wäre heute gern zu Frl. P. gegangen, aber ich bin so leidend an Asthma, daß ich keine Treppe steigen kann. Mein Mann hetzt mich zu Tode mit seiner Ungeduld. Heute sagte ich zu ihm: „Ich bitte Dich, sei doch etwas nachsichtiger, es ist unmöglich, zwei Dinge zur gleichen Zeit zu tun." Das ärgerte ihn so, daß er lange Zeit entsetzlich fluchte. Von zehn bis zwölf Uhr stand ich am Herd, um meinem Mann ein möglichst gutes Essen vorzusetzen. Als wir uns aber setzten, sah er auf das Thermometer. Es hatte ein halbes Grad weniger als er befohlen hatte. So ging das Fluchen von neuem an.

8.2.1907

Am Vormittag war ich bei Frl. P. Es geht ihr besser, ich sagte ihr, sie müsse gesund werden. Dabei setzte ich in Gedanken hinzu, durch den süßesten Namen Jesu. Heute morgen sah ich den Engel von Deus dedit. Er sagte mir, daß Deus dedit aus seinen Exerzitien großen geistlichen Nutzen gezogen habe.

Seit Mittwoch habe ich entsetzliche Kopfschmerzen. Ich wollte ein erleichterndes Mittel nehmen, doch mein Archangelus wehrte es mir und sagte: „Es hilft ja doch nichts! In neun Tagen ist das Dornenkronenfest. Sei froh, etwas leiden zu dürfen und gib es den Armen Seelen!" Dann war ich ergeben. Nachmittags hatte ich einen eigenartigen Besuch. War es ein Lebendiger? Ich muß meinen Engel fragen!

Abends halb zehn Uhr. Deus dedit ist nun wieder da. Ich bekam ein sehr schönes Buch: »Das bittere Leiden unseres Herrn Jesu Christi« von Anna Katharina Emmerich. Ich habe ihre kurz eingeschaltete Lebensbeschreibung gelesen, die mich ergriffen hat. Wie kann *ich* da von Leiden sprechen? Allerdings bin ich nur eine große Sünderin und keine Braut Christi. Meine Heilig-Geist-Palla konnte ich erst mittags fertigmachen, ist auch so recht, ich bin mit allem zufrieden.

9.2.1907

Nun einen Bericht, den ich ungern mache, denn er betrifft Servus Dei, den ich um sein Gebet für eine Arme Seele bitten soll. Als ich heute für meine Armen Seelen betete, und der Kusine von Deus dedit gedachte, führte mich mein Archangelus zu ihr. Sie leidet viel, namentlich heftigen Durst. Ich darf heute abend für sie leiden. Auch besuchte ich die Arme Seele Sch. von Zwiefalten. Sie leidet etwas weniger als früher, aber neben ihr leidet eine Arme Seele ganz entsetzliche Qual. An den Händen erkannte ich ihre Priesterwürde. Servus Dei und Deus dedit haben sie gekannt, als sie lebte, und die Arme Seele bat mich, Servus Dei zu bitten, ihrer zu gedenken, denn sie leide entsetzlich. Ihre Tränen sind wie kleine rote Feuerflammen und ihre Seufzer erschütternd. Mir war, als würde mein Herz stillestehen bei ihrem Anblick. Was hätte ich tun können als beten? Meine Engel standen bei mir, doch während sie voll Freude ihr Sanctus beteten, wurde ich immer eifriger in meinem Gebet, denn es war mir fürchterlich, die glühenden Tränen dieser priesterlichen Seele zu sehen. Als mir mein Kruzifix keine Antwort gab, mußte ich bitterlich weinen. Da gedachte ich der Worte des Herrn, daß ich in seinen fünf Wunden Trost finden würde. So betete ich: „O Jesus Barmherzigkeit, um Deiner fünf Wunden willen!" Als ich einige Zeit so gebetet hatte, fühlte ich heftige Schmerzen und dachte mir: Gott sei Dank, jetzt erhört mich Gott! Und betete eifrig weiter. Da neigte sich plötzlich mein Jesus zu mir und sprach: „Sei getrost! Durch Deine Tränen und Dein glühendes Gebet habe ich dieser Seele die Hälfte ihrer Strafe erlassen. Wie gerne erhöre ich Dich, und wie gerne würde ich alle erhören, die für die Armen Seelen beten. Aber nur wenige gibt es, die mit Eifer und Liebe beten." Als ich dem Herrn gedankt hatte, wollte mir diese getröstete Seele ebenfalls danken. Ich hatte Sehnsucht, sie anzuschauen, aber ich verzichtete auf diesen Trost zu Ehren der Verlassenheit Christi am Kreuz und opferte den Verzicht auf für Pater Polycarp, der mir so oft seine mit Geschwüren bedeckten Hände zeigte. Er heißt mit seinem Familiennamen Santeler oder Santler und war in den 90er Jahren im Franziskanerkloster zu Stuttgart Novizenmeister oder Guardian. Könnte Deus dedit sich nicht erkundigen, ob diese Angaben stimmen? Ich zweifle nicht daran, immerhin wäre es interessant. Er starb nach entsetzlichem Leiden an einem Sarkom. Er litt schon auf seinem Sterbelager die Fegfeuerpein.

Halb sechs Uhr. Um vier Uhr hatte ich heftige Schmerzen. Ich nahm mein liebes Kruzifix in die Arme. Es war mir fast zu schwer. Ich sprach: „Herr, stärke mich, ich leide sehr!“ Da schlug der Herr seine Augen auf und sprach: „Und ich?“ Nun schämte ich mich sehr. Dieses klagende: „Und ich!“ erschütterte mich im Innersten. Ich erkannte die Unvollkommenheit meiner Leiden, durch die ich ohne die Verdienste Christi nicht den Schatten einer Sünde sühnen könnte. Ich gedachte meiner vielen Sünden und die Reue durchdrang mich wie ein Schwert.

Nach einer Weile sprach der Herr: „Liebst Du mich?“ und ich fand wieder keine Antwort, weil ich meiner Sünden gedachte. Als er nochmals gefragt hatte, nur noch zärtlicher, sagte ich mutig: „O Herr, wie gerne möchte ich Dich lieben, aus allen Kräften, aber ich bin gar so sündhaft und arm, daß es mir vermessen scheint, zu sagen: „Ich liebe Dich!“ Da sprach der Herr: „Wahre Liebe ist feurig und demütig zugleich, sie kennt keine Vermessenheit und opfert alles, um dem Gegenstand ihrer Liebe zu gefallen. Willst Du leiden?“ In diesem Augenblick durchdrang mich ein heftiges Verlangen nach Jesu Liebe, weshalb ich sprach: „Ja, Herr, ich will es, denn Du selbst hast mir versprochen, daß ich durch Leiden zur Liebe gelange.“ Der Herr schaute mich unaussprechlich gütig an und sprach: „Als ich das Kreuz auf mich nahm, legte ich es auf die linke Schulter, denn so war es meinem verlangenden Herzen am nächsten. Aber das Kreuz war furchtbar schwer, denn die Sünden der ganzen Welt lagen darauf. Als mir der Cyrenäer das Kreuz tragen half, dünkte es ihn leicht, denn ich gab ihm die Süßigkeit des Kreuzes zu kosten. Die eigentliche Last, die Sünden der Welt, behielt ich. Das schwere Kreuz drückte so heftig auf meine Schulter, daß das Fleisch auseinandergerissen wurde, und der Querbalken auf dem von Haut und Fleisch entblößten Schulterbein auflag. Diese Wunde ließ mich furchtbar leiden. Ich empfand diesen Schmerz durch den ganzen Körper, und wenn mich mein himmlischer Vater nicht gestärkt hätte, wäre meine menschliche Natur schon vor der Kreuzigung nur an dieser Wunde gestorben. An diesem Schmerz sollst auch du Anteil haben, diese Wunde wird Dich Geduld und Ergebung lehren, Dich stets an mein Leiden und Kreuz erinnern. Du wirst viel leiden dadurch, namentlich in der nahen Fastenzeit. Jeden Donnerstag wird Dich mein Engel stärken, doch darfst Du diese Tröstung auch ausschlagen. Füge Dich den Anordnungen Deines Seelenführers, ich bin mit ihm und der Heilige Geist wohnt auf seinen Lippen.“

Ich war ganz versenkt in Liebe und Reue und wollte knien bleiben. Da sprach mein Erzengel: ,,Erhebe Dich, stehe auf!" Als ich den Befehl befolgt hatte, sah ich, wie das Kruzifix aus meinem Arm entschwand, und sah es dann vor mir in Lebensgröße, wie im Boden verwurzelt. Der Gekreuzigte löste seine rechte Hand vom Kreuze. Sie war fürchterlich durchbohrt und das Blut floß aus der Wunde. Diese verwundete Hand legte sich auf meine Schulter, sie ruhte schwer auf mir, fast unerträglich. Ich glaubte, ohnmächtig zu werden und schloß die Augen. Als ich sie wieder öffnete, sah ich meinen Engel neben mir, der Erzengel stand vor mir und hielt das Kruzifix in den Händen. Ich nahm es an mich und sagte voll Dank: ,,Nun habe ich gefunden, den meine Seele liebt, ich halte ihn und will ihn nimmer lassen." Gerne wäre ich noch länger in meinem Zimmer geblieben und hätte gebetet, aber mein Mann rief und ich ging gleich um des Gehorsams willen. In meinem linken Arm verspürte ich eine sonderbare Schwäche und die Schulter schmerzte, als ob eine furchtbare Last auf ihr liegen würde. Ich bin ergeben und geduldig, aber ich weiß, daß ich schrecklichen Leiden entgegengehe, durch den Willen und die Güte Jesu Christi.

10.2.1907

Heute morgen war ich in der hl. Messe. Unmittelbar vor der hl. Wandlung bis nach der hl. Kommunion waren meine Wunden wieder ganz frisch, so daß ich erschrak und die Hände unter dem Mantel verbarg. Später ließ die Rötung nach und ich glaube, sie war nach dem letzten Evangelium verschwunden.

Ich fragte meinen Angelus, ob ich mich durch Hochmut versündigt hätte, wegen meiner Befangenheit Deus dedit gegenüber. Er lächelte und sagte: ,,Ich bin nicht Dein Beichtvater! Frage ihn selbst und füge Dich seiner Erkenntnis. Aber diese Befangenheit wird Dir noch ein schweres Kreuz sein. Denke doch daran, daß Christus für die Sünder, nicht für die Gerechten auf die Welt herabkam, und suchen wollte, was verloren war. Betrachte Dich stets als das verlorene Lamm, das der gute Hirte mit so unsäglichen Leiden gesucht hat. Betrachte Deinen Führer als den Stellvertreter des guten Hirten. Er läßt sich die Besserung Deines Lebens sehr angelegen sein. Gott hat ihn Dir geschickt und Du kannst die Gabe Gottes nicht höher ehren, als durch vollständige Unterwürfigkeit. Erneuere das Gelübde des vollkommenen Gehorsams, sobald Du kannst, mit allem Ernst. Er soll das Kruzifix in die Hand nehmen und im Angesichte des Gekreuzigten und auf das Kruzifix selbst sollst Du geloben. Dann bist Du gebunden und alle Befangenheit ist vorbei. Findet jedoch Dein Führer, Du solltest Dich noch einmal auf die Erneuerung des Gelübdes vorbereiten, so füge Dich. Doch warte nicht lange. Die Stärkung, die Dir der Herr zugedacht, ist Brot vom Himmel, aber nicht der Leib des Herrn. Mein Bruder, der Erzengel, wird es Dir bringen, jeden Donnerstag der Fastenzeit, wenn Du nicht lieber verzichtest."

11.2.1907

St. Nikolaus von Tolentino sagte zu mir, ich soll niemals beim Gebet die gute Meinung vergessen. Ehe er zum Altare trat, um zu zelebrieren, bat er den lieben Gott, er möge, da seiner Allmacht nichts unmöglich ist, in seiner Barmherzigkeit die Frucht dieser heiligen Messe verhundertfältigen, auf daß er den Armen Seelen kräftiger zu Hilfe kommen könne. Da sah er nach der heiligen Kommunion oft Hunderte von Seelen das Fegfeuer verlassen und zur himmlischen Seligkeit eingehen. Auch wenn der Heilige in einer bestimmten Intention zelebrieren mußte, z.B. in irgend einem Anliegen oder als Lob-und Dankopfer, verrichtete er vorher immer die gute Meinung, Gott möge unbeschadet der befohlenen Meßintention die Frucht des Opfers ins Hundertfache vermehren, so daß die Armen Seelen ja nicht zu kurz kämen. Die Armen Seelen beten ohne Unterlaß für ihre Wohltäter, namentlich um Verlängerung deren Lebenstage. Als St. Nikolaus von Tolentino zum Sterben kam, verlangte er mit unaussprechlicher Sehnsucht nach der Anschauung seines göttlichen Erlösers. Er hatte nur das *eine* Bedauern, nach seinem Tod nicht mehr für die Armen Seelen zelebrieren und leiden zu können. Im Übermaß seiner Barmherzigkeit bat er Christus, er möge ihn für ewige Zeiten ins Fegfeuer bannen, aber dafür jetzt in seinem Tod noch recht viele Arme Seelen in den Himmel aufnehmen. Da erschien ihm Christus, umgeben von einer großen, glänzenden Schar von Seligen und Engeln und sprach: „Sieh, diese Schar wurde durch Dich aus dem Fegfeuer erlöst, geh ein in die ewige Freude!" Die Seele des Heiligen löste sich vom Körper los wie ein feuriger Pfeil und Christus der Herr nahm sie in seine göttlichen Hände. Die Armen Seelen helfen ihren Wohltätern in jeglicher Weise. Ihre Gebete sind glühender als das Feuer, das sie reinigt und kommen direkt vor den Thron Gottes.

Als Deus dedit gestern heimging, sah ich ihn von einigen Seelen auf das ehrerbietigste begleitet. Wer bei seinen Pflichtgebeten an Zerstreuung leidet, soll die Armen Seelen bitten, daß sie mitbeten. Dieser Aufforderung kommen sie mit vielen Freuden nach, und das Gebet tröstet auch den Lebenden, der es spricht.

Auch in den Kirchen sind viele Arme Seelen. Das ist eine große Erleichterung der Fegfeuerleiden, wenn sie in Kirchen abgebüßt werden dürfen. Da sind die Seelen eifriger Priester und solcher Laien, die niemals ohne ihre Schuld die heilige Messe versäumten. In unserer Kirche neben dem Taufstein seufzt eine priesterliche Seele. Ich habe die Empfindung, das sei die Seele eines früheren Pfarrvorstandes. Aber wer ist sie? Die lieben, guten Armen Seelen haben mir vorige Woche zweimal geholfen: Einmal haben sie mir etwas wiedergebracht, was mir manche Freude bereitet, doch war ich ergeben und bat die Armen Seelen nur dann um Hilfe, wenn mein Herz nicht in unerlaubt großer Liebe an diesem Geschöpf hänge. Kurze Zeit darauf kam ein alter, kleiner Mann und brachte mir das verlorene Eichkätzchen. Auch mit der Suche nach einem Buch ging es mir so. Heute habe ich aus Dankbarkeit eine heilige Messe dafür bestellt, das ist die köstlichste Gabe, die ich geben kann. Jetzt darf ich zur Ruhe gehen, aber ich fürchte, ich bin zu müde zum Schlafen.

12.2.1907

Gestern nachmittag bin ich beim Vogelfüttern im Schloßpark etwas unglücklich gefallen. Es sind mir zwei Adern geplatzt. Das ist nicht nur schmerzlich, es ist auch unbequem. Ich mußte an S.D. denken und bat den Herrn inständig, mir die Hälfte seiner Leiden zu geben.

Bei dem langen Aufbleiben der letzten Nacht muß ich mich stark erkältet haben. Ich habe nun einen so heftigen Husten, daß ich einen Begriff vom Ersticken bekomme. Aber ich bin ganz zufrieden und die Armen Seelen auch.

Ich habe heute meinen Archangelus gebeten, mir zu sagen, ob Deus dedit fortschreitet auf dem Pfad der Heiligkeit. Er antwortete: „O ja, er geht unverzagt die steile Straße. Aber ich kann ihm nicht genug Vorsicht empfehlen, denn der Teufel wird schon auf manches aufmerksam, was ihm bisher verborgen war.“ Dann mahnte mich der Engel auch zu großer Vorsicht, ich dürfe keine Namen ausschreiben in meinen Tagebüchern, auch Deus dedit soll ich es sagen. Nun sprach ich zum Engel: „Ich weiß nicht, was Du willst!" Da war mein Engel sehr streng und sprach: „Gehorche! Was ich Dir hier gesagt habe, brauchst Du nicht zu verstehen. Es ist nicht für *Dich* bestimmt. Nun ruhe aus von den Schmerzen dieses Tages. Morgen beginnt die Fastenzeit. Gedenke heute noch des Kreuzes und seiner Süßigkeit, morgen lernst Du seine Bitterkeit auch wieder kennen!" Dann verschwand er und ich erfülle hiermit seinen Befehl.

13.2.1907,
Aschermittwoch.

Ich glaube, ich habe plötzlich das Betrachten verlernt, so schlecht geht es heute, Auch muß ich immer wieder mit dem Gedanken kämpfen, daß es doch sehr gut wäre, wenn ich sterben würde. Den Kampf gegen solche nicht nur oberflächliche, sondern auch sündhafte Gedanken führe ich nun schon stundenlang. Ich kniete mich schon nieder vor meinem Kruzifix, aber mein Beten war kalt und zerstreut und wurde oft gestört. Mein Archangelus sagte mir, er werde mich jeden Donnerstag bis zur Karwoche besuchen und »stärken«. Deus dedit befahl mir, auf die Stärkung nicht zu verzichten. Ich glaube, ich werde sie brauchen können. Die Armen Seelen sind heute Mittag auch zu mir gekommen. Durch ihr Seufzen wurde ich in furchtbare Schwermut versetzt. Pater Polykarp zeigte mir seine Hände: Die Geschwüre heilen, aber der Saum seines Habits ist noch immer nicht rein. K. Buchh. wird am Samstag nachmittag in die ewige Freude eingehen. Er ist voll seligster Erwartung. Diese Erwartung ist trotzdem eine Pein, so groß und schwer, daß wir Menschen es uns gar nicht vorstellen können. Ich vereinigte meine tiefe Traurigkeit mit der Todesangst Christi und gab sie den Armen Seelen. In diesem Augenblick wurden meine Bittsteller wunderbar erquickt.

Ich möchte so gerne heraus aus dem Abgrund hoffnungsloser Traurigkeit, in dem ich mich befinde. Weil ich es nicht kann, nehme ich sie freiwillig an als Zulassung Gottes und bitte den himmlischen Vater, mich sie so ertragen zu lassen, wie es ihm gefällt und den Armen Seelen zum Nutzen ist.

Für Deus dedit wurde mir schon wieder Vorsicht empfohlen. „Er ist nicht zum Biographen berufen." — „Was schreibt er denn?", fragte ich. „Er hat die Absicht, etwas zu schreiben, was er nicht darf und soll“, sagte mein Archangelus. „Wo Gott die Verborgenheit wünscht, muß sie geachtet werden und der Schleier darf nicht verletzt oder gehoben werden.“

Ich fragte wieder, ich möchte eine Erklärung, dann bekam ich die Antwort: „Gehorche und schreibe es nieder für Deinen Führer, er wird mich verstehen!“

15.2.1907,
Freitag, Fest der Dornenkrone Christi

Heute morgen betrachte ich, wie die Henkersknechte meinem Jesus die Dornenkrone auf das göttliche Haupt setzten. Zwei Marterknechte nahmen die Dornenkrone, einer auf jeder Seite, mit Zangen in die Hand. Mit den bloßen Händen, die doch so rauh waren, fürchteten sie, die Dornenkrone anzurühren. Die Krone wollte anfangs nicht festhalten, denn sie war einen Finger breit zu eng. Da nahmen die grausamen Soldaten schmale Prügel zur Hand und schlugen auf die Dornenkrone los, bis sie in Jesu zartestes Haupt eingedrungen war und mit schmerzlichster Spannung seine hochheilige Stirne umgab. Das Haupt war in die Krone wie in einen Schraubstock eingepreßt. Das Blut floß von der Stirn und tropfte auf die Hände Jesu herab. Es war ein furchtbares Leiden, diese Dornenkrönung, aber auch ein Beweis, daß Jesus Gott war, denn ein gewöhnlicher Mensch, und wenn er die Natur von zehn Riesen gehabt hätte, würde diese Marter nicht ausgehalten haben. Da saß nun Jesus, der holdseligste unter den Menschen, auf dem Steinblock, auf den ihn die Henker niedergestoßen hatten, voll unbeschreiblicher Seelenpein, denn er sah an einer schauderhaft großen Zahl von Menschen sein bitteres Leiden verloren gehen. Ach, liebster Herr! Hilf doch, daß Dein Blut an mir nicht verloren geht!

Die Soldaten spien Jesus an, gaben ihm Backenstreiche, beugten spöttisch ihre Knie und riefen: „Ave, Rex Judaeorum!“ Da warf ich mich aufs Angesicht nieder in ehrerbietigster Anbetung und sprach: „Sei gegrüßt, Du anbetungswürdigster Jesus, Du wahrer Sohn Gottes und selbst Gott, Du Hoffnung aller Zeiten, Du mein mächtiger Herr und König, Du auserwählte Liebe meines elenden Herzens, Du mein Gott und mein Alles!“ Jesus blickte mich an mit seinen blutunterlaufenen Augen, und dieser Blick drang mir in die Tiefe der Seele! Es ist nichts damit getan, wenn ich mich der lieblosen Reden enthalte. Wenn ich meinem dornengekrönten Jesus gefallen will, muß ich auch ängstlich darauf bedacht sein, jeden lieblosen Gedanken zu vermeiden. In der Dornenkrönung büßte Jesus für die Gedankensünden der ganzen Welt. Was für eine furchtbare Last mußte da auf diesem göttlichen Haupte ruhen! Ich glaube, daß die entsetzlichen Schmerzen der Dornenkrönung nichts waren im Vergleich zur Sündenlast, die das sanftmütige Lamm Gottes freiwillig auf sich nahm!

Heute ist für mich ein Tag körperlicher Schmerzen, aber mehr noch als diese quält mich meine Schwermut, die ich trotz allen Kämpfen nicht bezwingen kann. Eine Zentnerlast von Leid und Kummer. Und doch, das ist alles nichts gegen Christi Traurigkeit über unsere Sünden.

Heute abend ist mir etwas Sonderbares begegnet. Es besuchten mich die zwei Schutzengel zweier Personen und baten um Hilfe.

Als ich gestern abend außergewöhnlich müde, mein Abendgebet verrichtet hatte, sah ich meinen Archangelus. Er hielt eine Kristallschale in der Hand. In dieser Schale lag ein gelblich-weißes Brot. Es war ein spitziges Oval, vielleicht fingerlang und zwei Finger breit, in der Mitte war der Name Jesus in erhöhter Schrift zu lesen. Das Brot war flach wie eine dicke Oblate. Der Archangelus sprach: „Nimm und iß! Du wirst gestärkt sein und über Deine Kräfte leiden können!" Da nahm ich das Brot und brach es auseinander. Den größten Teil legte ich in die Schale zurück, ungefähr den dritten Teil aß ich. Es hatte einen unbeschreiblichen Geschmack, süß, aber nicht wie Zucker oder Honig. Ich hatte diesen Geschmack noch nie gekostet. Als ich den Bissen genossen hatte, fragte ich den Archangelus, was dieses Brot sei. Er sprach: „Das ist Manna. Auch die Israeliten hatten es in der Wüste, aber in anderer Art und Form." Ich fühlte mich sehr gekräftigt und dachte, meine Schmerzen seien jetzt leicht zu ertragen, da die furchtbare Müdigkeit weg sei. Der Archangelus gab mir den anderen Teil des Brotes. Ich aber sagte: „Meinem geistlichen Führer war ich nun gehorsam, weil ich die Stärkung nicht ausgeschlagen habe. Diesen Teil geben wir nun ins Fegfeuer!" Der Engel lächelte und die Armen Seelen kamen, zuerst diejenigen, die mir speziell anbefohlen sind, dann die anderen. Ich brach von dem Brot und es ging nicht zu Ende. Die Armen Seelen wurden wunderbar erquickt. Plötzlich fiel mir Deus dedit und unser gemeinsamer Freund, Servus Dei ein. Ich forderte ihre Engel auf zu kommen, auf daß die beiden teilhaben könnten. Fast augenblicklich standen die »Herrschaft« und die »Kraft« neben mir. Da sagte mein Erzengel:

„Sieh, das Brot geht zur Neige, Du kannst nicht mehr viel abgeben!" Ich sprach: „O nein! Wir legen die Verdienste Christi und sein bitteres Leiden dazu, dann reicht es für alle!" Ich nahm die Schale mit dem kleinen Brotrest und bat den himmlischen Vater und den Heiligen Geist um der Verdienste Christi willen das Wunder der Brotvermehrung zu wirken. Als ich meine Augen wieder auf das Brot richtete, sah ich es größer werden als es vor dem erstmaligen Auseinanderbrechen war. Ich dankte Gott, aber nur sehr kurz, weil ich voll Ungeduld war, das Brot zu teilen. Ich behielt wieder ein Drittel für mich, zwei Drittel gab ich der Herrschaft, die an meiner linken Seite stand. Dieser Engel brach das Brot in zwei gleiche Hälften und gab es der Kraft. Und dann teilten wir unermüdlich aus. Plötzlich sprach mein Archangelus: „Gib mir Dein Brot! Ich will Dein Amt versehen, Du mußt schlafen, Dein geistlicher Führer hat es befohlen!" Ich gab mein Brot ab und sagte: „Reicht es für alle leidenden Seelen?" Und der Engel bejahte. Dann war ich wieder allein und ging zur Ruhe. Ich war sehr müde, aber ich schlief die befohlenen fünf Stunden. Die Armen Seelen waren alle sehr getröstet, und ich glaube, Deus dedit und Servus Dei auch.

17.2.1907,
1. Fastensonntag

Heute morgen hatte ich das unaussprechliche Glück, meinen Herrn und Gott in der heiligen Kommunion empfangen zu dürfen. Die Zeit der Danksagung, die eigentlich keine Danksagung, sondern lauter Freude war, verging nur allzu schnell. Plötzlich hieß es: „Geh sofort heim!" Ich gehorchte und kam ganz gut nach Hause, obwohl ich vor der Kommunion sehr starke Herzschmerzen hatte, so daß ich glaubte, mein Herz würde brechen. Aber der Gehorsam umgab es mit festen Banden. Deus dedit sagte, er sei abends zu Hause. Nachmittags kamen jedoch die Erstickungs- und Herzanfälle in schrecklicher Weise wieder. Also konnte ich nicht zu Deus dedit gehen, und ich hatte mir große, heilige Freude davon versprochen. Ich war aber trotzdem zufrieden und opferte diesen Verzicht in Vereinigung mit Jesu Leiden und Sterben für die Armen Seelen auf.

Pfarrer Str. ist noch im Fegfeuer, weil er seinen Pfarrkindern die Religion durch sein ungezügeltes, nörgelndes Temperament oft zu einer rechten Last gemacht und durch sein unzufriedenes Wesen manche

Seele von größerer Frömmigkeit abgeschreckt hat. Das muß er teuer büßen. Jetzt herrscht ein anderer Geist in seiner Pfarrei.

Als ich gestern fragte, ob ich das nächste Mal Deus dedit ein Teilchen Manna geben dürfte, lächelte mein Archangelus, wie man bei einer sehr naiven kindlichen Frage lächelt und sagte: „Frag ihn doch, was ihm lieber ist, jährlich vier oder sechsmal das Brot vom Himmel, die Eucharistie, das wahre Manna zu empfangen und dafür bei besonderen Leiden auf etwas Manna Anspruch haben, oder alle Tage das erhabenste Opfer zu vollziehen und die heilige Kommunion zu empfangen?“

Als ich zögerte, dies zu schreiben, wurde er sehr ernst und sprach in strengem Ton: „Schreibe es!“ Was ich dann auch getan habe.

Pater Buchholz hatte wegen seiner Heiterkeit nicht das Geringste zu leiden. Wegen anständiger Heiterkeit kommt niemand ins Fegfeuer. Traurigkeit und Mutlosigkeit jedoch werden streng bestraft.

Jetzt möchte mein Mann die E. (Dienstmädchen) wieder behalten! Und Deus dedit hat mir doch erlaubt, die Kündigung aufrecht zu erhalten. Ich bin doch recht eigenwillig, daß mich dies so entsetzt und erschreckt. Aber es ist wirklich ein schweres Kreuz für mich, eine ungetreue Hausgehilfin und einen Mann zu haben, der sich selbst untreu ist und alle Augenblicke seine Überzeugung ändert. In Gottes Namen! Ich will mich in alles fügen, wie es Gott mir schicken wird.

Möchte heute vor dem Schlafengehen die sieben Profundis beten, daß ich einige Zeit von meinen körperlichen Leiden befreit wäre, aber bin ich berechtigt, mich so leicht zu dispensieren? Mir sind alle Glieder wie gebrochen, und ich muß gestehen, daß ich trotz allen Kämpfens im Herzen wie schwermütig bin.

19.2.1907

Mein Engel hatte mir heute morgen schon befohlen, zu Deus dedit zu gehen. Ich dachte: „Wie ist das möglich, da ich so leidend bin, und wie sollte ich ungehindert aus dem Haus kommen? Ganz unerwartet kam mein Mann um elf Uhr aus dem Büro und sagte, ich solle sofort Deus dedit besuchen, er wünsche es, daß ich Deus dedit Verschiedenes frage. Ich dachte, Deus dedit habe den englischen Befehl schon bekommen, aber er kam noch mit zwei Fragen, die ich hiermit beantworte. Als ich meinen Archangelus über die Zukunft von Deus dedit befragte, sagte er: „Dein Führer überschreitet die Jurisdiktion, die er über Dich hat, Du bist kein spiritistisches Medium. Die Zukunft ruht in Gottes Schoß. Daß er für Obermarchtal bestimmt war, hat er ja schon längst einsehen müssen. Wenn es ihm bestimmt ist, hier noch eine führende Stellung einzunehmen, wird ihn der Heilige Geist geradeso sicher führen wie bisher."

Was den zweiten Punkt anbelangt, wollte mir der Engel nicht Rede stehen. Da sprach ich: „Wie kannst Du Dich weigern? Mein geistlicher Führer hat mir befohlen, ich müsse Deine Antwort erhalten. Ich bin unter schwerer Sünde verpflichtet, wie kannst Du Ursache werden wollen, daß ich Unsern Herrn so tief betrübe?" Da wandte sich der Engel mit großer Freude zu mir und sprach: „Der Gehorsam ist die größte Tugend, selig bist Du, daß Du ihn über alles hochschätzest! Und nun gib acht, daß Du nichts vergißt. Es war schon eine sträfliche Nachläßigkeit Deines geistlichen Führers, daß er keine geistliche Führung hatte. Aber er soll wohl bedenken: er braucht für seine eigene Seele eine strenge geistliche Leitung, doch die Führung Deiner Seele darf er nicht abgeben. Er versteht unter dem geistlichen Führer, den er haben möchte, einen Freund, den er oft Deinetwegen zu beraten wünscht. Das ist nicht angängig und wäre ein grober Verstoß gegen die priesterliche Verschwiegenheit, denn er ist auch Dein Beichtvater. Das darf er niemals vergessen. Wenn er glaubt, Dich dann leiten zu können, und Du kannst Dich überwinden, es ihm zu erlauben, darf er über Dich mit seinem Führer sprechen, aber entbinde ihn dann seiner Schweigepflicht, wie Du es bereits vor Monaten Servus Dei gegenüber getan hast. Doch soll er eines bedenken: Wenn Gott ein Geheimnis verschleiert, soll es auch verschleiert bleiben. Von dem besonderen Akt göttlicher Barmherzigkeit, den Dir der Herr erwiesen, darf er niemals sprechen. Er durfte es Servus Dei offenbaren, denn er war stark im Zweifel, doch für alle übrigen sollen seine Lippen versiegelt bleiben. Gott will es so. Du hast gegenwärtig viel zu leiden durch Spott und Verachtung. Das ist Gottes Werk, um die Aufmerksamkeit des Teufels von Dir abzulenken. Sei vorsichtig, ich ermahne Dich im Namen Jesu! Auch was Du schreibst, ist nur für Deus dedit. Einen Deiner früheren Seelenfreunde nach dem anderen hat Gott abberufen. Du bist ganz unbeeinflußt allein Deus dedit übergeben, warum sucht dieser eine Stütze in Deiner Leitung? Er braucht ja nur den anzurufen, der gesprochen hat: „Empfanget den Heiligen Geist!" Auch soll er sich nicht beunruhigen. Wenn es Gottes Wille ist, daß sein künftiger Führer Genaueres über Dich erfahren soll, findet Gott dazu Mittel und Wege."

Auf den Rat des Archangelus hin entbinde ich Deus dedit der Schweigepflicht, aber nur Servus Dei und Deus dedit's Führer gegenüber. Diese sollen jedoch gebunden sein. Ich muß gestehen, daß mir dies ein schweres Opfer schien, aber nun bin ich wieder ruhig.

Im Geiste sah ich Deus dedit's Führer. Er ist ein Priester nach dem Herzen Gottes in des Wortes idealster Bedeutung. Er verbindet außerordentlich großen Seeleneifer mit überaus gütigem Verstehen der menschlichen Schwächen, so daß er der denkbar beste Hirt für die ihm anvertrauten Seelen ist. Er hat die Kraft, Zweifelnde zu beruhigen und sein Segen macht die Ängstlichen fröhlich. Die Herrschaft steht auf seiner Seite, er hat viel Ähnlichkeit mit Deus dedit. Er ist gelehrt, ohne Sklave der Wissenschaft zu sein. Ich meine, er ist ein Verehrer des heiligen Alfons von Liguori. Wenn ich könnte, würde ich ihm die Verehrung des heiligen Erzengels Gabriel recht ans Herz legen. Deus dedit wird in ihm alles finden, was er erwartet. Ich habe das alles ungern geschrieben, mein Gehorsam ist also mangelhaft; denn der freudige Geber gefällt Gott!

20.2.1907

Leiden und Opfer ohne Ende. Nachmittags war ich sehr mutlos, denn ich komme gar nicht vorwärts. Plötzlich kam mir der Gedanke, daß ich eigentlich doch der personifizierte Hochmut bin, denn ich bin doch nicht berechtigt zu glauben, daß ich vorwärts komme. Doch darf ich keineswegs den Mut verlieren. Der allwissende Gott, der das Scherflein der Witwe nicht verschmähte, wird auch meinen guten Willen segnen.

Ich fing gestern an, die beiden Engel des zukünftigen Seelenführers von Deus dedit zu verehren. Als ich Servus Dei zum ersten Mal sah, begegnete ich ihm mit dem hochwürdigen Regens und Deus dedit auf dessen Hausflur. Ich dachte mir damals: ,,Was wird diese Dreizahl in meinem Leben bedeuten?" Denn es berührte mich sehr merkwürdig. Heute nacht erinnerte ich mich wieder dieser Begebenheit.

Pater Policarp war heute bei mir. Er hat nur mehr die Pein der Sehnsucht nach der Anschauung Gottes zu erdulden. Als ich den Pater beglückwünschte, dankte er mir so demütig — *er,* der Priester, mir armen Sünderin. Obwohl ich es jetzt als Überhebung bekenne, fand ich in meiner Mitfreude kein anderes Wort als: ,,Im Namen Jesu wünsche ich Dir den seligsten Frieden!" Dieser Wunsch steht doch nur den Priestern zu.

Der arme Pater aber verneigte sich und sprach: „Der Friede des Herrn ist allezeit mit Dir!" Das ergriff mich so sehr, daß ich weinte. Ich schämte mich dessen und sagte: „O diese unnützen Tränen!" Da lächelte der Pater und sprach: „Warum sollen diese Tränen überflüssig sein? Schon seit Deiner Kindheit vereinigtest Du Deine Tränen mit denen Jesu und Mariens und aller heiligen Büßer und Büßerinnen. Wie oft, wenn Du einen bedrängten Menschen weinen sahst, opfertest Du an seiner Stelle diese Tränen auf in Vereinigung mit den Tränen Christi. Dieses Weinen ist wahrlich nicht vergebens. Opfere auch alle Tränen Deiner frühesten Kindheit auf, Gott möge sie nachträglich noch so annehmen, als ob Du sie schon damals mit seinen Leiden und den Tränen Mariens vereinigt hättest. Die göttliche Barmherzigkeit erfüllt nicht nur dieses Verlangen, nein, sie eilt Deinen Wünschen voll Ungeduld entgegen. Faste, bete, gib Almosen, übe Selbstverleugnung und Gehorsam und Du wirst selig werden. Erwecke bei allem, was Du tust, die »gute Meinung«, es in Jesu Namen und mit Jesu Leiden zu verrichten, und Du wirst heilig und vollkommen. Wenn ich nur noch eine Stunde ins Leben zurückkönnte, ich würde nichts anderes tun, als über den unermeßlichen Wert der guten Meinung sprechen. Im Leben gab mir Gott die Gabe des Wortes. Ich war ein beliebter Prediger, ein gesuchter Beichtvater, ein guter Guardian, aber wenn ich alles gewußt hätte wie jetzt, würde ich immer nur gepredigt haben: „Vergeßt die gute Meinung nicht!" Durch die ständige gute Meinung lernt man vollkommenen Gehorsam, vollkommene Reue, und kommt zu einer so brennenden Liebe, daß man an gar nichts anderes mehr denken kann als an Gott. Durch die ständige gute Meinung wirst Du heilig werden. Ich sage es Dir als Dank für Dein Gebet. Noch einmal komme ich, dann gehe ich ein zum ewigen Frieden." Damit verschwand er, ich aber fühlte mich sehr getröstet.

Als ich heute allein war, rief ich nach meinem Archangelus, er möge mich Deus dedit's wegen beruhigen. Er kam gleich und sprach: „Sei ruhig! Wenn Dein Führer noch nach dem Weg der Vollkommenheit suchen müßte, hätte ich ihm nicht so schonungsvoll sagen lassen, was er hören mußte. Er hat den Tadel nicht nur in Selbstverleugnung angenommen, er hat auch Nutzen daraus gezogen. Sein Herz ist nun ein gut bereitetes Feld und sein geistlicher Führer braucht nicht fürchten, daß er auf steinigen Boden sät. Sage Deus dedit, daß ich ihn in aller Ehrfurcht grüße im hl. Namen Jesu; er soll auch über das Magnificat betrachten. Jeder Priester dürfte diesen herrlichen Hymnus auf sich anwenden."

Soeben hatte ich wieder einen seltsamen Besuch, der mich warnte, ich soll in mein Tagebuch nicht alles so unverblümt niederschreiben; es sei überflüssig, so oft zu schreiben, und noch überflüssiger, die Regungen meiner Eigenliebe zu bekennen. Das ging gegen meine innerste Überzeugung, und ich sagte zu meinem ungebetenen Gast: „Wie kannst Du so sprechen? Du willst mir ja zum Ungehorsam raten!" Als ich so sprach, sah ich, daß dieser Erzengel kein Kreuz an der Stola hatte. Mein Schutzengel deckte seine Hand über meine Augen, als er sie wegnahm, war der Engel der Finsternis verschwunden.

Ich fragte heute auch meinen Archangelus, um welche Gnade ich für Deus dedit beten dürfe, er hätte die allgemeine Veranlagung, ein »Heil der Kranken« zu werden. Mein Archangelus sprach, diese Gnade wäre zu aufsehenerregend, das läge so wenig in Deus dedit's Willen wie in dem meinen. Die Krankenheilung sei eine Gnade, die den Mitmenschen zugute käme, aber nicht von großem Nutzen für die eigene Seele sei.

Die Namen der Armen Seelen, die zu mir kommen, werde ich nun nicht mehr erfahren, „denn," sagte mein Archangelus, „Ihr seid alle nicht vorsichtig genug und wollt alles wissen, wodurch und warum, dadurch ist der Teufel aufmerksam geworden; ich mahne wieder zur Vorsicht!"

Um sieben Uhr wäre ich gerne zum Beichten gegangen, denn ich habe diesmal ein paar Sünden, die ich nicht als »leicht« bezeichnen kann. Einmal habe ich meinem Mann beigestimmt, als er Pfarrer Kn. »hinterhältig« nannte. Das zweitemal habe ich einer ganz abscheulichen, ich weiß nicht, soll ich sagen Gefräßigkeit oder Naschhaftigkeit nachgegeben, indem ich beim Essen die Mehlspeise unberührt ließ und statt dessen ein Stückchen Fisch aß. Wer es so macht wie ich, kann sich gewiß nicht einbilden, abgetötet zu sein. Ich glaube, ich übe viel zu wenig körperliche Abtötung.

Als ich achtzehn Jahre alt war, trug ich öfters ein Bußhemd aus sehr grober Schafwolle. Die ersten Augenblicke fühlte ich nichts. Aber später brannte es oft wie Feuer, und wenn ich es nach sieben bis acht Stunden ablegte, stand mir oft der Schweiß auf der Stirn vor Erschöpfung, denn ich trug dieses Bußkleid nicht zum Scherz und wagte deshalb nicht, es früher als es die Zeit erlaubte abzulegen. Wenn ich diese Abtötung auch nicht mehr in diesem Maß ertragen könnte, könnte es mir auch nicht schaden, wenn ich es manchmal für eine Stunde tragen dürfte. Ein Cilicium (Bußkleid) zu tragen ist schwer, aber es ist eine Erholung im

Vergleich zu meinem Bußkleid. Als ich zum Beichten fort wollte und schon an der Haustür war, hielt mich mein Archangelus ab: „Weil Du von zwei Seiten streng beobachtet wirst.“ Also blieb ich daheim.

24.2.1907

Ich habe eine fast schlaflose Nacht hinter mir. Am Morgen ging ich zur Kirche und betrachtete über das Evangelium, das heute so tröstlich ist. Ich bat den heiligen Evangelisten Johannes recht inständig, er möge Deus dedit mit auf den Tabor nehmen. Er kann es brauchen, denn er ist leidend. Morgen darf ich beichten, hoffentlich wird es recht. Heute früh, als ich allein zu Hause war, schien mir das Leben wieder sehr schwer und mein Dasein überflüssig. Wohin ich blickte, fand ich nur Kreuz und Leiden, in der Vergangenheit wie in der Gegenwart. Da dachte ich mir: „Wie schwer ist das Leben und wie lang. Ich weiß nicht mehr, wie ich es ertragen kann!“ Mein Archangelus trat vor mich hin und sprach: „Nimm das Kruzifix in Deine Arme und drücke es an Dein Herz, das wird Dich wieder ermutigen!“ Ich nahm das Kreuz in meine Arme. Da kam mir wieder der Gedanke an meine vielen Sünden und ich mußte bitterlich weinen. Ich erinnerte mich an Maria Magdalena und an Margareta von Cortona und bat den Herrn, er möge sich um ihretwillen auch meiner erbarmen. Da sprach Jesus zu mir: „Auch Dir wird viel vergeben, weil auch Du viel geliebt hast.“ Das tröstete mich, aber ohne daß die Reue sich in mir verringerte. Da die Augen Christi so barmherzig auf mir ruhten, sagte ich ihm alles, was mein Herz bewegte. Auch empfahl ich ihm Deus dedit, Servus Dei und Adauctur.[19] Ich bat den Herrn ganz besonders, er möge dieser Dreizahl alles geben, was ihnen zur Heiligkeit notwendig ist. Der Herr gewährte mir die Bitte. Als ich darüber klagte, daß ich meiner Leiden fast nicht mehr Herr werde, wies der Gekreuzigte auf seine Wunden hin. „Hier wirst Du Trost in allem und Ersatz für alles finden.“ Um Befreiung meiner Leiden bitten, sei so viel als um meinen Tod bitten, Deus dedit hat es verboten. Ich sehe den Leidenskelch vor mir und ich werde ihn nehmen, denn Gott will es.

Ich bin doch wirklich gar nicht abgetötet, sonst würde ich die schlechte Laune meines Mannes nicht so tief empfinden. Wie schwer ist es doch für eine Frau, die jeden Augenblick damit rechnen muß, daß die Laune des Hausherrns sich verschlimmert, ohne daß man nur eine entfernte Ahnung der Ursache haben könnte. Als ich im ersten Jahr meiner Ehe furchtbar unter dieser Launenhaftigkeit zu leiden hatte und ich Pater Schora sagte, daß ich deshalb recht mutlos sei, schwieg dieser gute Pater längere Zeit, dann sagte er ganz alteriert: „Ich hätte niemals von Dir geglaubt, daß Du Dich über den großen Vorzug beklagst, den Dir der Herr einräumte, als er Dir einen launenhaften Mann gab. Er ist das Kreuz, das Dich noch zum Himmel führen wird. Die wahre Liebe ist sanftmütig, geduldig und von Herzen demütig. So sollst Du stets gegen Deinen Mann sein." Diese Worte behielt ich in meinem Herzen, sie haben mich oft getröstet. Aber heute hat diese Erinnerung nicht mehr die Kraft wie früher. Ich glaube, das kommt von der Angst her, mit der ich an die eben beginnende Woche denke, die mir viele, viele Leiden bringen wird.

Um den Befehl von Deus dedit zu erfüllen, greife ich auf den Donnerstag zurück. Mein Archangelus brachte mir diesmal einen Kristallkelch und sprach: „Nimm und trinke diesen Wein!" Ich wollte zuerst nur ein paar Tropfen nehmen und auf das andere verzichten, aber der Engel gestattete es nicht. „Das dient Dir zur körperlichen Stärkung, und Dein Seelenführer würde Dir befehlen, diesen Kelch auszutrinken." Ich gehorchte. Es war wie ein herber Wein mit einem ungemein angenehmen Nachgeschmack. Dann sagte ich: „Was bleibt denn für Deus dedit und Servus Dei?" Da lächelte der Archangelus und sagte: „Beide sollen getröstet und gestärkt sein!" Dann war ich zufrieden.

Nun gehe ich zu meinem geliebten Kruzifix und bete die fünf Wunden an, da finde ich stets Trost und Stärke. Beides ist mir heute dringend nötig, denn meine Seele ist betrübt bis zum Tode.

Abends. — Von seinem Nachmittagsspazierung kehrte mein Mann in übelster Laune zurück. Er befahl in unfreundlichstem Ton, ihm Schreibzeug und Papier zu bringen, er wolle an K. (Justizrat?) in Regensburg schreiben. Als er eine Zeitlang geschrieben hatte, entspann sich folgendes Gespräch: „Die E. bereut ja so bitterlich, daß sie ungehorsam war und möchte wieder bleiben. Du hättest ihr auch den Ausdruck „fortgesetzter Ungehorsam" nicht an den Kopf zu werfen brauchen. Die Kr.[20] hat auch gesagt, ich soll sie nur wieder behalten." — „So?" — „Ja." — „Wo hat denn die ihre Weisheit her? *Ihrer* Anklage wegen sagtest Du ja zu mir, ‚es kann nicht länger so weitergehen'. Die R. hat in meinem Hauswesen überhaupt nichts dreinzureden; *ich* sei die Frau." Da kam dann mit höhnischem Gelächter die Antwort: „Du bist *nicht die Frau!* Die R. hat gesagt, ich solle die E. behalten, und das tue ich auch. Überhaupt ist die R. eine durchaus anständige, brave, hübsche und gescheite Frau!" Ich erwiderte nichts. Ich dachte: „Jesus autem tacebat. — Und Jesus schwieg."

Mein Mann behandelte mich roh und grausam, bis er endlich ging. Ich dachte an Jesus. „Wie ein Lamm, das zur Schlachtbank geführt wird", so stellte ich mir meinen Erlöser vor, und ich fand vollkommene Gelassenheit und Selbstbeherrschung, meinen Mann zu bedienen und die unberechtigten Befehle zu erfüllen. Aber ich kann ein gewisses Herzeleid nicht unterdrücken. Ach, wie lang braucht ein Herz, bis es für das Himmlische mit Ausschluß von allem Irdischen entflammt ist? Wie lange dauern die Zuckungen eines Herzens, das verlangt, dem Irdischen vollständig abzusterben, und das doch immer wieder Sehnsucht empfindet nach einem klein wenig irdischen Glück! Ich fürchte, daß ich erst dann dem Verlangen nach etwas Freundlichkeit und Güte abgestorben sein werde, wenn mein Herz den letzten Schlag getan hat. Dieses Zurückgestoßenwerden von denjenigen, die mir durch Gottes Willen nahestehen und von denen ich etwas Güte erwarten dürfte, ist das große Leid meines Lebens, aber auch der einzige Weg, der mich in Gottes Arme geführt hat.

26.2.1907

Pater Schora kam heute abend und sagte, ich solle meinen Mann als Novizenmeister ansehen und ihm in Geduld, Liebe und Sanftmut dienen.

Mein Archangelus, mein Schutzengel, St. Nikolaus von Tolentino waren auch bei mir. Über Adauctus habe ich nur Gutes und Schönes gehört; was will ich mehr? Heute Nachmittag war ich frei von Leiden, aber jetzt bin ich sterbenselend.

27.2.1907

Heute Nacht schlief ich »auf höheren Befehl«. Nach drei Stunden weckte mich ein Engel, es kam mir vor, als wäre es Deus dedit's »Herrschaft«. Ich sollte für einen Sterbenden beten. Ich gehorchte dem Befehl und betete bis nach vier Uhr. Die betreffende Seele ist *tief* im Fegfeuer. Der letzte Augenblick war noch gut, sonst ...!

Pater Schora läßt Deus dedit grüßen, er solle mich strenger halten. Der gute Pater Schora! Auch ermahnte er mich, die Gelegenheit zu Geduld und Sanftmut zu benützen, die mir Gott täglich gebe. Auch soll ich für meine Verleumder beten, es hänge vielleicht die Rettung ihrer Seelen von meinem armseligen Gebet ab. Die Verleumdungen würden wie eine Wasserflut über mich stürzen, aber ich würde großen Nutzen für meine Seele davon haben. Deus dedit soll sich bemühen, Adauctus zum Führer zu gewinnen, er gehöre zu den vollkommensten Priestern der Diözese. Deus dedit solle sich vorstellen, daß Pfarrer Kn. eine Art »widerwärtiger Novizenmeister« sei, den Gott ihm zur Befestigung der Demut und ständigen Übung der Selbstverleugnung gegeben hat. Die Leiden mögen herkommen wo nur immer, ob aus uns selbst oder aus unserer Umgebung, es seien immer kostbare Gaben Gottes, für die man danken müsse. Zum Schluß bat ich Pater Schora, er möge helfen, für Deus dedit die Gnade zu erbitten, die er so sehr wünscht — und für mich, daß ich mich endlich bekehre. Er müsse die Innigkeit meines Wunsches doch begreifen, da er ja während seines Lebens als mein Führer soviel ausgestanden hat. Er lächelte, aber mir war das nicht recht. Daß Deus dedit die Gnade verlangt, die Seelen von der Kanzel aus bereiten zu können, komme von Gott, und die Begierde dieser Gnade schließe die Erhörung in sich. St. Gabriel werde die Gnade bringen. Aber Deus dedit solle auch täglich darum beten. Jetzt sehe ich Pater Schora nicht mehr, bis ich sterbe.

Auch St. Nikolaus von Tolentino sah ich gestern. Er hatte eine Lilie in der linken Hand und sagte mir, er sei sein ganzes Leben krank und leidend gewesen. Seine Leiden hatten ihn oft verhindert, die Kirche zu besuchen, wenngleich er manchmal glaubte, er müsse sterben vor Sehnsucht nach einer Anbetungsstunde. Dieses heiße Verlangen, Gott in der Kirche nahe zu sein, hat Gott hoch angerechnet. Oft wurde er durch wunderbare Erscheinungen getröstet und das Jesuskind ruhte oft in seinen Armen. Er hatte eine große Begierde, Barmherzigkeit zu üben. Da er aber als Ordensmann kein Eigentum hatte, bemühte er sich, Betrübte und Leidende aufzusuchen und zu trösten. Dieses Werk der Barmherzigkeit achtet man zu gering, denn es ist in Bescheidenheit und Verborgenheit gehüllt, ist frei von Selbstgefälligkeit und Eigenwillen, daher vollkommen. St. Nikolaus war Tag und Nacht von Armen Seelen umgeben. Er betete ständig für sie und schenkte ihnen seine Verdienste, deren er sich aber „schämte, weil sie so gering waren". Aber in Vereinnigung mit Jesu Leiden wuchsen sie ins Unendliche. Er hatte auch eine besondere Andacht zu den heiligen Engeln, besonders zu St. Gabriel. Jeder Mensch, der diesen Erzengel verehrt, hat den Vorzug, ein ausgesprochener Liebling der allerseligsten Jungfrau zu sein. Jeder, der St. Gabriel verehrt, darf sicher sein, daß er ihm in den letzten Augenblicken beisteht. Wer die Andacht zu ihm verbreitet, wird im Fegfeuer von ihm besucht und von ihm zur himmlischen Freude geführt. Ich empfahl St. Nikolaus auch die Anliegen von Deus dedit und seiner geistlichen Freunde, und er sagte zu, ehe er verschwand. Ich habe nun eine unaussprechlich große Liebe zu St. Nikolaus von Tolentino; wie glücklich bin ich, durch die Maria-Trost-Bruderschaft mit dem Augustinerorden in Verbindung zu stehen! Deus dedit und Servus Dei haben eine echte Reliquie des hl. Augustinus, ich muß jetzt sehen, daß ich eine St. Nikolaus-Reliquie bekomme, die dann geteilt wird. Die Xaverius Reliquie ist nicht nur echt, sie war auch schon im Besitz eines Heiligen.

Gestern Nachmittag, als Servus Dei neben mir saß, sah ich die »Kraft« an seiner Seite. Er soll diesem Engel von Herzen danken, denn die »Kraft« ist nicht mehr lange bei ihm, dann kommt ein Engel höherer Stufe. Servus Dei hat einen großen Schritt weiter getan auf dem Weg zur Vollkommenheit.

Gestern fragte ich meinen lieben verewigten geistlichen Vater Pater Schora, wann ich endlich sterben dürfe. Da sprach er: ,,Sobald Du noch kleiner, noch mehr Kind geworden bist! Deus dedit hat Dich einmal im Traum gesehen, wie Du vor ihm standest als kleines Mädchen. Wenn er von Dir träumen wird, Du seiest ein kleines *Kind* geworden, dann soll er Dich zum Tode vorbereiten, dann ist Deine Stunde nahe!"
Pater Schora hatte recht, als er gestern zu mir sagte, ich sei wie im Noviziat und mein Mann sei der »strenge, unnachsichtige« Novizenmeister. Er beklagte sich heute wieder über meine schrecklich häßliche und unbeholfene Schrift. Er hat recht, aber ich kann seit 7. Dezember meinen Mittelfinger nicht mehr wie früher gebrauchen.

Hatte heute wieder einen schweren Leidenstag. Deo gratias. Aber am Samstag werde ich noch einen halben Tag leidensfrei sein ...

29.2.1907

Heute Mittag kam ich in der Tat nicht zum Essen. Nachmittags fühlte ich mich sehr erschöpft. Hatte von meinem teuren Novizenmeister viel zu leiden bekommen. Wie es scheint, habe ich in meinem eigenen Haushalt nichts mehr zu sagen. Fremde regieren, das sind wirklich Noviziatsproben — und ich habe nicht den Schatten eines Verdienstes, weil ich wirklich recht gleichmütig bleibe.

Ich bin heute in einer fühlbar wunschlosen Liebe und Ruhe in Gott. Diese kostbaren Augenblicke mehren sich jetzt. Mitten in den größten Widerwärtigkeiten kam mir schon der Gedanke: „O wie selig ist die Ruhe in Gott!" Es ist ein Vorgeschmack des Paradieses, der Himmelsfreuden.

1.3.1907

Gestern Abend brachte mir mein Archangelus eine süße Frucht. Ich genoß ein Fünftel. Da fühlte ich mich wieder gestärkt und war voll des tiefsten Friedens. Die Frucht war so groß wie ein Apfel. Als ich sie zerteilte, fiel sie von selbst in fünf Teile, wie eine überreife Orange. Die süßesten Walderdbeeren wären herb im Vergleich zur Süßigkeit dieser Gabe. Einen Teil nahm ich, die anderen gab ich den Armen Seelen und den drei Engeln. Wenn die drei Auserwählten auch nicht den natürlichen Geschmack davon hatten, so »sollten sie doch sehr gestärkt sein dadurch«, sprach mein Archangelus. Heute hatte ich einen schweren Leidenstag. Doch ich hatte die Freude, Deus dedit's Engel zu sehen, als er vom Friedhof heimkam. Die »Herrschaft« ging vor ihm. Gestern Abend war ich schrecklich müde, es war schon fast Mitternacht, als ich zur Ruhe kam. Ich gestehe, daß ich meine Gebete um ein paar Vaterunser kürzen wollte. Aber mein Archangelus gestattete es nicht. Also bete te ich wie immer, und erhielt die versprochene »Stärkung«. Ich muß zugeben, daß sie notwendig war, denn ich war so total erschöpft, daß ich dachte, ich müsse erliegen.

Zu meinen sonstigen Freitagsleiden habe ich auch noch so außergewöhnlich heftige Kopfschmerzen, daß ich kaum die Augen offenhalten kann.

2.3.1907

Heute vormittag war ich bei Deus dedit, und bin sehr froh, ihn gesehen zu haben. Pater Schora antwortete auf meine Frage, ob ich nicht zu sehr an Deus dedit hänge: „Nein! Diese Liebe ist durchaus rein, kindlich, und ohne den Schatten eines Unrechts." Ich solle dankbar sein, daß mir der Allgütige diese Freude beschieden habe, denn es käme nicht oft vor, daß eine Seele »so unbedingtes Vertrauen zu ihrem Führer haben könne, wie ich«.

Mein Archangelus mahnt mich und Deus dedit wieder zur Vorsicht. Sonst wird mir diese Gabe wieder genommen. Ich darf nur mehr auf Deus dedit's Befehl die Reliquien erkennen, nur für Deus dedit Servus Dei und Adauctus. Letzterer hat noch nicht geschrieben, meine Ahnung, daß durch ihn Unruhe in unseren Kreis kommt, wird sich bestätigen. Doch »keine Krone ohne Kampf«. Überhaupt glaube ich, daß wieder unruhige Zeiten kommen, denn wenn ich immer diese tiefe Ruhe hätte, wäre ich beinahe schon im Himmel.

Mein Archangelus grüßt Deus dedit tausendmal durch den hl. Namen Jesu. Er soll sich wegen der Erinnerung an die Absolution 1893 keine Skrupel machen, und auch sonst nicht mehr nachdenken, ob er das Bußsakrament recht verwaltet habe. Er hätte sich nichts vorzuwerfen.

Servus Dei hat heute morgen nach der heiligen Messe seinen Engel gewechselt. Er hat gegenwärtig vorübergehend einen Erzengel aus St. Gabriels Schar. Ich glaube also, daß Servus Dei sich geistiger Freude und großer Tröstung gewärtigen darf.

Nun hätte ich noch eine große Bitte an Deus dedit, die ich schon einmal mündlich, aber vergeblich, ausgesprochen habe. Möchte nicht Deus dedit die Barmherzigkeit haben und mich anders nennen als Ancilla Domini? Diese Bezeichnung ist mir schrecklich demütigend, denn sie paßt gar nicht auf mich.

(Deus dedit antwortet, der Name Ancilla Domini sagt nur, was sie sein *sollte* . Doch steht ihr nichts im Weg, sich anders zu nennen.)

3.3.1907

Mein Archangelus mahnte mich gestern, ich soll mich bei der nächsten Beicht anklagen, daß ich noch so oft Sehnsucht nach irdischem Glück empfinde. Als ich fragte, was er darunter verstehe, sagte er: ,,Dein oft und oft wiederkehrender Kummer wegen Deiner Kinderlosigkeit; Dein oftmaliges Verlangen nach einem freundlichen Wort von Deinem Mann, der manchmal auftauchende Gedanke: ,,Ach, wie schön ist der Himmel, aber wie schön wäre es, wenn ich auf Erden etwas Freude und Glück hätte, wenn es noch so klein und erbärmlich wäre, ich wäre mit dem Bescheidensten nicht nur zufrieden, sondern überglücklich.'' Er befahl mir, diese Gedanken Deus dedit mitzuteilen. Die Ermahnung meines Engels machte mich etwas traurig. Habe ich immer noch zuviel Freude auf der Welt? Wird mir auch das genommen, was ich habe?

Einige Male habe ich mir gedacht, ich könne die Launenhaftigkeit meines Mannes nicht mehr ertragen. Das ist nach Servus Dei richtige Ungeduld. Es ist schrecklich, was ich allwöchentlich an vielen Sünden zusammenbringe.

4.3.1907

Heute habe ich die von St.Nikolaus empfohlene Art der Barmherzigkeit üben können und habe eine tiefbetrübte Seele von Herzen getröstet.

Pater Polycarp wurde von seinem seraphischen Ordensvater vor Gottes Thron geführt. St.Franziskus hat etwas unbeschreiblich Feuriges an sich. Dabei ist er voll himmlischer Anmut, die nur die makelloseste Keuschheit verleiht. Als ich St.Franziskus so anmutig sah, dachte ich lebhaft an Deus dedit und Servus Dei. Auch sie besitzen diese undefinierbare seelische Anmut. St.Franziskus hatte ein rötlich angehauchtes Antlitz. Als er seine Hände ausbreitete, um seinen Sohn, Pater Polycarp, in die Arme zu schließen, sah ich die Wundmale. Sie kamen mir vor wie Feuerflammen, auch an der rechten Seite war eine Feuerflamme. St.Franziskus war nicht Priester, das hat den Absichten Gottes nicht entsprochen. St.Franziskus' Hände hatten auf Erden eine wunderbare Macht: bei ihrem Anblick erweichten sich auch die härtesten Herzen. Ich hatte schon als Kind eine außerordentliche Zuneigung zu diesem Heiligen, wegen seiner Liebe zu den Tieren, denn einmal hatte mir der selige Pater Angelus ein Bildchen geschenkt, auf dem der heilige Franziskus unter lauter Tieren saß, ein Reh stand neben ihm, ein Lämmchen lag auf den Knien des Heiligen. Da dachte ich mir, daß dieses sanfte Lamm das sanftmütigste Agnus Dei bedeuten sollte. Wie glücklich sind doch wir Mitglieder des III. Ordens des heiligen Franziskus, einen so guten, liebevollen Ordensvater zu haben.

Heute Nachmittag, als ich die Novene zum heiligen Franz Xaver begonnen hatte, sah ich ihn auf der Universität von Paris, doch rein und unschuldig wie ein Kind. Sein Schutzengel trug stets eine Lilie in Händen. St.Xaver konnte in den Herzen lesen. Ein Blick von ihm war genügend, die Sünder zu bekehren. Er hatte große Ehrerbietung vor dem Priesterstand. Seine Reinheit war so unbewußt wie seine Demut, sein Herz war eine brennende Feuerflamme der Liebe zu Gott. Wenn die Gottesleugner das Leben solcher Heiliger betrachteten, müßten sie die Existenz Gottes zugeben. Auch zur unbefleckt empfangenen Jungfrau

hatte er eine unbeschreibliche Andacht. Er trug stets ihr Bild bei sich. Ich sah ihn die Namen Jesu und Maria mit solcher Inbrunst aussprechen, daß ich mich wunderte, daß seine Seele nicht verging vor Seligkeit und sein Herz nicht brach vor Liebe. Wenn ich eine solche heilige Person vor mir sehe, die sich als sehr sündhaft glaubt, und ihren Körper in strengster Zucht hält, dann drücken mich meine Sünden doppelt. Wenn ich auch die Gewißheit habe, diesen Heiligen niemals nachahmen zu können, so hätte ich doch den Wunsch, Gott von Herzen und mit allen meinen Kräften dienen zu können. St.Xaver betrachtete das Leiden Christi mit tausend Tränen. Er betete um die Gnade, an einem Freitag sterben zu dürfen. Als der Tod zu ihm trat, lag Franz Xaver ganz allein am Meeresufer. Gott wollte seinen Tod besonders schön und seinen Himmelsthron besonders hoch stellen, deshalb ließ er ihn so einsam sterben. Scharen von Engeln umgaben ihn und die allerseligste Jungfrau stand neben ihm, als sein Erlöser kam, um seinen treuen Diener in sein Reich aufzunehmen. Als ich *diesen seligen Tod* betrachtete, wurde ich tief bewegt, so daß ich nur mit Gewalt die Tränen zurückhalten konnte. Weil ich ahnte, daß mein Novizenmeister bald kommen würde, rief ich meinen Archangelus um Hilfe. Er kam und sprach:
„O Du einfältige Seele! Danke Gott für die Gabe der Tränen. Wieviele Heilige haben darum gebetet, und Dir, armen Sünderin zeigt sich Gott so gnädig!“ Ich erschrak, und in meiner Verwirrung sagte ich zu meinem Archangelus: „Ach nein, ich will gar nichts Auffallendes. Auch darf ich nichts annehmen, ohne meinen geistlichen Vater gefragt zu haben!“ Der Engel lächelte und sprach: „Gut! Aber er soll sich die Antwort wohl überlegen!“

5.3.1907

Heute am frühen Morgen, vor dem Ave-Läuten, sprach mein Archangelus zu mir: „Du mußt nichts wollen, als Gott angehören. Was Du nicht in Gott und um Gottes willen lieben kannst, solltest Du gar nicht lieben.“ Aber was liebe ich um Gottes willen? Meinen Mann liebe ich am meisten auf der Welt. Deus dedit liebe ich nicht als Menschen. Ich bin oft erstaunt, daß er ein Mensch sein soll wie alle. Ich denke stets an ihn wie an einen Heiligen, z.B. Stanislaus Kostka. Soeben sprach mein Archangelus, ich soll keine unnötige Gewissenserforschung anstellen. Aber ich soll bedacht sein, daß alle meine Gedanken und Werke in Gott beginnen und in Gott enden. Als ich sagte, ich fände es so schwer, weil es ständige Aufmerksamkeit erfordere, erhielt ich zur Antwort: „Für Gott und um Gottes willen darf Dir nichts zu schwer sein. Je heißer der Kampf, desto tiefer und seliger ist die erkämpfte Ruhe. Befreie Dein Herz von allem Irdischen und Gott wird in deinem Herzen wohnen. Gib Deinem Schöpfer und Herrn Dein ganzes Herz, und er gibt Dir seine ganze Liebe."

6.3.1907

Mein Archangelus sagte gestern: „Eine Generalbeichte zu wiederholen, die man nach guter Vorbereitung abgelegt hat, ist überflüssig und Zeitverschwendung. Der Mensch soll nicht immer an die strafende Gerechtigkeit Gottes denken, sondern auch an seine überaus große Barmherzigkeit." Deus dedit soll ich tausendmal im Namen Jesu grüßen.

Ich helfe, wo ich kann, und ernte Haß dafür. Das ist mir tausendmal lieber, als wenn es umgekehrt wäre.

7.3.1907

Heute Vormittag hatte ich vieles zu leiden. Ich konnte deshalb keinen Krankenbesuch machen, doch hoffe ich auf den Abend. Soeben habe ich nochmals die Reliquie der heiligen Klara betrachtet. Ihr Verhältnis zum heiligen Franziskus war von einer so kindlichen Zartheit, wie ich sie nur selten traf. Magdalena von Pazzi wurde vom heiligen Ignatius belehrt; sie war seine geistliche Tochter. St.Theresia war innig befreundet mit St. Johannes vom Kreuz. Aber diese Zartheit und Tiefe der gegenseitigen Zuneigung habe ich nur bei St.Franziskus und St. Klara geschaut. St.Klara sah im heiligen Franziskus nicht nur ihren geistlichen Führer, sondern den von Jesus, ihrem göttlichen Bräutigam, vielgeliebten Freund und Bruder. St.Franziskus war brennend von Gottesliebe, aber er war doch auch Mensch; die heilige Klara war ihm die liebste geistliche Tochter. Beide waren Menschen — Gott sei Dank, daß es solche Menschen gibt — doch beide besaßen die Reinheit und seraphische Liebesglut der Engel. Pater Schora sagte oft zu mir, daß solche Seelen, die sich ganz von der Welt abwenden, von Gott sozusagen auch einen irdischen Ersatz in einem vorzüglichen Seelenführer geschenkt erhalten.

Ich hatte auch ein Bild von der heiligen Klara, wie sie mit unaussprechlicher Ehrfurcht die Wundmale an den Händen des heiligen Franziskus betrachtete. Sie empfand großen Trost und ihr Herz ging über von Dankbarkeit gegenüber Gott. Ihr Schmerz beim Tod des Heiligen war grenzenlos. Ihre Augen wurden wund von Tränen. St.Franziskus erschien ihr sieben Tage nach seinem Tod und tröstete sie. St.Klara war hochgebildet und doch wieder unwissend wie ein Kind. Sie und St.Franziskus nannten sich nur »Bruder« und »Schwester«. Eines entflammte die göttliche Liebe des anderen. Stundenlang konnten sie in geistlichem Gespräch verharren, und der Herr erleuchtete sie wunderbar. Ich hatte eine Schau, in welcher ich die beiden Heiligen im Gespräch über die Liebe Gottes sah, und der Heilige Geist schwebte in Gestalt einer Taube über ihnen. St.Klara war stigmatisiert, doch nicht sichtbar. Außer ihrem Beichtvater und dem »Bruder« erfuhr es niemand. In der Fastenzeit und an Feiertagen hatte St.Klara oft stark gerötete Hände. Da kam einmal die von ihr zärtlich geliebte Agnes, ihre leibliche Schwester und sagte: ,,Ach, Klara, was hast Du doch für rote Hände, und Deine Wangen sind so bleich!'' Die heilige Klara kam etwas in Verlegenheit und sagte: ,,Kind, gewöhne Dir doch das überflüssige Reden ab!'' Trotz dieses kleinen Verweises empfand Agnes eine sehr große geistige Freude.

Wie leicht wäre die Nachfolge der Heiligen, wenn man nur ernstlich wollte. Ich hätte wohl eine große Sehnsucht nach Heiligkeit, aber meine Anhänglichkeit ans Irdische! Gestern abend hatte ich furchtbare Angst, ich käme in die Hölle. Ich war schrecklich beunruhigt. Da dachte ich an die unendlichen Verdienste des Leidens Christi und war wieder beruhigt. Doch heute morgen kamen mir diese Gedanken wieder. Ich flüchtete zu meinem Kruzifix. ,,Ach, meine gekreuzigte Liebe'' sagte ich, ,,auch die Hölle verherrlicht Deine Gerechtigkeit. Wenn Du wollen kannst, daß ich in die Hölle komme, so kannst Du doch unmöglich wollen, daß ich mit Haß Deiner gedenke.'' Da sah ich die Wunden meines gekreuzigten Heilandes wieder so frisch und rot, und war beruhigt bei diesem Anblick.

9.3.1907

Gestern konnte ich nicht schreiben, da war das Fest der heiligen fünf Wunden.

Heute verlor ich einen kostbaren Brillanten. Mir tat es anfänglich, vielleicht eine Minute lang, sehr leid. Aber dann dachte ich mir: ,,Lieber den schönen, mir als Andenken so teueren Stein verlieren, als freiwillig eine läßliche Sünde begehen.“ Dieser Gedanke tröstete mich etwas.

Adauctus denkt jetzt nach über Deus dedit's Brief. Ich möchte nicht in Berührung kommen mit Adauctus, seine Vollkommenheit erschreckt mich. Er war schon als Kind anders als die übrigen. Schon vor Jahren hatte er die Gabe, trösten und beruhigen zu können. Warum sucht sich Servus Dei keinen geistlichen Führer in Beuron, eine viertelstündige Aussprache würde ja genügen.

11.3.1907

Wenn ich nur einmal alle Sünden bekennen dürfte, die es gibt, dann könnte ich doch keine übersehen. Als ich das einmal Pater Schora schrieb, kam als einzige Antwort darauf: „Knie Dich augenblicklich nieder und bete das Te Deum dafür, daß Dummheit keine Todsünde ist, denn sonst wärest Du bald in der allertiefsten Tiefe der Hölle!“ Deus dedit sagte heute, es sei ein Glück, daß die Menschen oft so dumm sind. Dann bin ich also beneidenswert glücklich, aber beruhigt bin ich doch nicht. Von jetzt an will ich anfangen, mich eines aufrichtigen Bußlebens zu befleißigen. Aber wie soll ich das anstellen? Als ich heute über dieses Thema bei meinem lieben Archangelus klagte, sagte er: „Sprich doch mit Deinem Führer; er ist Dein Beichtvater, der Arzt Deiner Seele.“

Gestern abend wollte ich Deus dedit sehr gerne sprechen, aber zuvor besuchte ich mein geliebtes Kruzifix. Ich verspätete mich zu Füßen meines gekreuzigten Heilandes. Als ich fortgehen wollte, gewahrte ich, daß im ganzen Schloß kein Licht mehr brannte. Als ich auf die Uhr gesehen hatte, wunderte mich diese allgemeine Finsternis nicht mehr, es war ungefähr zwanzig Minuten vor Mitternacht.

12.3.1907

Heute war ich den ganzen Tag über sehr niedergeschlagen, ich mußte immer an meine große Sündhaftigkeit denken. Als ich mein geliebtes Kruzifix besuchte, öffnete der Herr seinen Mund und sprach: „Was gibt es, was ich nicht für Dich getan hätte, und was gibst Du mir dafür?“ Diese Frage drang wie ein Schwert in meine Seele und ich kann an nichts anderes mehr denken.

13.3.1907

Ich machte einen Krankenbesuch. Als ich die Stiege heruntergegangen war, noch ehe ich das Haus der Kranken verlassen hatte, erblickte ich meinen Erzengel, der sprach: „Hättest Du Deine Krankenbesuche nicht nur der Kranken wegen, sondern in erster Linie wegen Gott gemacht, wärest Du jetzt nicht betrübt, denn Du würdest Dir denken: „Ich habe meine kranke Mitschwester um Jesu willen besucht, und um mich zu belohnen, läßt er zu, daß sie sehr unfreundlich war. Gott sei Dank dafür!" Dann mahnte mich mein Archangelus, ich solle immer, wenn ich mit jemand spreche oder jemand besuche, beten: „O Gott, ob mir nun Leid oder Freude aus diesem Besuch, dieser Unterhaltung entspringen, ich bin mit allem einverstanden und will nichts anderes als Dir dienen." Das ist schwer, bis man soweit ist, daß man niemals die Erweckung dieser Intention vergißt. Doch mit Gottes Hilfe und dem treuen Beistand meines Engels wird auch das noch gehen!

14.3.1907

Gestern abend habe ich durch meinen lieben »Novizenmeister« noch schrecklich leiden müssen. Es ist ein Elend: Immer mischen sich andere in meine eigensten Interessen. Ich will ja zugeben, daß nur Dummheit die Triebfeder dieser ewigen Verhetzungen ist. Aber ob Bösartigkeit, Schlechtigkeit oder Dummheit, für mich ist der Effekt immer der gleiche. Ach, mein gekreuzigter Jesus! Kann ich noch mehr leiden? Ich glaube nicht, aber das glaube ich, daß alle meine Leiden ein Nichts sind gegen das, was Du gelitten hast! „Was gibt es, das ich nicht für Dich gelitten hätte — und was gibst Du mir?"

19.3.1907

Jetzt habe ich schon lange nichts mehr geschrieben, nur für meinen »Novizenmeister« gearbeitet. Heute morgen habe ich meinen gekreuzigten Heiland in der hl. Kommunion empfangen. Ich war übermüdet und deshalb auch nicht ganz gesammelt. Doch empfing ich eine Fülle von Trost. Ich hielt meine Betrachtung über die Leiden und Freuden des heiligen Josef und bat diesen liebenswürdigen Heiligen recht herzlich, meinen geistlichen Freunden die Gnade des steten Wandels in Gottes Ge-

Schloßkirche von Obermarchtal

Der heilige Nikolaus von Tolentino

Die Fresken in der Basilika von Tolentino stammen aus dem 14. Jahrhundert.

genwart zu erbitten. Vor dem Fest St.Josef ist St.Gabriel. Dieser Erzengel stand im regen Verkehr mit St.Josef, als er noch lebte. Er verkündete ihm die Befehle und Ratschlüsse Gottes. Darum fällt auch nach göttlicher Anordnung der Tag des Erzengel Gabriels, St.Josef und Maria Verkündigung in einen Monat.

St.Emilius[21] war ein sehr eifriger Priester. Er war Tag und Nacht tätig, die gefangenen Christen zu ermuntern, ihren Glauben treu zu bewahren. Doch dachte er einmal, er würde ein glorreicher Märtyrer werden, wenn man ihn ergreifen würde. Er hielt es für eine Unmöglichkeit, Christus zu verleugnen. Er war auch nicht liebevoll gegen die abgefallenen Christen, er richtete sie nicht auf, sie waren in seinen Gedanken bereits in der Hölle. Da begab es sich, daß ihn die Häscher ergriffen, und als sie ihn vor den Richter führten, war sein Herz voll Frohlocken und er dachte, seinen Mitchristen ein glänzendes Beispiel von Standhaftigkeit zu geben. Doch als ihn der Richter fragte: „Bist Du ein Christ?" fing er zu zittern an und antwortete, „nein, ich bete zu den Göttern wie Du." Und er nahm seine Hände voll Weihrauch und opferte den Göttern. Nachdem er entlassen war, irrte er eineinhalb Tage umher, voll Freude an seinem geretteten Dasein. Da begegnete er einer Schar Christen, die eben zur Richtstätte getrieben wurden. Dieser Anblick zerriß die Binde vor seinen Augen. Er warf sich der glücklichen Schar in den Weg und bat um ihr Gebet. Dann eilte er zum Richter und bekannte laut und mutig seinen Glauben. Der Richter war sehr erzürnt und ließ St.Emilius fürchterlich peinigen und dann in einen feuchten, finsteren Kerker werfen. St.Emilius hörte nicht auf, Gott zu loben und seinen Abfall zu bereuen. Ich weiß nicht, ob seine Liebe oder seine Reue größer waren. Am Abend des folgenden Tages wurde er an den Haaren zur Richtstätte geschleift und auf den Scheiterhaufen geworfen. Die Flammen loderten hoch auf. Doch St.Emilius spürte nichts von ihnen. Er sah zu, wie seine Hände, die den Göttern geopfert hatten, ein Raub des Feuers wurden. Er starb unter Beteuerung seines Glaubens, *nicht* durch die Glut des Scheiterhaufens, sondern durch das Feuer reuevoller Liebe, die sein Herz verzehrte. So war nun seine Selbstgefälligkeit gesühnt und seine Härte gegen die abgefallenen Christen gebüßt. Dadurch, daß er selbst abfiel, wurde seine Seele noch viel mehr durch heiße Reue geläutert, die ihn ergriff ob seiner Untreue und seine Liebesglut wurde tausendfach vermehrt. Sein Martyrium war ungleich erhabener, da er es freiwillig, zur Sühne seines Götzendienstes auf sich nahm, als es gewesen wäre, wenn er von Anfang an standgehalten hätte. Möchte man nicht auch in diesem Falle sprechen: O felix culpa! — O glückliche Schuld. St.Emilius war 47 Jahre alt.

20. 3. 1907

Ich hatte eine schlechte Nacht, und der heutige Tag hat mir viel schweres Leid gebracht; ich kann nichts anderes tun, als mich in die Arme der göttlichen Vorsehung werfen. Sie wird mich halten und nicht verlassen. Ich werde ein paar Tage nicht ausgehen können, denn ich bin sehr leidend. Das wird nicht besser, bevor das österliche Alleluja der Auferstehungsfeier erklingt, sagte mein Archangelus zu mir. In Gottes Namen!

21. 3. 1907

Heute Nachmittag war ich wieder recht betrübt. Wohin ich schaue, nur Leid, Unfreundlichkeit und Verleumdung. Ich fürchtete, mutlos zu werden, und rief meinen Archangelus. Er stand sofort vor mir und sagte: „Wie kannst Du dem Irdischen absterben, wenn Du noch immer nach menschlichem Trost verlangst? Es wird Zeit, daß Du Dich an den Gedanken gewöhnst, auf allen irdischen Trost verzichten zu wollen. Wenn Du dann diesen guten Willen hast, mußt Du — und wenn sich Deine Natur noch so darüber entsetzt — darum beten, daß Gott Dir allen menschlichen Trost nimmt. Gewöhne Dich an diesen Gedanken, ich sage es noch einmal, denn die Zeit schwerer Prüfungen ist nahe.“ Dann verschwand er und ließ mich mit einem furchtbar beklemmenden Gefühl zurück.

Morgen ist der schmerzhafte Freitag. Das beharrliche Suchen nach dem Weg der Vollkommenheit wird mir seit gestern fast unerträglich. Es ist eine gewisse Unlust, ein lebhaftes Verlangen nach vollständiger Ruhe und Müßiggang in mir. Ich kenne mich selbst nicht mehr aus. Die Geduld, die man mit sich selbst haben muß, ist das allerschwerste Joch.

22.3. 1907

Heute vor einem Jahr starb Deus dedit's Bruder und am 24. März Pater Schora. Beide sind voll Glück im Himmel und erfreuen sich der Anschauung Gottes — wäre ich doch auch schon so weit!

Mein Archangelus ermahnte mich heute wieder, ich soll mich mit dem Gedanken vertraut machen, Gott zu bitten, daß mich alle Menschen verachten, soweit dies ohne Sünde möglich ist. Diese Bitte widerstrebt mir furchtbar, es lehnt sich meine ganze Natur dagegen auf. Es ist mir schon das eine schwere Überwindung, mit Deus dedit darüber zu sprechen — aber in Jesu Namen!

Heute war ich bei meinem Kruzifix. Ich war voll Leiden und Betrübnis, Mutlosigkeit und Jammer. Ich opferte diese qualvolle Stimmung meinem gekreuzigten Heiland auf und betete von Herzen um vollständige Ergebung in Gottes heiligen Willen. Da blickten mich die Augen des Gekreuzigten voll unaussprechlicher Liebe an, und das göttliche Haupt neigte sich zu mir. Ich war wieder getröstet und dachte: „Ich muß weiterkämpfen und leiden, mein gekreuzigter Heiland will es so!“

Heute erhielt ich eine Karte aus dem Kloster Beuron von Servus Dei. Mein Archangelus sagte mir, daß gestern für Servus Dei ein großer Gnadentag gewesen sei. Heute klagte ich dem Archangelus meine zunehmenden körperlichen Schmerzen. Er antwortete: „Danke Gott dafür, anstatt zu klagen! Deine Leiden werden sich nun mehren, da die Leidenswoche nahe ist. Ertrage alle Schmerzen in Vereinigung mit Jesu Leiden und Sterben und bitte ihn um Vermehrung Deiner Leiden. Diese Bitte wird augenblicklich erhört werden. Wie glücklich und beneidenswert bist Du, weil Du soviel ertragen kannst und darfst!“

Immer diese Hinweise auf Zunahme meiner Schmerzen, und ich sehne mich so sehr nach etwas Ruhe und Erholung. Heute erhielt ich zweimal den Segen mit dem Allerheiligsten. Deus dedit's »Herrschaft« ging mit freudigem und ehrerbietigem Gesichtsausdruck neben ihm.

Heute war für Adauctus ein festlicher Tag. Ich bat meinen Archangelus, mich zu ihm zu führen. Da sah ich ihn in priesterlichem Gewand unter einer Schar von Lämmern, wie den guten Hirten. Er war um jedes einzelne seiner Herde besorgt und segnete sie alle. Er hat soviel dafür gebetet und sein Flehen fand Erhörung. Namentlich *ein* Lamm drängte sich möglichst nahe zu ihm. Er muß Führer und Berater dieser Seele sein, und sie wird ihm Ehre und Freude machen. Dann verschwand dieses Bild, aber eine große Freude blieb in mir zurück.

26. 3. 1907

Es überkam mich die Angst, Deus dedit könnte Pater Schora nicht im rechten Licht schauen. Schon allein, daß *ich* sein Liebling war, zeigt seine vollkommene Selbstüberwindung. Alle Bußen, die er mir aufgab, waren etwas groß, doch groß war auch der Trost, den ich bei ihrer Verrichtung gefunden habe. Einmal beklagte ich mich bei ihm über meine Schwägerin. Er tröstete mich, aber er gab mir zur Buße dafür, daß ich *menschlichen* Trost gesucht hatte, eine sehr schwere Buße auf, nämlich siebenmal den ganzen Psalter, in sieben Tagen. Doch weiß ich heute, welch wunderbare Tröstung ich damals empfand. Auch hatte ich im ersten Jahr meiner Ehe viel mit Ohrengeschwüren zu leiden. Trotzdem ich jede Schmerzensäußerung unterdrückte und Pater Schora nichts mitteilte, sagte er nach der Beichte: „Du hast heftige Schmerzen im Ohr!“ „Ja!“ — „Wie lange schon?“ — „Über drei Wochen.“ — „Nein, Du irrst Dich, es sind schon über vier Wochen. Warum sagtest Du davon nichts?“ — „Weil ich nicht klagen wollte.“ — „Sag doch, Du seiest zu hochmütig, zu klagen! Wann wirst Du Dich endlich zu Gott wenden? Dem Hochmütigen widersteht Gott!“ Und er gab mir auf, zur Buße für meinen Hochmut zwei Stunden an der Kirchentür zu knien und über die Dornenkrönung Christi eine möglichst gute Betrachtung zu machen. Ich gehorchte mit großer Überwindung, denn ich hatte starke Schmerzen. Als ich ungefähr eine Viertelstunde am Boden gekniet war, steigerten sich die Schmerzen, so daß ich glaubte, ich müsse den Verstand verlieren. Aber ich hielt standhaft aus. Nachdem die zwei Marterstunden vorbei waren, stand plötzlich Pater Schora vor mir und sprach: „Geh vor zum Sakramentsaltar und danke für Deine Heilung.“ Ich tat ohne Widerrede nach seinem Befehl, obwohl ich furchtbar litt. Sobald ich jedoch am Speisegitter kniete, waren alle Schmerzen und alles Fieber vorbei. Ich fühlte mich vollständig gesund, und wie ich zuerst dem Herrn aus *Gehorsam* für etwas danken wollte, das ich nicht empfangen hatte, dankte ich jetzt für die empfangene Gabe.

Es ist ein großes Versäumnis, die angehenden Priester nicht darauf hinzuweisen, welch große Gewalt im Befehlen und welch wunderbarer Segen im Gehorchen liegt.

28. 3. 1907

Heute ist der Tag der Einsetzung des allerheiligsten Sakramentes und des Priesterstandes, Gründonnerstag. Der heutige Morgen ist der Betrachtung dieser Erinnerung gewidmet. Doch nachmittags beginnt schon das Leiden. Als es mir gestern früh sehr übel war, tröstete mich mein Erzengel mit liebevollen Worten und stärkte mich, indem er mich in seine Arme nahm. Seit heute morgen sehe ich auch wieder meinen lieben Schutzengel. Ich begrüßte ihn mit Freuden und wünschte ihm durch das heilige Herz Jesu eine Vermehrung seiner Glückseligkeit. Da erstrahlte sein Angesicht wie die Sonne, er richtete seine Augen zum Himmel und breitete seine Arme aus voll Verlangen nach dem Anblick Jesu. Das hat mich sehr ergriffen. Ich dachte mir, wenn auch die Losschälung vom Irdischen schmerzlich ist, so ist es doch wunderschön, wenn man nichts anderes will als Gott und »wie die Engel«, die alles zur Ehre Gottes tun, ohne einen Gedanken an Belohnung.

31. 3. 1907

Ostersonntag. Heute morgen habe ich meinen auferstandenen Herrn im heiligsten Sakrament empfangen. Ehe ich zum Altar trat, bat ich die Engel, die den Aposteln und frommen Frauen die Auferstehung Christi verkündet hatten, mit mir zu gehen, und ich sah den Erzengel Gabriel voll Majestät und Herrlichkeit, wie er bei der allerseligsten Jungfrau stand, einen Augenblick, ehe ihr der göttliche Sohn als der Auferstandene erschien. Dann sah ich Gabriel in der Höhle des Begräbnisses Jesu sitzen. Er war es, der die Auferstehung »verkündete«. O Du seligster himmlischer Geist, ganz besonders auserwählt, Gottes Befehle zu verkünden, ich grüße Dich mit demütiger Liebe und freue mich auf den Augenblick, wo es mir im Jenseits möglich sein wird, Deine Schönheit und Deine Vorzüge zu begreifen. O Du Auserwählter des Herrn, Du gebenedeiter Diener der unbefleckten Jungfrau! Ich grüße Dich im Namen Jesu und Deiner himmlischen Königin und bitte Dich inständig, verkündige mir in meiner Todesstunde, daß ich Gnade gefunden habe vor den Augen Gottes.

Die Liebe, mit der sich Jesus und Maria umfangen hatten, ist unbeschreiblich. Bei dieser Betrachtung konnte ich nichts anderes beten als das wunderbare »Sei gegrüßt, o Königin, Alleluja!«

Dann kam ich auf die glückselige Maria Magdalena, wie ihr Jesus im Garten erschien. Dieses Bild zog mich von jeher an. Ich wandte mich an St.Maria Magdalena, diese Königin der Büßer, in mein armes, sündhaftes Herz einen Funken ihrer Reue und Liebe zu legen, damit ich gewürdigt werde, ihren und meinen geliebten Herrn zu sehen.

Zu seiner Mutter war der Auferstandene um Mitternacht gekommen. Als Magdalena ihren Herrn im Garten suchte, war es noch finster. Magdalena lief wehklagend von einer Baumgruppe zur anderen, den Leichnam ihres Vielgeliebten suchend. Ihre Tränen flossen ununterbrochen, ihr Antlitz war gerötet vom Weinen, doch seine Schönheit war deshalb nicht entstellt. Magdalena war größer als die allerseligste Jungfrau, sie war kräftig, doch geschmeidig. Ihre Bewegungen waren rasch, doch nicht hastig. Ihre Stimme war tief, aber von großer Weichheit. Sie hatte etwas Entschiedenes, fast möchte ich sagen, »Männliches« an sich. Sie hatte viele gute Eigenschaften, vor allem war sie barmherzig gegen Arme und Kranke. Trotzdem sie sehr feurigen Charakters war, war sie doch treu. Auch hatte sie, trotz ihres freien Lebens, immer einen gütigen, sanften Blick. Im Ausdruck ihrer Augen lag nie etwas Freches. Sie war über Mittelgröße, ungefähr so groß wie ich.

Als Jesus ihr erschien, erkannte sie ihn nicht. Sie, die ihn nach Maria am meisten liebte, erkannte nicht denjenigen, nach dem ihr Herz verlangte. Da erhob Jesus seine Rechte und sprach mit großer Liebe: „Maria!“ In diesem Augenblick sah ich einen Strahl aus der Seitenwunde hervorbrechen und sich wie ein Pfeil in Marias Herz senken, und Maria schrie auf in schmerzlichem Entzücken: „Meister!“ In diesem Augenblick war ihre Bekehrung vollendet.

Dann trat ich zum Tisch des Herrn und auch ich rief: „Meister!“ Und Jesus kam zu mir im Schmuck seiner verklärten Wunden. Ich fand keine anderen Worte, als diese: „Mein Jesus, mein Herr, mein Gott, mein Alles!“ Als aber er zu mir sprach: „Meine geliebte Tochter, hier bin ich in Deinem Herzen, was willst Du, daß ich Dir gebe“, da fand ich fast kein Ende mit Bitten. Zuerst bat ich um die Bekehrung meines Mannes und um meine eigene, dann um recht viel Gnade für meine geistlichen Freunde, für meine Bekannten, für alle, die mich verfolgen und verleumden. Ich ersuchte den Herrn, mir eine innige Liebe zu allen zu geben, die meinen Frieden stören. Ich bat um Verachtung, wie Deus dedit wünscht, daß es geschehe. Ich muß es ja als Gnade betrachten, verachtet zu werden, denn ich habe noch keinen Menchen getroffen, der sündiger gewesen wäre als ich. Zum Schluß empfahl ich nochmals Deus dedit in die verklärten Wunden des Herrn, und der Herr sprach: „Meinen Frieden gebe ich ihm und mein Friede ist mit ihm allezeit!“ Ich war sehr getröstet. Auch Deus dedit's »Herrschaft« sah ich in weißem Gewand, voll Osterfreude.

Als ich gestern bei Deus dedit war, sagte er, ich solle das Tagebuch Freitag und Samstag nachholen.

Am Donnerstag abend gedachte ich der Todesangst Christi und litt ebenfalls große Angst, die ganze Nacht hindurch, bis zum Morgen des Karfreitags. Ich betrachtete Jesus, die göttliche Geduld, in der Leidensnacht. Als ich allein zuhause war, betrachtete ich die Kreuzigung Christi. Nachmittags zwischen ein und vier Uhr glaubte ich, meine letzte Stunde sei gekommen. Dann ging es besser. Abends ging ich mit meinem Mann in die Kirche. Dort betrachtete ich das entsetzliche Leiden Mariens, als der entstellte Leichnam ihres göttlichen Sohnes in ihren Schoß gelegt wurde. Ich befahl ihr alle Leidenden, Betrübten, Verlassenen. Ich glaubte, ich müsse vergehen vor Mitleid. Da mich Deus dedit gestern nach der Gabe der Tränen fragte, will ich gestehen, daß ich die ganze Nacht hindurch weinte.

Am Karsamstag gegen neun Uhr kam große Ruhe über mich, obwohl mich mein »Novizenmeister« aufs Unvernünftigste mit Arbeit überhäufte. Abends bei der Auferstehung war ich todmüde, die Glieder wie gebrochen. Als aber der Schleier vom Allerheiligsten weggezogen wurde und ich in der Monstranz meinen auferstandenen Jesus schauen durfte, freute ich mich in Gott, meinem Heiland. Meinen Mann empfahl ich der Huld des Heilandes mit der Bitte, ihn am Osterfest eine »Auferstehung des Glaubens« feiern zu lassen.

Mein Mann entsetzte sich über mein Aussehen, aber der Archangelus stand mir bei; durch seine Berührung erhielt ich ein besseres Aussehen.

2. 4. 1907

Mein Archangelus sagte mir schon am Karsamstag, als ich dachte, ich könne allen Arbeitsanforderungen unmöglich gerecht werden, ich dürfe so etwas nicht denken. Eine Unmöglichkeit gebe es im vollkommenen Gehorsam überhaupt nicht, sondern nur den ununterbrochenen festen Willen, alle Befehle zu erfüllen.

4. 4. 1907

Deus dedit muß heute beim Zelebrieren eine große Freude erlebt haben. Seine Engel knieten sich sofort nach dem Stufengebet nieder, nicht erst vor dem Sanctus, wie sonst. Das ließ mich vieles erwarten. Beim Evangelium stand der »Engel des Herrn« neben Deus dedit, bei der Opferung sah ich, wie die allerseligste Jungfrau die Seele von Deus dedit ihrem Sohne vorstellte. Bei der heiligen Wandlung sah ich den Auferstandenen, der segnend seine rechte Hand hob, in der linken hielt er eine Kugel, Symbol des Weltalls. Bei der heiligen Kommunion breitete der Herr mit großer Liebe nach Deus dedit seine Arme aus. Es war ein Glanz und eine Lichtfülle am Altar, daß ich zu Boden schauen mußte. Als ich wieder aufblickte, sah ich Deus dedit nicht mehr, er war eins mit Christus und in ihm war Deus dedit vollständig verborgen. Erst beim letzten Evangelium sah ich die menschliche Gestalt meines geistlichen Führers wieder. Doch Christus war in ihm.

Als Deus dedit zurückkam, empfing ihn der Engel der Pfarrei, der »Fürst«, mit großer Ehrerbietung. Das hat mich tief ergriffen. Zum Schluß möchte ich Deus dedit aufmerksam machen, daß er eine große Gewalt hat über die Seelen, wenn er spricht: ,,Pax tecum!"

Gestern waren wieder einmal die Armen Seelen bei mir, eine davon hat Nikolaus von Tolentino zu mir geschickt. Es ist eine Augustinernonne, sie ist schon elf Monate im Fegfeuer. Ich erklärte mich von Herzen bereit, für sie zu leiden. Aber als mir mein Archangelus sagte, ich bekäme es wieder mit Ohrengeschwüren zu tun, erschrak ich etwas, denn ich kenne diese Marter. Wenn mir Deus dedit erlaubt, dem Wunsch von St. Nikolaus nachzukommen, bin ich jedoch sofort bereit. Vorläufig kann ich nichts, als der Armen Seele meine Müdigkeit aufzuopfern.

Heute nach dem Essen setzte ich mich in mein Zimmer und wollte die gewohnten neun Vaterunser zu Ehren der neun Engelchöre beten. Als ich beim zweiten Vaterunser war zu Ehren der Erzengel, und an meinen Archangelus dachte, stand er plötzlich vor mir, mit einer Strenge im Antlitz wie noch nie. ,,Du hast Dich jetzt niedergesetzt zum Beten", sprach er, ,,und vorher dachtest Du noch, ‚wie müde bin ich doch! Ich freue mich auf den Mai, dann darf ich ausruhen und bin in der Ewigkeit!' Wie ist es nur möglich, daß Du, die vom Herrn durch soviele Leiden begnadet wirst, das Leben so leichtfertig aufgeben möchtest! Wir Engel können niemals für Gott und nach Gottes Willen leiden. Wenn wir überhaupt fähig wären, Neid zu empfinden, so hätten wir Engel dieses Gefühl nur deshalb, weil ihr Menschen leiden dürft und wir nicht. Augenblicklich gehst Du in die Kirche und bittest unsern Herrn im heiligsten Sakrament um Verzeihung wegen Deiner Nichtachtung dieses kostbaren Leidenlebens, dessen Dich Gott würdigt. Auch Dein Führer billigt Deine Todesbereitschaft nicht. Wenn Du am Samstag Deine Sünden beichtest, so vergiß nicht zu sagen, daß Du die Gnaden Gottes gering geachtet hast!"

Ich raffte meine Kräfte zusammen und ging in die Kirche. Ich bat Gott von Herzen und mit Tränen um Verzeihung. Auch meinen Archangelus bat ich herzlich, mir nicht länger zu zürnen. Aber er zeigte sich mir nicht. Da ging ich zu meinem Kruzifix und bat den Herrn, er möge doch dem Engel sagen, daß ich meine Sünden so gut als möglich bereut hätte. Der Archangelus soll Mitleid haben mit meiner Schwäche. Da lächelte der Gekreuzigte und neigte sich tief zu mir nieder. Ich empfand ein heftiges Verlangen, mich an Jesu Schulter zu lehnen und ich gab nach. Da erkannte ich meine sündhafte Mutlosigkeit und wie unrecht es von mir sei, mich so sehr nach der Erlösung von meinen Leiden zu sehnen. Ich erkannte, mit welch unaussprechlicher Sehnsucht Jesus nach Leiden verlangte, um uns arme Sünder zu erlösen, und wie sehr eine Seele in Gottes Liebe und Gnade steht, die nach Gottes Willen *geduldig* leidet. Da überkam mich eine wunderbare Leidenssehnsucht und damit auch der Wunsch, noch länger zu leben, wenn es der Wille meines gekreuzigten Heilandes sei. Ich faßte Mut und sagte zu meinem Jesus: „Herr, laß mich doch noch lange leben und leiden!" Nun sah mich der Herr mit wunderbarer Liebe an; ich sah nicht mehr den Gekreuzigten, sondern den Auferstandenen, so daß ich meine Augen schließen mußte. Der Herr hob seine Rechte auf und da sah ich einen großen, schönen Engel vor mir stehen, mit einem Licht, das sehr tief herabgebrannt war, so daß ich dachte, es müsse gleich erlöschen. Da sprach ich: „Herr, wie kann es doch dieser Seraph wagen, mit einem so kurzen Lichtstümpfchen vor Deiner Majestät zu erscheinen?" Der Herr sprach mit großer Güte: „Hast Du nicht heute voll Freude gedacht, daß Du jetzt möglicherweise hoffen dürftest, bald zu sterben? Dieses Licht ist das Symbol Deines Lebens. Willst Du noch immer, daß es bald erlösche?" Ich sagte rasch: „Herr, ob es heute verlöscht oder in langen Jahren, mir ist es gleich, wenn sich nur Dein heiliger Wille an mir erfüllt, weiter verlange ich nichts." Da warf der Herr einen Blick voll Schöpferkraft auf die armselige Kerze, und sie wuchs zu einer ganz annehmbaren Länge. Da sprach ich: „Dein Wille geschehe, mein geliebter Herr, wie im Himmel, also auch auf Erden!"

Dann nahm mich der Herr mit in einen Garten.[22] Die Wege waren gesäubert, aber nicht alle Beete waren angebaut. Der Garten war kreisrund. In der Mitte war ein rundes Beet, das war mit besonderer Liebe gepflegt. Es stand eine einzige, große, lilienähnliche Blume darin, von zartester Goldfarbe. Die Staubfäden der Lilie waren feurig rot. Auf dem Beet war nicht die Spur eines Unkrautes. Ich fühlte mich sehr zu dieser Blume hingezogen und es war mir, als ob ich ihren Duft schon oft und oft verspürt hätte. Ich wollte mich gar nicht davon trennen. Da sprach der Herr: „Das ist die Lieblingstugend Deines Herzens, das ist der Gehorsam. Sieh nur, wie schön und herrlich diese Blüte ist. Dann kam ich an ein anderes Beet. Es war das größte des Gartens, über und über bedeckt mit Passionsblumen. Viele waren voll erblüht, manche rot wie Blut, auch weiße gab es und eine Anzahl goldfarbener. „Das sind Deine alltäglichen Leiden“, sprach der Herr. „Das sind die täglichen Selbstverleugnungen und die Leiden, die Dir von Deinen Mitmenschen kommen. Manche Blumen sind verkümmert, manche haben statt fünf Blätter nur drei oder vier, das sind die Blumen, bei denen Deine Absicht nicht ganz rein war, bei denen Dich Mutlosigkeit beherrschte, oder die Du mißachtest! Alle Leiden, und wären sie nur wie ein Sandkorn klein, werden durch die gute und reine Absicht zu lauterem Gold verwandelt!

Dann kam ich zu einem sehr großen Beet mit lieblich duftenden Blumen, wie Veilchen. „Das sind Deine verborgenen Leiden“, sprach der Herr. „Du erträgst sie in Demut, und ich segne es täglich.“ Nun war mein Herz mit Freude erfüllt, ich sah, daß kein Unkraut auf diesem Beet war. Dann erblickte ich ein großes Beet, mit einer großen Anzahl verschiedenfarbiger Blumen, große und kleine. Alle Farben waren da, namentlich rot. Und der Herr sprach: „Das sind die Werke Deiner Nächstenliebe. Es ist manches Unkraut darunter, aber es ist leicht zu entfernen, und wenn es entfernt ist, wächst es nicht wieder nach. Der Gärtner, dem ich diesen Garten anvertraut habe, arbeitet unverdrossen an diesem Beet. Kennst Du ihn nicht?“ Als ich mich umschaute, sah ich meinen lieben geistlichen Vater eifrig das Unkraut aus dem Blumenfeld zupfen. Er war aber trotz dieser Mühsal heiter und zufrieden. Mein Archangelus stand bei ihm, wies auf jedes Unkräutlein hin, und Deus dedit riß es dann heraus. Dann kam ich noch an ein Beet, das mit bunten Lilien bewachsen war, auch ohne Unkraut. Auch ein Rosenbeet war da, und keine Rose war mit Dornen besetzt. Die hatte Deus dedit alle abgerissen, er hatte ein ganzes Häufchen neben sich. Der Herr blickte darauf nieder und sprach: „Dieser Garten ist Dein Herz. Wieviel hat mein treuer Diener schon geordnet und gepflanzt! Ich habe den Garten angelegt, Dein geistlicher Führer muß ihn hegen und pflegen, daß er viele Blumen und Knospen hat, aber komm mit und schau auch diese Beete!“ Nun sah ich vier Beete mit lauter grünen Pflanzen bedeckt. Manche hatten schon Knospen, manche waren an der Entfaltung, aber voll aufgeblüht war noch keine Blume. Da sprach der Herr: „Ein Beet ist mit vollkommenem Gottvertrauen bepflanzt, das andere mit vollkommenem Verzicht auf irdische Liebe, das dritte mit der Loslösung vom Irdischen, das vierte mit einer so vollständigen Ergebung in meinen Willen, daß Du nicht weiter denkst, als von einer Sekunde auf die andere Dich ganz und gar meinem Willen zu ergeben.“ Dann kam ich an ein Beet mit Blättern. „Dieses Beet trägt nur dann Blumen, wenn Du von körperlicher schwerer Krankheit heimgesucht wirst. Alle Beete sind angelegt und werden wohl betreut. Aber hier sind noch drei Beete, die sind leer. Der Gärtner hat für gute Erde gesorgt, aber nun ist Zeit, daß er sie bepflanzt; sag es ihm! Sag ihm auch, daß ich sehr gern auf den Gartenwegen wandle und mein Herz an dem Blumenflor erfreue. Aber die drei Beete sind noch leer und haben doch einen so schönen Platz, gleich neben der Quelle, die im Garten ist. Sobald alle Beete in Blumenpracht stehen, ist die Arbeit des Gärtners vollendet. Auf die drei leeren Beete soll er aber alle Sorgfalt verwenden; seine Seligkeit wird sich dann unaussprechlich vermehren!“

Dann wandte sich der Herr nochmals voll Geduld zu mir und sprach: „Als ich den Leidensweg ging, war ich müde von den Leiden und Martern der verflossenen Nacht. Du kannst nicht ermessen, wie müde ich war. Aber ich ging standhaft meinen Weg, den königlichen Weg des Kreuzes, den Weg der Beharrlichkeit bis zum Ende. Ich dachte aller leidensmüden, lebensüberdrüssigen Menschen, und empfahl besonders diese betrübten Kreuzträger der Barmherzigkeit meines himmlischen Vaters. Ich sah auch Dich, meine geliebte Tochter, und Deine übergroße Müdigkeit, und ich sah, wie Du Dein Kreuz mit Liebe und Geduld trugst, bis zum Ende. Willst Du dieses Kreuz nun nicht mehr tragen? Bist Du es überdrüssig, mir nachzufolgen? Soll ich Dir die Mutlosigkeit abnehmen oder erleichtern?“

Da wurde mir angst, denn ich bin wirklich sterbensmüde, aber ich antwortete mutig: „Ich will nur, was Du willst. Ich bitte Dich sogar, vermehre meine Müdigkeit und Schwäche, wenn es zu Deiner Ehre ist.“ Da zeigte der Herr lächelnd auf eines der Beete und alle Knospen hatten sich geöffnet. Die Blumen waren von einer blendenden Feuerfarbe.

Dann fand ich mich wieder allein in meiner kleinen Zelle zu Füßen des Kruzifixes, in überströmenden Tränen, ich war seelisch gestärkt, aber noch viel müder und körperlich schwächer als vorher.

6. 4. 1907

Gestern abend machte mir mein Archangelus noch gewaltige Vorwürfe. Deus dedit hatte mir erlaubt, zur heiligen Kommunion zu gehen, auch wenn ich nicht kurz vorher gebeichtet habe. Aber ich bat ihn, diese Erlaubnis zurückzunehmen, weil ich mich doch nicht recht getraue. Mein Archangelus war darüber erzürnt. Deus dedit hat mir auf göttliche Eingebung hin diese Erlaubnis gegeben, und *ich* wollte dieser großen Gnade widerstreben. Ich soll Deus dedit um Verzeihung bitten und um Erneuerung der Erlaubnis. Dann bekam ich nochmals einen schweren Vorwurf, daß ich mich nur auf das Gebet für M.C.[23] beschränke und jeder Unterredung ängstlich aus dem Wege gehe, um nicht in Unannehmlichkeiten zu geraten. Der Vorwurf traf mich schwer, denn er ist vollauf berechtigt. Ich warf mich vor mein geliebtes Kruzifix und beschwor den Herrn um seiner heiligen fünf Wunden willen um die Rettung dieser armen Seele. Das Kruzifix blieb stumm. Da stellte ich dem himmlischen Vater die Leiden seines Sohnes vor, der ja auch für diese Seele sein Blut vergoß, und ich kam in ein glühendes Beten, in ein so stürmisches Beschwören des göttlichen Herzens Jesu, daß ich glaubte, ich würde ganz in Tränen aufgelöst.

Endlich, endlich, als ich ganz erschöpft an Seele und Körper war, neigte sich mein gekreuzigter Jesus zu mir. „O geliebtester Herr", sprach ich, „wie konntest Du es über's Herz bringen, mich armes, müdes Geschöpf so lange bitten zu lassen. Ich sterbe ja vor Sehnsucht nach der Rettung dieser Seele, und Du hörst gar nicht auf meinen Jammer!"

Und ich weinte bitterlich über das lange Schweigen Jesu. Er aber neigte sein göttliches Haupt und sprach mit großer Zärtlichkeit: „Warum beklagst Du Dich über meine Hartherzigkeit? Ich wollte Dich nicht gleich erhören, denn Deine Bitten erfreuten mein Herz so sehr, als wenn Du mir in meinen größten Leiden und in meiner bittersten Verlassenheit einen erquickenden Trunk gespendet hättest. Was willst Du, geliebte Tochter, daß ich Dir tun soll?"

Neuerdings fing ich an zu beten und zu klagen. Da sprach der Herr: „Noch einmal will ich ihr Herz rühren und Dir die Worte in den Mund legen, womit Du sie zu mir zurückrufen kannst. Aber gib wohl acht! Es ist das letzte Mal, daß ich ihr diese Gnade anbiete!" Das war mir nun nicht recht und ich sagte: „Geliebter Herr, Du einziges Verlangen meiner Seele, warum gibst Du mir so wenig? Warum sagst Du nicht gleich: ‚Diese Seele wird gerettet sein!' Wie kannst Du mich in diesem Kummer so ungenügend trösten? Du kannst ja Felsen erweichen, warum willst Du dieses arme, gekränkte Herz nicht ganz an Dich ziehen?" Voll Güte lächelte der Herr und sprach: „Dein Gebet soll erhört sein. Du wirst das Herz dieser Verlorenen rühren und sie wird sich zu mir wenden. Wenn doch alle Menschen namentlich meine bevorzugten Diener, die Priester, wüßten, wie ich mich sehne, solche Gebete zu empfangen! Das kannst Du nicht begreifen, es ist für die Menschen unfaßbar!"

Auch Deus dedit betete schon viel für diese sündige Seele, das war mir ein großer Trost. Heute Nachmittag beorderte mich mein Archangelus in die Kirche. Ich zweifelte daran, M.C. sprechen zu können, aber sie näherte sich mir, und ich hielt ihr ihre Sünden vor, auch die geheimsten. Ihr Herz war bewegt. Als ich die Kirche verließ, sprach mein Archangelus: „Der Herr hat aus Dir gesprochen. Diese Seele wird nicht verderben, aber Du wirst viel leiden müssen, denn der Teufel ist schon wieder aufmerksam auf Dich. Doch sei ruhig! Der Herr ist mit Dir und bei Dir!" Und er verschwand.

7. 4. 1907

Die Vorgänge am Altar (Weißer Sonntag) nahmen meine ganze Aufmerksamkeit in Anspruch. Deus dedit hob bei der heiligen Wandlung das allerheiligste Herz Jesu in die Höhe. Die Wunde war breit und geöffnet und es fielen einzelne schwere Blutstropfen auf Deus dedit's Hände. Ich sah diese Hände — nicht nur wie sonst die geweihten Finger — in leuchtender Verklärung. Auch St.Gabriel war wieder am Altar. Er kniete demütig auf der Evangelienseite. Ich grüßte ihn vielmals und empfahl ihm alle Erstkommunikanten, alle Katecheten und vorzüglich Deus dedit, Servus Dei und Adauctus. Er blickte mit großer Freundlichkeit auf mich, dieser Freudenverkünder, und ich sagte ihm, er möchte doch für meine geistlichen Freunde recht viel Trost vom Himmel bringen. Unmittelbar nach der heiligen Wandlung sah ich auch die allerseligste Jungfrau, wie sie Deus dedit ihrem Sohne vorstellte. Sie erschien in königlicher Pracht, als »freudige Himmelskönigin«. Ich war so tief bewegt, daß ich fühlte, wie mir die Tränen kamen. Wieder legte mein Archangelus die Hände über meine Augen, und sie waren trocken. Kurz vor der heiligen Kommunion, als Deus dedit die Hostie ins Auge faßte, sah ich, wie er seine Hände gleichsam eintauchte in die Wunde des göttlichen Herzens. Da fragte ich meinen Schutzengel: „Warum ist das so?" Dieser sagte: „Er nimmt die Schätze der göttlichen Liebe aus dem Herzen Jesu und gibt sie seinen Freunden." Das hat mir nun sehr gut gefallen und ich freute mich für Deus dedit, daß er die nächsten Tage gleich St.Gabriel ein »Freudenbringer« sein wird. Dann empfahl ich Servus Dei der Mutter Gottes, daß er zufrieden sei mit seinem künftigen Seelenführer. Adauctus, Pater Benedikt, empfahl ich nochmals aufs Dringlichste dem Erzengel Gabriel. Als Deus dedit sich umwandte, um die Absolution zu geben, kam St.Gabriel zu mir und sprach: „Erwecke eine lebhafte Reue über Deine Fehler und Nachlässigkeiten." In diesem Augenblick empfand ich sogleich eine brennende Reue. Als meine Nachbarin ihren Platz verließ, um zur Kommunionbank zu gehen, nahte sich mir ein sehr schöner Engel, den ich noch nie gesehen hatte, und reichte mir mit den Worten: „Der Leib des Herrn führe Deine Seele zum ewigen Leben!" eine geweihte Hostie. Ich empfand einen so heftigen Schrecken oder vielmehr, ich war so erschrocken vor Freude, daß ich glaubte, vergehen zu müssen. Ich sah den Herrn in meinem Herzen voll Liebe und doch voll Majestät, seine Wundmale waren verklärt und leuchtend. Als mir einen Augenblick der Zweifel kam, ob ich auch wirklich kommuniziert hätte, sprach der Herr: „Lege Deine Hand in meine Seite!" Ich sah mich selbst wie ein Kind, das seine linke Hand in die Seitenwunde legt. Sie war auf der rechten Seite und breit. Da empfahl ich alle Sünder in diese heilbringende Wunde, besonders diejenigen, die mir am nächsten stehen. Auch Deus dedit's und seiner Freunde Anliegen legte ich hinein. Ich fühlte mich unaussprechlich glücklich. Leider hatten wir heute eine sakrilegische und einige schlechte Kommunionen.

Als ich heute Pfarrer Kn. und Deus dedit zur Schule gehen sah, sah ich wieder Pfr. Kn.'s Schutzengel sehr betrübt, auch Deus dedit's »Herrschaft« war mit ihm sehr unzufrieden. Die Schutzengel der Erstkommunikanten sahen mehr oder weniger zufrieden aus, traurig war keiner. Deus dedit's Hände sah ich immer noch in leuchtender Verklärung und dankte meinem Kruzifix von Herzen für all die unfaßbaren Gnaden, die der Gekreuzigte Deus dedit geschenkt hat.

Der Archangelus half mir heute, ein besseres Aussehen zu bekommen. Er berührte mein Gesicht mit seinen Händen und ich fühlte mich wohler und sah viel besser aus.

9. 4. 1907

Seit gestern haben meine beiden Engel dunkelgrüne Gewänder. Ich war erschrocken, als ich sie erblickte. Auch Deus dedit's »Herrschaft« hat einen grünen Saum am Gewand.

Wenn Adauctus in unsere Reihe tritt, wird er anfänglich auch zu leiden haben. Deus dedit hatte damals zahllose Verdrießlichkeiten, Servus Dei körperliche Leiden und Adauctus wird vielleicht beides auszuhalten haben.

Heute gab ich meine zunehmenden Schmerzen dem heiligen Nikolaus von Tolentino für seine Augustinerin. Und jetzt schenke ich ihm den Durst und meine Fieberhitze dafür. Daß Adauctus Deus dedit die Betrachtung vom Leiden Jesu zur Pflicht machte, erfreute mich auf das Höchste. Deus dedit wird auch bald so weit kommen, daß ihm dieser Betrachtungsstoff der allerliebste sein wird. Mein Archangelus läßt Deus dedit ersuchen, wenigstens einmal meiner Gewohnheit zu folgen und bei der Leiden-Christi-Betrachtung statt eines Buches das Kruzifix zur Hand zu nehmen.

10. 4. 1907

Heute morgen war ich in der heiligen Messe. Als Deus dedit die heilige Hostie erhob, sah ich das Ecce homo in derselben, zugleich gedachte ich des furchtbaren Schmerzes, der die unbefleckte Seele der Muttergottes zerriß, als sie das Ecce homo sah. Ich empfand ein derartiges Mitleid mit Christi Leiden und Mariens Schmerzen, daß es zu körperlichem Leiden wurde. Ich konnte meinen Tränen nicht gebieten. Doch als ich bei der heiligen Kommunion sah, mit welcher Freude das Ecce homo einging in Deus dedit's Herz und sich geradezu verbarg vor den Schmähungen der Sünder, erst dann legte mein Archangelus die Hand auf meine Augen. Ich war ungemein getröstet zu sehen, wie das Herz Jesu sich einigte mit Deus dedit's Herzen, so daß ich nur mehr ein göttliches Herz sah. Ich opferte es der allerheiligsten Dreifaltigkeit für eine arme, sündige Seele auf, daß sie sich morgen von ganzem Herzen zu Gott wenden und all ihre Sünden beichten möge.

Ich verlor mein Taschentuch. — — Vormittags sprach mein Archangelus: ,,Der Teufel ist nun sehr aufgebracht gegen Dich, weil Du ihm eine Seele entrissen hast, die er als sein sicheres Eigentum betrachtete. Gib acht, welchen Lärm die Hölle anschlagen wird, aber fürchte Dich nicht! Der Herr sei mit Dir!"

Als ich mich heute in mein Zimmer zurückgezogen hatte, bat ich den Archangelus mir zu sagen, wo mein Taschentuch sei. Er zeigte sich alsbald und sprach: ,,Dein Taschentuch wurde von M.C. gefunden; es war naß von Tränen. Sie sah es unweit Deines Betstuhles liegen und holte es sich. Schenk es ihr, es wird ihr großen Trost und Standhaftigkeit geben. Du hast ihr Herz erweicht, weil Du ihr ohne Rückhalt verziehen hast. Wie schön ist es, zu verzeihen! Als Du zu ihr sagtest: ,,Ich verzeihe so vollkommen und so ohne Vorbehalt, wie ich hoffe, daß mir Christus auf dem Totenbett verzeihen wird!" Da schmolz ihr Herz in Ruhe und Sehnsucht nach Gottes Frieden, der ihr morgen zuteil wird. Welche Freude hat der ganze Himmel, vorzüglich wir himmlischen Geister, über die Bekehrung dieser Sünderin. Wie dankbar sind wir Dir und wie gerne erfüllen wir Deine Wünsche und tragen Deine Bitten vor Gottes Thron!" Da benutzte ich sofort die Gelegenheit und empfahl meine geistlichen Freunde den Gebeten der neun Engelchöre.

Auch wegen der Versuchungen einer Person, von der Deus dedit mir heute sprach, fragte ich meinen Engel. Er lächelte und sagte: ,,Gib Deus dedit Deine Hand und sprich zu ihm: ,Im Namen Jesu Christi, des Sohnes Gottes, des Gekreuzigten, sei die vermeinte Person von ihren Anfechtungen befreit!' " Ich erwiderte: ,,Geht das nicht sofort, ohne Deus dedit zuerst zu besuchen?" Da lächelte der Archangelus wiederum und sprach: ,,Ja, aber tue, wie ich Dir sagte! Und sage auch zu Deinem Führer: ,Die Versuchungen, die man bekämpft, sind ein großes Glück, denn sie sind der Beweis, daß der Teufel unzufrieden ist mit dieser Seele. Eine *laue* Seele kennt keine Versuchungen. Jede standhaft überwundene Versuchung ist eine große Freude für den Himmel, namentlich für die Engel. Der Friede sei mit Dir!' " Und er verließ mich.

11. 4. 1907

Heute ist der Sterbetag meiner seligen Mutter. Ich war schon sehr betrübt. Mein Archangelus verwies es mir, indem er sprach: ,,Wie kannst Du nur so hochmütig sein und von Dir selbst etwas Gutes erwarten?

Das innere der Barockkirche ist ein Werk des M. Thump, 1686.

Inneres der Schloßkirche von Obermarchtal

Mußt Du nicht vielmehr Gott danken, daß er Dich vor noch viel schwereren Sünden bewahrt hat? Aber das fällt Dir natürlich nicht ein. Du betest abends Dein Confiteor, erweckst Reue und Leid über Deine Vergehen, daß Du aber nur ein einziges Mal sagen würdest: ‚O Gott, ich habe viel gesündigt und Deine unendliche Majestät gar oft beleidigt. *Aber ich danke Dir von Herzensgrund dafür, daß Du mich vor einer Todsünde bewahrt hast!*', das kommt Dir gar nicht in den Sinn, und doch wäre das ein Mittel, sicher und rasch zur vollkommenen Selbstverdemütigung zu kommen. Beichte Deinen Hochmut bei der nächsten Gelegenheit und bitte Deinen Führer, er möge Dich mit größerer Strenge behandeln."

M.C. hat gestern gut und aufrichtig gebeichtet. Ihr Engel sagte es mir.

12. 4. 1907

Noch nie habe ich mit solcher Sehnsucht mein ganzes Sein und Leben, Leib und Seele dem gekreuzigten Erlöser dargeboten mit den Worten: „Nimm mich mit allem, was ich bin und habe. Gib mir Deine Liebe und Dein Leiden — mehr verlange ich nicht!"

Als ich heute viel zu leiden hatte, sagte ich mein Deo gratias für die Schmerzen. Mein lieber Archangelus tröstete mich und sprach: „Sei doch froh, daß Du Deine schweren körperlichen Leiden mit so großer Geduld und Ergebung tragen kannst. Sieh auf Christi Leiden, und Du wirst keine Schmerzen mehr fühlen, sondern lauter Freude darüber, im Namen Jesu leiden zu können."

— 4. 1907

Muß oft und oft die Bedenken von Deus dedit wegen des vollständigen Gelübdes des Gehorsams überlegen. Wie soll man da überhaupt zu Skrupeln kommen? Auch der Archangelus pflichtet meiner Ansicht bei, daß Gott nichts Unmögliches von den Menschen fordert. Wenn ich das Gelübde des Gehorsams abgelegt habe, bin ich verpflichtet, es so gut zu halten, als mir möglich ist. Den ganzen Tag verschwenden mit der Frage: Habe ich mein Gelübde nicht doch gebrochen, ist ein großer Unsinn! Mein Archangelus sagte mit großem Nachdruck: „Ein von Herzen demütiger Mensch kennt keine Skrupeln. Er dient Gott mit Liebe und Vertrauen, so gut er es kann. Er denkt keinen Moment an die unvermeidlichen Unvollkommenheiten. Die Demut staunt nur darüber, daß sie nicht noch mehr Fehler begeht. Um den Gehorsam so zu üben, daß er Gott zum Wohlgefallen, dem Himmel zum erhabenen Schauspiel wird, muß man trachten, den eigenen Gehorsam mit dem Gehorsam Jesu Christi zu vereinen, und diese gute Meinung öfters am Tage erwecken."

Ich muß sagen, daß ich Freude empfand, als mir der Archangelus vor etwa vierzehn Tagen einen Vorhalt machte wegen meines »mangelhaften Gehorsams«. Wenn er gesagt hätte, ich wäre ungehorsam, das hätte mich über die Maßen betrübt. Aber »mangelhafter« Gehorsam! Gehorsam ist es immerhin, und einen vollkommenen Gehorsam zu üben habe ich zwar den besten Willen, aber dies wird mir bei meinen schlechten Anlagen wohl unmöglich sein. Ich bin aber mit dem, was ich leisten kann, und wenn es noch so gering ist, immerhin zufrieden, denn von einer armen Sünderin kann Gott nicht mehr verlangen. Und indem ich meinen mangelhaften Gehorsam mit dem vollkommenen Gehorsam Christi vereine, wird er Gott wohlgefällig. Mein gekreuzigter Jesus hat selbst zu mir gesagt: ,,Alle, auch die kleinsten Widerwärtigkeiten, die Du mit meinen Verdiensten und meinen Leiden vereinst und so meinem himmlischen Vater darbringst, werden zu kostbaren Opfergaben, deren Wert Du erst dann begreifen kannst, wenn Du in die ewige Seligkeit eingegangen sein wirst!" An diesen Ausspruch denke ich oft, und immer mit großem Trost. Wenn Deus dedit der Ansicht ist, daß ich mein Gelübde leichtfertig auffasse, bitte ich um Belehrung. Aus mir selbst, ohne ein Wunder der göttlichen Barmherzigkeit, kann ich ja nicht einmal einen guten Gedanken fassen. Aber da Gott mir ein lebhaftes Verlangen gegeben hat, im vollkommenem Gehorsam zu leben, wie kann ich zweifeln, daß Gott das Fehlende ergänzt? Solange wir auf Erden leben, beherrscht die Barmherzigkeit alle seine übrigen Eigenschaften. Wenn wir auf dem Totenbett gerichtet werden, herrscht die göttliche Gerechtigkeit. Doch muß sie immer wieder zurücktreten vor der Barmherzigkeit, sonst würden wir fast alle verdammt werden. Es ist mir unmöglich, mir Gott als zürnenden Richter vorzustellen und vor der strafenden Majestät zu zittern, denn Gott hat die Welt so geliebt, daß er seinen eingeborenen Sohn dahingab. Kann man, wenn man nur ein einzigesmal diese inhaltsreichen Worte betrachtet hat, dann zweifeln, daß Gott danach verlangt, uns alle in sein ewiges Reich aufzunehmen, wenn wir nur wollen? Gewiß nicht, und das ist der größte Trost unseres leidenreichen Lebens. Als ich meine Nöte dem Archangelus klagte, sagte er: ,,Ja, es ist wahr, Du leidest viel und schwer, aber was sind alle Leiden der Vergangenheit, Gegenwart und Zukunft gegen Jesu Leiden?" Das lenkte meine Gedanken wieder zum Ölberg, und ich sagte in voller Ergebung: „Herr, wie Du willst, nicht wie ich will." Es ist Gottes Wille, daß ich mich den ungerechten Launen meiner Umgebung beugen muß. Es ist Gottes Wille, daß ich körperlich so viel leide. Es ist Gottes Wille, daß ich ausharre im Bekämpfen meiner persönlichen Wünsche. Was bleibt mir übrig, als Gott zu danken, daß er seinen anbetungswürdigen Willen an mir erfüllt? Wenn mich das Kreuz zu Boden drückt, bitte ich nicht um Erleichterung, denn Gott schickt mir kein schwereres Kreuz, als ich tragen kann.

Heute Nachmittag betete ich meine Buße: 45 Vaterunser und Ave Maria zu Ehren der neun Engelchöre. Sooft ich die fünf Vaterunser und Ave Maria zu je einem Chor beendete, sah ich neun Engel desselben vor mir stehen und mir Rosen aus den Händen nehmen. Nach jedem Vaterunser und Ave Maria betete ich ein Gloria Patri usw., um der allerheiligsten Dreifaltigkeit zu danken, daß sie sich die neun Engelchöre zu ihrem vollkommenen Dienste erschuf, um zu danken, daß die Engel so schön und vollkommen sind, daß sie sich unbegreiflicher Seligkeit erfreuen und der Versuchung Luzifers widerstanden. Sooft ich ein Ehre sei dem Vater betete, nahm mir mein Archangelus eine herrliche Krone aus der Hand und brachte sie der allerheiligsten Dreifaltigkeit. Ohne Unterbrechung betete ich weiter; sooft ich das Gegrüßt seist du, Königin betete, sah ich die Königin der Engel, umgeben von dem Engelchor, zu dem ich soeben gebetet hatte. St.Gabriel stand neben mir und opferte ihr mein unvollkommenes Gebet mit großer Liebe und Ehrfurcht. Es war, als streute er Weihrauch auf eine goldene Platte. So oft ich mit zunehmender Liebe zu Maria sprach: „Wende Deine barmherzigen Augen uns zu", sah sie mich mit unbeschreiblicher Güte und Liebe an. Als ich mit meinem Gebet zu Ende war, betete ich noch drei Ehre sei dem Vater für Deus dedit und Adauctus, und wieder sah ich, wie mein Archangelus mir eine Krone nach der anderen aus der Hand nahm und zum Himmel trug. Als ich ihn um Erklärung bat, sagte er mit großer Freundlichkeit: „Dies wunderbare Gebet ist Gott so wohlgefällig wie unser unaufhörliches Sanctus! Leider wird es gewöhnlich ohne besondere Andacht gebetet und hat doch so große Kraft. Wenn am Schluß der Psalmen das Ehre sei dem Vater gebetet wird, ist es gleichsam die Frucht des Psalmengebetes, die dadurch der allerheiligsten Dreifaltigkeit dargebracht wird. Aber es gibt viele Laien und fast noch mehr Priester, die sich beim Ehre sei dem Vater nur denken: „So, jetzt ist dieser Psalm zu

Ende und es kommt ein anderer!“ Und sie berauben sich unschätzbarer Gnaden. Wenn aber ein Mensch dieses Gebet andächtig und von der Majestät Gottes durchdrungen betet, erweist er Gott eine so große Ehre, als wenn er ihm eine Krone darbieten würde. Wenn ein Mensch im Leiden dieses Ehre sei dem Vater betet und dadurch sich und alles Leid dem Allmächtigen aufopfern will, ist das der höchste Akt vollständiger Ergebung in Gottes Willen, es ist zugleich eine unbedingte Hingabe an Gott und schließt den Dank für die Gnade des Kreuzes ein. Betrachte die unaussprechliche Herablassung Gottes, dieses Gebet mit soviel Freude anzunehmen, betrachte die Liebe Gottes, die von den Menschen geliebt werden will und die deshalb das Geringste, was ein Mensch zu Gottes Ehre tut, so reich belohnt. Sprich mit Deinem Führer über die Erhabenheit des »Ehre sei dem Vater« und teile es seinen geistlichen Freunden mit.

P.B. könnte in dieser Hinsicht viel wirken für Gottes Ehre. Der Friede sei mit Dir!“

21. 4. 1907

Ich bat, daß Deus dedit endlich befreit werde von den ewigen Verdrießlichkeiten. Da sprach der Herr: „Willst Du die Kostbarkeit seiner himmlischen Krone verringern?“ Das betrübte mich, aber dann erwiderte ich: „Ach, Herr, Du kannst alles. Wenn Du ihm mit einer Hand Widerwärtigkeiten zuteilst, so gib ihm mit der anderen soviel Freude, daß er die Widerwärtigkeiten als Trost empfindet!“ Der Herr sprach: „Beruhige Dich! Er soll getröstet werden!“

Mein Archangelus ist sehr liebevoll, aber sehr ernst. Ich habe ihn inständig gebeten, seine Hand gegen die höllische Macht auszustrecken, damit ich Gott nicht beleidige. „Dein Schutzengel und ich behüten Dich, aber Du mußt schwer kämpfen!“, gab er zur Antwort. Auch meinen Engel sah ich neben mir. Er grüßte mich im heiligen Namen Jesu und ich wünschte ihm durch das allerliebste Herz Jesu eine Vermehrung seiner himmlischen Seligkeit. Da erstrahlte sein Antlitz in himmlischer Freude und ich wurde durch diesen Anblick sehr getröstet. Auch Deus dedit's Engel sah ich heute Morgen. Die »Herrschaft« trug ein brennendes Licht und ging vor ihm zum Altar. Der Angelus war an seiner Seite. Der Anblick der Engel ist so tröstlich! Wenn doch Deus dedit seine Engel sehen könnte!

22. 4. 1907

„Deine unbeschreibliche Güte gestattet mir, Dich zu bitten: Nimm Deine Hand nicht von mir! Laß mich leiden, o Herr, wenn es Dein göttlicher Wille ist, aber gib niemals zu, daß ich Dich freiwillig beleidige, o mein Gott und mein Alles! Amen."

23. 4. 1907

Ich werde heute sehr belästigt von einem schönen Engel, der aber kein Kreuz an seiner Stola hat. Er sagte mir zweimal, ich sei ja doch bestimmt *verdammt* zu werden, ich soll mir jetzt ein bequemes Dasein schaffen, er wolle mir dazu helfen. Und wenn ich kein Verlangen nach irdischem Glück hätte, soll ich *mein Leben beenden,* es sei ja doch ganz wertlos. Diese zweite Versuchung war sehr heftig. Ich rief meinen Archangelus zu Hilfe und der gefallene Engel verschwand.

Heute Nachmittag hielt ich eine Betrachtung über die Verlassenheit Jesu am Kreuz. Ich mußte bitterlich weinen. Da sah ich meinen Archangelus, der mich fragte: „Willst Du den Kelch des Leidens annehmen?" „Ja", sagte ich, „ich bin bereit, wenn es der Wille Gottes ist!"

Da reichte mir der Engel einen Kelch; ich trank, aber den Rest wollte ich übrig lassen. Mir graute vor dieser Bitterkeit. Doch der Archangelus reichte mir den Becher nochmals; ich faßte Mut, dachte an Jesu Dürsten am Kreuz und leerte den Kelch vollständig. „Das Kreuz stärkt Dich zum Leiden", sprach mein Archangelus, und er wollte verschwinden. Ich hielt ihn im Namen Jesu zurück und bat ihn, mich von meiner schrecklichen Traurigkeit zu befreien. „Warum soll ich das?", erwiderte er, „diese Traurigkeit hindert Dich weder an Gebet noch Betrachtung. Das ist keine Trauer, die von Hochmut kommt. Also sei getrost und leide die Schwermut geduldig um Jesu willen." Da klagte ich meinem Archangelus, daß ich nur das Kreuz und nicht den Gekreuzigten sehe. Der Engel aber sprach: „Was liegt daran? Wer Christus im Herzen trägt, braucht nicht zu jammern, wenn die Augen nicht sehen, was sie bis jetzt geschaut haben. Denk an die Muttergottes, die Jesus vom Karfreitagabend bis zum Ostersonntagmorgen nicht mehr sah. Halte über diese Verlassenheit Mariens Deine Abendbetrachtung. Bedenke, auch Dir wird der Herr den Tröster senden, den Heiligen Geist. Bereite Dich schon jetzt auf die Pfingstgnaden vor. Der Herr entzieht sich Dir immer für kurze Zeit, bald wird er wieder bei Dir sein."

Als ich heute Abend zur Ruhe ging, betrachtete ich vorher noch die unendliche Verlassenheit der allerseligsten Jungfrau Maria nach dem Begräbnis ihres Sohnes. Wie bei der Verkündigung, sprach sie auch bei der Grablegung Jesu ihr ergebenes »Fiat«. Die Betrachtung der Gegensätze des einen so wunderbar freudigen und dieses schmerzlich ergebenen »Fiat« ergriff mich aufs Tiefste. Ich kniete vor meinem Kruzifix, an dem ich keinen Christus sah, und betrachtete die Ergebung Marias. Ich mußte bitterlich weinen über die Leiden der jungfräulichen Mutter und über meine Sünden, die eigentlich die Ursache dieser Schmerzen waren. Plötzlich, als ich beinahe in Tränen aufgelöst war, nahm ich einen wunderbaren Duft wahr. Mein Zimmer wurde hell — ich sah St.Gabriel, und er sprach mit großer Freude: ,,Gegrüßet seist Du und Deine heiligen Tränen!" Ich hatte meine Augen geschlossen, denn ich war geblendet vom Glanze, der vom »Engel des Herrn« ausging. Als ich wieder aufblickte, sah ich die unbefleckte Mutter vor mir, sie war voll unendlicher Güte. ,,Warum weinst Du gar so sehr", sprach sie. ,,Ach, geliebteste Mutter, wie sollte ich meinen Tränen gebieten können, wenn ich Deine Verlassenheit nach der Grablegung betrauere." Maria neigte sich zu mir und sprach lächelnd: ,,Deine Tränen und Dein Mitleid haben mich vom Himmel herabgezogen. Du kannst gar nicht begreifen, wie groß die Gnade ist, wenn ein Mensch über meines Sohnes und meine Leiden weinen kann. Alle Deine Tränen sind gezählt, und sie werden Dir unnennbare Freuden bringen. Die größte Freude und die höchste Liebe, die man mir erweisen kann, ist das Mitleid mit mir, die Tränen über meine Tränen und Schmerzen. Nun darfst Du Dir noch eine Gnade ausbitten, sie wird erfüllt werden!" Da dachte ich, wie schwer ich jetzt unter Schwermut leiden mußte, und deshalb sagte ich, Maria möchte dem armen Servus Dei recht viel geistige Freuden geben und ihm das Übermaß seiner Schwermut nehmen. Auch Deus dedit empfahl ich der Muttergottes und erbat die Kräftigung seiner Gesundheit und Zunahme an Heiligkeit. Als ich sah, daß ich noch mehr verlangen dürfe, bat ich Maria, daß sie Adauctus in der Seelenleitung beistehe. Als ich geendet hatte, lächelte die Muttergottes und sagte: ,,Ja, Deine Bitten seien erfüllt. Was willst Du für *Dich?* " Ich verlangte die Bekehrung meines Mannes und meine eigene und die Fähigkeit, das Leiden Christi *gut* zu betrachten. Auch das wurde gewährt. Dann entschwand die allerseligste Jungfrau. St.Gabriel wandte sich nochmals zu mir und sprach: ,,Du leidest mit Maria, freue Dich auch mit ihr! Du hast noch nie den Rosenkranz zu Ehren ihrer sieben Freuden gebetet, tue es doch! Dieser Rosenkranz bringt dem Beter viel Freude und viel Freude der Himmelskönigin. Laß auch Deine geistlichen Freunde daran teilnehmen. Grüße sie in Jesu Namen und sag ihnen, daß meine Königin sie sehr liebt und ihnen jederzeit beisteht, denn sie verbreiten meine und aller Engel Ehre, und das ist für die Königin der Engel eine unbeschreibliche Freude!" Dann sagte er mir, ich solle bei jeder Meditation, sei sie auch freuden- und glorreich, stets auf das Leiden Jesu zurückkommen. Auch soll ich täglich danken für die Gabe der Tränen, denn das sei ein kostbares Gut.

Dann war ich wieder allein.

24. 4. 1907

Heute war Deus dedit da. Er hat mich getröstet und aufgerichtet, daß ich Gott und ihm gar nicht genug danken kann. Gestern Abend war ich sehr betrübt, ich gedachte der zahllosen und unerschöpflichen Leiden, die mein Beruf mir brachte und noch bringen wird. Ich dachte: „Vielleicht ist alles vergeblich, alle Geduld und Sanftmut umsonst, mein Mann bekehrt sich doch nicht!" Nun sah ich den Archangelus zürnend vor mir stehen. Er befahl mir: „Sage von diesem Deinem Gedanken Deinem Führer, er soll wissen, wie mutlos Du bist und wie kraftlos Deine Zuversicht auf Gottes Erbarmen. Dann bitte ihn um eine Buße für diese Sünde und vergiß nicht, sie zu beichten. Wenn Du dann die Dir zudiktierte Buße verrichtet hast, werde ich Deinen Augen wieder sichtbar werden, nicht eher. Und sage Deinem Führer, er soll Dir Deine Bußen nicht immer mit Berücksichtigung Deines allerdings sehr schlechten Gesundheitszustandes geben, sondern *das* wählen, von dem er glaubt, daß es Dir ein Opfer ist."

Als heute Deus dedit da war, sagte ich es ihm, er gab mir eine kleine Buße auf. Ich war von halbzwei bis halbvier Uhr im Garten, um mich, nach dem Willen meines »Novizenmeisters« an einer Blumenanlage zu betätigen. Ich übte diesen Gehorsam gern und eifrig, obwohl ich fast unerträgliche Schmerzen hatte. Ich opferte es als Vorübung auf für die Buße, die mir Deus dedit gegeben hat. Von vier bis fünf Uhr verrichtete ich meine zehn Misere. Schon beim vierten fühlte ich großen Trost; beim neunten ahnte ich, daß ich meinen Archangelus sehen werde, und nach dem zehnten stand er vor mir. Ich war so gerührt und erfreut, als ich meinen englischen Bruder wiedersah, daß ich Tränen vergießen mußte. „Wenn Du wüßtest, wie ich verlangt habe, Dich wiederzusehen!“, rief ich aus. „Wie reut es mich bitterlich, Dich durch meine Trauer und Mutlosigkeit vertrieben zu haben!“ Da nahm mich der Archangelus ganz zärtlich in seine Arme und erwiderte: „Glaubst Du denn, es war nicht auch für mich ein Verzicht, nicht mit Dir sprechen zu können, sondern Dich nach göttlicher Anordnung meines Anblicks berauben zu müssen?“ Ich griff das Wort »Verzicht« sofort auf und sagte: „Wie kannst Du, der selige, sündenlose Geist, von einem Verzicht sprechen? Ein Verzicht ist immer etwas Schmerzliches, und Du kannst doch nicht leiden.“ Nun lächelte der Archangelus und sprach: „Wie kurzsichtig ist das Menschengeschlecht! Glaubst Du, daß es uns Engeln gleichgültig ist, wenn Gott beleidigt wird? Den physischen Schmerz kennen wir nicht, aber wir leiden, wenn Gott von seinen Geschöpfen gekränkt wird. Wir haben gleichzeitig aber auch die unaussprechliche Freude, und sie überwiegt alles Leid, daß alle Sünde der ganzen Welt — und sollte ihre Unzahl sich bis ins Unendliche steigern — nicht imstande ist, die Majestät Gottes und alle seine anbetungswürdigen Vorzüge nur um ein Atom zu verringern. Wir trauern nicht so sehr über die Beleidigung Gottes, weil seine Ehre dadurch verkürzt werden könnte, sondern über die Blindheit, Bosheit und Verkehrtheit des sündigen Menschengeschlechtes, das von Gott so sehr geliebt wird, daß er seinen eingeborenen Sohn dahingab.

Dann sprach ich mit dem Archangelus über den Todeskampf, der bei manchen Menschen oft so schwer ist. Mein Archangelus sprach mit großem Ernst. Wenn ein Mensch zum Sterben kommt, streiten Engel und Teufel um seine kostbare Seele. *Sehr oft* kommt es vor, daß der Mensch, ehe er seinen Geist aufgibt, mit leiblichen Augen den Teufel sieht, der ihn mit aller Gewalt noch zur Verzweiflung bringen will. Das ist bei unbußfertigen Sündern fast stets der Fall. Der Teufel sucht dann alles ins Feld zu führen, wodurch er den Sterbenden ängstigen und ihm die Hoffnung auf Gottes Barmherzigkeit schwächen kann. Wenn nicht Jesus Christus selbst oft im letzten Augenblick, noch beim letzten Atemzug die abscheidende Seele dem Teufel entrisse, wäre die Hölle noch zehntausendmal mehr bevölkert.

Ein frommer Mensch, der ein Skapulier trägt oder eine Marienmedaille, erfreut sich stets des besonderen Beistands der Muttergottes und der heiligen Engel. Der Anblick der Himmelskönigin läßt den Teufel erzittern. Wer St.Josef verehrt, erblickt beim Sterben *ihn* und seine unbefleckte Braut! Wer die Engel, insbesondere den heiligen Gabriel im Todeskampfe anruft, wird gestärkt und beruhigt.

Wie entgegenkommend ist die Barmherzigkeit Gottes der armen, zum Tode verurteilten Menschheit gegenüber, und wie wenige gibt es, die diese großen Wohltaten für sich in Anspruch nehmen!

Deus dedit hat mich von meinen Selbstmordversuchungen vollständig befreit. Dafür habe ich die wohlbekannten Schmerzen, die einem Ohrengeschwür vorangehen.

Um fünf Uhr fror es mich stark. Ich wollte Holz holen und es war keines in der Küche. Da ging ich ins Zimmer zurück und dachte mir: „In Gottes Namen und im Andenken an die Krippe und das Jesuskind soll es mich frieren, ich schenke es den Armen Seelen." Da sprach mein Archangelus: „Nein, das solltest Du nicht, das könnte Dir an der Gesundheit schaden und es ist nicht recht, wenn Du Deine Leiden vermehrst." Da antwortete ich: „Ja, wie soll ich Feuer zusammenbringen, wenn ich kein Spänchen Holz finde und ich in der Wohnung eingeschlossen bin, so daß ich mir kein Brennmaterial holen kann?" Da sagte mein Archangelus: „Es ist genug da!" Und er wies auf einen Korb Torf. Da kniete ich mich vor den kalten Ofen nieder und legte im Namen Jesu fünf Stücke hinein. Dann befahl der Archangelus: „Bete das De profundis!" Ich folgte seiner Anordnung. Plötzlich fühlte ich eine große Wärme an meiner rechten Seite, aber ich betete den Psalm zu Ende. Nun schaute ich nach rechts und sah mein kleines Augustinerfrauchen. Ich sagte zu ihr: „Sei gegrüßt im Namen Jesu und des heiligen Nikolaus von Tolentino!" Die kleine Nonne beugte sich und legte ihre rechte Hand auf den Torf im Ofen. Da züngelten kleine blaue Flämmchen aus ihren Fingern und der Torf war entzündet. Ich verspürte sofort eine angenehme Wärme. Ich sagte: „Liebstes Schwesterchen, wann kommst Du aus dem Fegfeuer?" Sie sprach: „Bis in sieben Tagen werde ich im Vorhof des Himmels sein, wenn Du recht geduldig leidest und mir alles gibst." Ich sagte: „O ja, das kannst Du schon haben, wie lange aber bist Du im Vorhof?" Da blickte sie mit Tränen zum Himmel auf und erwiderte: „Am Feste der sieben Freuden Mariens bin ich in der ewigen Freude, wenn Du geduldig leidest!" Ich tröstete sie: „Gehe hin in Frieden! Im Namen Jesu werde ich Deine Bitte erfüllen!" Sie verschwand.

Am 7. Mai ist mein Hochzeitstag und das Fest der Freuden Mariens. Also habe ich an diesem Gedächtnistag die große Freude, das verklärte Klosterfrauchen nochmals zu sehen, wenn es Gott will.

Abends elf Uhr. Ich kann nicht schlafen vor Schmerzen. Es würde lächerlich klingen, wenn ich jetzt sagte: „Ich habe keine Körperstelle mehr, die schmerzfrei ist!“ Im Namen Jesu bin ich aber zufrieden.

Die Neigung zur Betrachtung wird M.S. genommen, wenn sie zu Pfarrer Kn. geht. Alle seine Beichtkinder sind unfähig zu betrachten. Sie nähren ihre Seele mit leerer Spreu statt mit Weizenbrot. Das Betrachtungsvermögen kann ein geistlicher Führer auf seine geistlichen Kinder übertragen.

Jetzt ist es Mittwoch und mein Archangelus sagt, ich werde jetzt fünf Stunden schlafen, weil Deus dedit es will. Deo gratias!

25. 4. 1907

Heute Nachmittag mußte ich wieder Gartenarbeit tun bis ein Viertel vor sechs Uhr. In dem heftigen Wind hat sich mein Ohrengeschwür gebildet. Das sind Schmerzen zum wahnsinnig werden. In Gottes Namen!
Als ich um sechs Uhr endlich daheim war, fühlte ich mich furchtbar erschöpft. Und doch ist mir dieses körperliche Leiden zehnmal lieber als die seelischen Qualen, die ich in den letzten Tagen erduldet habe. Denn bei körperlichen Schmerzen, wenn ich sie recht geduldig ertrage, beleidige ich Gott nicht, aber ob ich bei den Selbstmordversuchungen immer ohne Beleidigung Gottes durchkomme, möchte ich nicht unbedingt bejahen, denn ich neige sehr zu Schwermut. Auch bin ich durchaus nicht freudig bewegt über meine zunehmenden Schmerzen, aber ich bin vollständig ergeben und vereine meine Leiden mit dem Leiden Christi. Dieser Gedanke gibt mir großen innerlichen Trost.

Als mir heute Nachmittag die Gartenarbeit und das ständige Bücken doch zu schwer wurden, bat ich meinen Archangelus, mir etwas Erleichterung zu verschaffen, aber er sprach, daß er das nicht dürfe; doch wolle er mir helfen, daß ich geduldig und ohne Klage leide. Ich war damit recht zufrieden.

Mußte heute viel Kummer und Rücksichtslosigkeit ertragen; so geht es mir gewöhnlich, wenn ich recht ruhebedürftig bin.

Die heutige Nacht wird schlecht werden. Ich will mich bemühen, an das Leiden meines gekreuzigten Heilandes zu denken. Ein unendlicher Trost ist es mir, denken zu dürfen, daß *Gott* es ist, der um die Schmerzen weiß, und sie nicht über meine Kräfte gehen läßt. Schmerzstillende Mittel kann ich nicht nehmen, denn mein Herz verträgt sie nicht.

26. 4. 1907

Ich habe heute das Gefühl äußerster Verlassenheit. Mein Archangelus hat mir insofern schon große Sorge gebracht, als sein jetzt schon dunkelgrünes Gewand sich in der Farbe vertieft hat. Es ist fast schwarz, so dunkel ist das Grün. Auch mein Angelus hat das gleiche Gewand. Als ich klagte, daß mir so Angst sei, und ich eine Vermehrung meiner Leiden nicht mehr ertragen könne, sagte mein Angelus: ,,O ja, Du kannst und mußt noch mehr leiden. Sei getrost, Dein Archangelus und ich begleiten Dich auf allen Wegen."

Um zehn Uhr ging ich zu meinem lieben Kruzifix, die Wunden schienen so rot und frisch. Da vergaß ich Kummer und Schmerzen und nahm meinen gekreuzigten Heiland in die Arme. Da sprach der Herr: ,,Mich dürstet!" Und ich in meiner gewöhnlichen Dummheit, legte das Kruzifix behutsam auf ein Kissen und holte ein Glas Wasser, frisch vom Brunnen. Als ich die Stiege hinaufeilte, dachte ich voll Freude: ,,Jetzt kann ich doch meinem verschmachtenden Heiland Erquickung bringen!" Als ich aber in die Zelle trat. schwebte das Kruzifix frei in der Luft, es war zur Lebensgröße gewachsen. Ich war gar nicht erstaunt, sondern kniete mich nieder und sprach: ,,Herr, da hast Du Wasser!" Ich wollte das Glas meinem Archangelus geben, damit er es dem Herrn an die Lippen setzte, aber der Engel blieb ehrerbietigst knien und achtete meiner Bitte nicht. Da stand ich auf und hielt das Glas gegen das Antlitz Christi. Er beugte sich zurück und sagte: ,,Was bringst Du mir Wasser! Danach habe ich kein Verlangen, ich dürste danach, daß Du endlich anfangen mögest, mich um Vermehrung Deiner Leiden zu bitten!" Das war mir so schrecklich anzuhören, daß ich es gar nicht sagen kann. Aber ich kämpfte mit aller Macht gegen mein furchtbares Widerstreben und sagte ergeben: ,,Herr, Du weißt, daß ich nichts anderes will als Dir zu dienen und Dir wohlzugefallen. Gib mir Leiden, soviel Du willst, aber gib mir auch Kraft, nicht zu unterliegen!" Ich hatte die plötzliche Erkenntnis, daß das Leid mich wie ein Wasserstrom umgeben werde, mir fast die Möglichkeit des Atmens raubend. Da wollte ich es doch zurückweisen, denn die Angst, die mich ergriff, durchdrang mich wie ein Schwert. Mein Archangelus aber legte mir die Hand auf die Schulter und sagte: ,,Nimm das Opfer nicht zurück, sondern sage zum Herrn: ,,Ich danke Dir für das Kreuz. Dein Wille geschehe, wie im Himmel, also auch auf Erden!" Ich gehorchte ihm, und da neigte mein gekreuzigter Jesus das Haupt, bis es auf meiner linken Schulter ruhte. In diesem Augenblick kam die Ergebung, und wenn sie auch schmerzlich ist, so ist es doch kein Widerstreben mehr. Es kam mir auch plötzlich die Erinnerung an meine früheste Kindheit, als ich auf die Frage eines Ordensmannes, ob ich wisse, zu was mich Gott erschaffen habe, zur Antwort gab: Um Gott zu dienen, ihn über alles zu lieben, mit ihm zu leiden und dadurch in den Himmel zu kommen." Als mein seliger Vater gestorben war, fand ich diese Aufzeichnung in einem seiner Gebetbücher, das mir zufiel. Pater Schora hat es gesehen und mir weggenommen, aber ich kann mich noch gut erinnern an diesen Vorfall.

Ich befahl dem gekreuzigten Erlöser auch alle Anliegen und Wünsche von Deus dedit und unserer geistlichen Freunde. Ebenfalls fügte ich die Bitte hinzu, daß Deus dedit endlich von seinen vielerlei Widerwärtigkeiten befreit werde. Aber der Herr sprach: „Kannst Du denn immer noch nicht begreifen, daß es keine Heiligkeit ohne Leiden, keine Siegespalme ohne Kampf gibt? Sieh meine unbefleckte, sündenlose Mutter an: was mußte sie alles ertragen! Geh doch zu ihr, sie wird Dich und Deine Freunde trösten!" Das will ich nun auch tun.

Heute ist Maria vom guten Rat, sie wird uns helfen, uns raten und uns verteidigen gegen die bösen Geister.

Ich weiß nun nicht, ob meine Ergebung richtig ist. Ich sehe das Kreuz kommen, ich entfliehe ihm nicht, sondern erwarte es in der Gewißheit, daß es unabwendbar ist. Ich versenke mich nicht in die Bitterkeit desselben, sondern richte mich auf im Gedanken, daß Jesus Christus, der Sohn Gottes, *am Kreuz gestorben* ist, und ich mich daher bemühen muß, das Kreuz nicht nur geduldig, sondern auch mit Liebe zu tragen. Gott helfe mir.

Mittags zwei Uhr. Vor einer halben Stunde, zur Zeit, in der ich gewöhnlich eine Betrachtung halte, kam eine sehr betrübte Person zu mir. Ich war augenblicklich für sie da, und im Namen Jesu gelang es mir, sie nicht nur zu trösten, sondern ihr eine große Zuversicht auf die übergroße Barmherzigkeit Gottes einzuflößen. Dabei hatte ich auch selbst etwas Ermutigung. Ich habe dadurch meine Meditation um eine halbe Stunde verkürzt, aber war es nicht besser, diese betrübte Seele in Erinnerung an Christi Leiden getröstet zu haben? Ich hätte dies nicht geschrieben, weil es mir zu selbstverständlich schien, aber mein Archangelus befahl es mir. Ich glaube, Adauctus soll die Nutzanwendung machen, und den Gehorsam nicht an die Minute binden. Ich fragte meinen Archangelus, wer der bessere Führer sei, Deus dedit oder Adauctus. Da sagte er: „Natürlich Deus dedit, aber erst seit September. Gott hat ihn Dir zum Führer bestimmt und ihm dafür ganz außerordentliche Gnadenhilfen gegeben. Bitte, daß auch Adauctus ähnliches erhalte!" Auch sagte mein Archangelus: „Jede Seele, die ernstlich nach Vollkommenheit strebt und das Bedürfnis hat, einen geistlichen Führer zu haben, wird diese Gnade von Gott erhalten."

28. 4. 1907

... Der Herr lächelte und sprach: „Geh mit mir nach Bethanien!" Ich sah mich sofort in ein balkonähnliches Gemach versetzt, Magdalena saß zu den Füßen Jesu. Sie sah voll Liebe zu ihm auf und er unterhielt sich mit ihr in Liebe und Freundschaft. Ihre Augen hingen an seinem Mund, ihre Hände hielten ein Ende des Mantels unseres Herrn. Martha lief hin und her, Lazarus saß in der Nähe Jesu, aber Magdalena, die Büßerin, wurde vom Herrn am meisten geliebt. Das freute mich sehr, Ich hatte von jeher eine große Liebe zu St.Magdalena. Dann sprach der Herr: „Komm wieder mit mir!"

Ich sah St. Paulus. Unter seinen Schülern war ihm Timotheus am liebsten. Auch eine fromme Frau gehörte zu seinen geistlichen Töchtern. Diese Frau liebte er ganz besonders als seine Schülerin.

Dann sah ich Johannes vom Kreuz, den eine innige Liebe mit St.Theresia verband. Auch St.Franz von Sales mit St.Franziska von Chantal, Margareta Alacoque und ihr Führer, der Pater de la Colombière, erschienen vor mir. Alle diese Seelen waren einander in inniger geistlicher Liebe zugetan. „Diese Liebe habe ich ihnen ins Herz gegeben!", sprach der Herr. „*Ich* habe diese Seelen einander zugeführt, sie liebten einander aufs Innigste. Und doch war nur *ich* es, den sie suchten. Und jetzt wirst Du noch etwas sehen, schreibe es nieder für Deinen Seelenführer, *Dir* wird der Sinn verborgen sein und bleiben, denke deshalb nicht darüber nach. „Da sah ich plötzlich Deus dedit vor mir stehen, er war im Chorrock und violetter Stola. Vor ihm kniete ein Kind von vielleicht neun bis zehn Jahren. Es blickte voll ehrfürchtiger Liebe zu Deus dedit auf und ich sah, daß diese Liebe sehr groß, sehr zart und ganz fleckenlos war, wie Kristall. Die Seele des Kindes war eigentümlich schön, sie war hell und klar und hatte etwas geheimnisvoll Glänzendes an sich, war von großer Anmut, voll unbewußter, tiefer Demut, sie war mit fünf dunkelroten, wunderbaren Rosen geschmückt. Über diese Rosen war ein dichter Schleier gebreitet. Aber Deus dedit sah unter den Schleier, er hob ihn am oberen Ende und erblickte zwei von den fünf Rosen. Das war ihm ein großer Trost. Die Seele des Kindes hatte etwas sehr Weltabgeschiedenes an sich, aber ich war doch nicht ganz befriedigt von ihrem Anblick, denn diese Seele, die so still und klar, so unberührt, ich möchte fast sagen »unbefleckt« war, entbehrte des Kranzes der Jungfräulichkeit. Als ich dieses gewahrte, durchdrang mich ein bitterer Schmerz und wußte doch nicht weshalb. Ich sah Jesus zwischen Deus dedit und dem eigentümlichen Kind stehen, er hatte beide Hände in seinen verwundeten Händen und hielt sie fest. Ich sprach zum Herrn: Was soll dieses bedeuten? Er erwiderte: ,,Wäre es nicht unnatürlich, wenn ein Vater seine Kinder nicht lieben könnte? Ist es nicht noch unnatürlicher, wenn ein geistlicher Vater seine Kinder, die ich selbst ihm zugeführt habe, nicht lieben will, weil er glaubt, mir etwas zu rauben? Dieser Seele habe ich diesen Hirten zugeführt, weil ich will, daß sie sich gegenseitig heiligen. Eine Liebe, die ich gepflanzt habe, die in mir Wurzel faßt und um meinetwillen und durch mich geweiht, ist nicht auszurotten. Schreibe alles nieder, was Du gesehen hast, dann wird es Deinem Gedächtnis entschwunden sein.'' Ich blieb noch etwas in der Kirche und wollte gern noch länger bleiben, aber mein Archangelus befahl mir, heimzugehen.

Um Deus dedit's Befehl zu erfüllen, bat ich meinen Archangelus, er möchte doch bewirken, daß Deus dedit's Wunsch, von aller Anhänglichkeit an die Geschöpfe befreit zu werden, sich erfülle. Da sprach mein Archangelus mit einem, ich möchte fast sagen, überlegenem Lächeln: ,,Er soll von jeder ungeordneten Liebe zu Geschöpfen befreit sein. Aber er soll nicht vergessen, daran zu denken, daß Gott viel Trost und viel Freude geschickt hat durch diese Geschöpfe, denen er so gerne vollkommen absterben möchte. Wenn ihn Gott zum Einsiedler in der Wüste berufen hätte, dann wäre Deus dedit allerdings allem abgestorben. Aber ich bitte Deus dedit im Namen Jesu sich selbst folgende Fragen vorzulegen: Würde er es für vollkommen erachten, wenn er so gleichgültig und kalt wäre gegen die Menschen, daß ihn alle Anfeindungen gleichgültig ließen und alle Widerwärtigkeiten als ein Nichts erscheinen würden? Oder würde er es für vollkommen halten, wenn er zwar leidet unter den natürlich-menschlichen Anlagen, aber alle Widerwärtigkeit geduldig im Namen Jesu erträgt? Bei welcher Vollkommenheit ist die größere Liebe? Wäre es nicht tausendfach besser, wenn Deus dedit das Verlangen hätte, um Gottes willen alle Leiden ertragen zu wollen, die ihm von den Geschöpfen kommen und zugleich bitten würde, die Geschöpfe so zu lieben, wie Gott es wünscht, daß sie von Deus dedit geliebt werden?"

Nun sprach ich zum Archangelus: „Du hast selbst gesagt, ich soll um Loslösung von allem Irdischen beten!" — „Ja", kam die Antwort, „aber Loslösung ist etwas ganz anderes als »Indifferentismus«", wie Dein Führer gestern sagte. Wenn das menschliche Herz ganz mit Gott vereint ist, kommt eine große Gleichmut in die Seele. Leid und Freud wird dann mit gleichem Dank als von Gott kommend angenommen. Die Seele ist in Gott versenkt, sie will nichts anderes als Gott. Tadel und Lob, Gesundheit und Krankheit, Verachtung und Ehre, all das ist einem losgelösten Menschen nur insofern wertvoll, als er sie als von Gott kommend betrachtet. Zu dieser Vollkommenheit gelangt man nur durch Leiden und Entsagung. Je mehr dem Menschen durch seine Mitbrüder Leiden kommen, je fühlbarer und schmerzlicher sie sind, desto schneller löst Gott die Seele los vom Irdischen — aber man muß geduldig und ergeben sein.

Kein Heiliger konnte ohne *schwere Leiden* zur vollkommenen Loslösung kommen. Bedenke es, und ertrage alles mit Geduld und Liebe.

„Der Archangelus wies auch auf den heiligen Alfons von Liguori hin. „Was litt er noch im hohen Alter durch die Bosheit und Verstocktheit seiner Mitbrüder! Er duldete fürchterlich, aber er war nicht gleichgültig gegen die Schmähungen, die ihm angetan wurden. Sein Herz war gebrochen vor Kummer und Schmerz, doch er litt alles in schweigender Ergebung. Seine Seele war ganz in Gott versenkt, und doch wurde sein Inneres durch die Lieblosigkeit seiner Umgebung wie mit Schwertern durchstoßen. Was ist nun vollkommener: die geduldige Ergebung des Heiligen in seinen Sorgen und Leiden, in denen er tiefste Demut übte, oder wäre es besser gewesen, wenn er sich gedacht hätte: „Die Geschöpfe sind mir ganz gleichgültig. Meine Brüder mögen tun, was sie wollen, ich kümmere mich nicht um ihre Spottreden, sondern denke nur an die Liebe Gottes!" Die vollkommene Ergebung in Gottes Willen, d.h. der absolute Gleichmut bei allem was Gott uns schickt, das Deus dedit mit seinem »Indifferentismus« gemeint hat, kommt erst, wenn der Mensch sich zum weitaus größten Teil vom Irdischen losgelöst hat. Das ist dann die Ruhe nach dem Kampf, die Palme des Sieges. So weit kommt der Mensch nur dann, wenn er nicht nur seine Leiden geduldig erträgt, sondern sogar noch im größten Leiden um noch mehr Leiden bitten kann!"

Das sagte der Archangelus mit starker Betonung. Es ist ein Tadel meiner Feigheit, den Deus dedit schon gestern ausgesprochen hat.

29. 4. 1907

Auf Anregung meines Archangelus betrachtete ich die wunderbaren Wege der göttlichen Vorsehung, die mich aus Bayern hierher geführt hat und Deus dedit von München nach Obermarchtal. Auch andere, aber ähnliche Wunder zeigte mir mein Archangelus, die alle auf die Leitung der Seelen bezug haben. Mein Vertrauen auf Gottes unerschöpfliche Barmherzigkeit wurde wieder recht gekräftigt. Auch Deus dedit sah ich inmitten seiner geistlichen Kinder. Gewissermaßen sind Adauctus und Servus Dei auch geistliche Kinder von Deus dedit. Ein mystisches Band verbindet alle drei und die Enden dieses Bandes hat Deus dedit in seinen Händen. Am letzten Sonntag kam Servus Dei zu Deus dedit, als ich bei ihm war. Ich bekam einen tiefen Einblick in das Seelenleben von Servus Dei und hatte Mitleid mit den Qualen, die er sich selbst mit großer Beharrlichkeit und bedauernswerter Geschicklichkeit bereitet. Auch mein Archangelus sagte mir: „Servus Dei sucht nur das, was ihn bekümmern und beunruhigen kann!“ Er zeigte mir, wie Deus dedit dem Servus Dei einen großen Strauß wundervoller Rosen darreichte. Servus Dei nahm die herrlichen Rosen und zerzupfte sie in tausend Blätter, die er zu Boden fallen ließ, nur die Stengel blieben übrig, die voll Dornen waren. Da drückte er die Hände fest darum zusammen und sah mit einer selbstquälerischen Befriedigung, daß die Dornen seine Hände verletzten, so daß sie bluteten. So macht er es immer, wenn er Trost und Freude haben könnte. Er sucht nur das, was ihn deprimiert und zu einem möglichst sündhaften Menschen stempelt. Wenn er sich dann recht tief vergraben hat in seine vermeintliche Ungerechtigkeit und Unwürdigkeit, dann spricht er mit Petrus zum Herrn: „Gehe weg von mir, denn ich bin ein sündiger Mensch,“ und er glaubt dann, recht gehandelt zu haben, wenngleich ihm das Zurückweisen des göttlichen Trostes das Herz zerreißt.

30. 4. 1907

Jetzt habe ich mich schon die ganze Woche auf die beginnende Maiandacht gefreut, aber meine Freude ist unberechtigt. Ich kann morgen nicht in die Abendandacht, noch überhaupt aus dem Zimmer. Das Ohrengeschwür hat sich gegen den Hals gezogen, ich konnte es daher nicht mehr vor meinem Mann verbergen, da das Wetter so schlecht ist. Ich bin ganz zufrieden, wenn es mir auch manchmal dünkt, daß mir der Verzicht auf meine sparsamen Freuden schwerfällt. Am 3. Mai soll ich die Verlassenheit des Kreuzes kennenlernen, sagte mein Archangelus. Ich bin bereit, ohne Widerspruch und Angst. Wie Gott will.

Die Mutter des Pater Benediktus (Adauctus) ist seit heute Mittag 12.15 Uhr im Himmel. Sie empfing eine sehr schöne Palme, und hat ihren Thron unter denjenigen der Heiligen Mütter.

Ich schrieb das sofort nieder, mein Archangelus verlangte es. Er sprach: „Adauctus wird sich einer großen Tröstung erfreuen." Sofort verwendete ich mich wieder für Deus dedit, und sah seine »Herrschaft«. Sie sprach: „Deus dedit hat die prophezeite Tröstung, und sie dauert noch fort, bereits empfangen. Er erhielt sie schon am Sonntag, Du warst das Mittel, dessen sich der Herr bediente, aber Du weißt es nicht und darfst nicht darüber nachdenken. Du würdest doch niemals auf das Richtige kommen, denn der Herr hat es aus Deinem Gedächtnis ausgelöscht."

Ich fragte nun den Archangelus, ob ich die richtige Auffassung der Verpflichtungen hätte, da ich sie durch Ablegung der Gelübde unter einer schweren Sünde auf mich genommen habe. Da sagte mein Archangelus: „Du lebst ja überhaupt nur im Gehorsam, Du tust widerstandslos alles, was Dir Dein Führer und Dein »Novizenmeister« befehlen, Du hast keinen Zweifel, sondern trachtest danach, den Gehorsam möglichst pflichtgetreu zu üben. Was wird denn mehr verlangt? Alle Unruhe kommt vom Teufel, denn er liebt die Skrupel über alles; sie sind seine schärfsten Waffen. Danach kommt dann gleich die Mutlosigkeit und der Kleinmut. Hat er einmal eine Seele so weit gebracht, daß sie verzagt und unruhig ist, dann kann sie nur mehr durch striktesten Gehorsam gegen den geistlichen Führer geheilt werden. Darum kann ich Dich nicht oft genug vor Deinen kleinmütigen Anwandlungen warnen. Und Dein Führer tut das gleiche. Das ist der Punkt, auf den der Teufel bei Dir immer wieder hinarbeitet. Hüte Dich also vor jedem mutlosen Gedanken, ich kann es Dir nicht oft genug sagen."

Ich habe fast die ganze Nacht geschlafen; wenn untertags die Schmerzen nachlassen, kommt, geradeso wie nach schlaflosen Nächten, ein großes Schlafbedürfnis über mich. Auf meine Anfrage erhielt ich die ärztliche Auskunft: „Allgemeine Abnahme der Körperkräfte, dadurch bedingte, sich steigernde Herzschwäche." Ich soll meine Schlafsucht so viel als möglich bezwingen, ich könnte sonst einschlafen und nicht mehr aufwachen! Das kommt mir lächerlich vor.

4. 5. 1907

Heute sind mir alle Glieder wie gebrochen, bin wieder einmal menschenscheu, wie ich es bis jetzt noch immer nach schwerem Leiden war. Ich will dann niemand sehen, ich bin im allgemeinen alles eher als feig; aber wenn ich eine recht herbe Enttäuschung oder schwere körperliche Leiden hinter mir habe, dann fliehe ich den Umgang mit Menschen. Als ich diese Stimmung vor zwölf Jahren zum ersten Mal hatte, sagte ich es Pater Schora. Er schwieg lange Zeit. Endlich, als ich schon fürchtete, er wolle meine Klage ignorieren, sagte er mit aller Herzensgüte: „Ertrage es in Gottes Namen! Mir ist es hundertmal lieber, Du verkriechst Dich in Dich selbst, und hast Angst vor den Menschen, als wenn Du Dein Herz versteinern und gefühl- und lieblos werden würdest. Oberflächliche und launische Naturen werden durch große Leiden boshaft und rachsüchtig. Das brauchst Du nicht zu fürchten. Diese Eigenschaften werden Dir fremd bleiben. Aber Du fürchtest dann Deine Mitmenschen ein paar Tage oder ein paar Wochen lang. Das ist vielleicht eine Extradummheit, aber sündhaft ist es nicht." Ich weiß, daß mich diese Worte damals recht trösteten.

16. 5. 1907

Nachmittags hatte ich ein paar Stunden Gartenarbeit, und abends ergriff mich wieder eine furchtbare Schwermut. Auch hielt mir der Teufel ein schreckliches Sündenregister vor: Das Schreiben meines Tagebuchs sei himmelschreiender Hochmut! Ich würde mich in zu viele Dinge einmischen, die mich nichts angingen. Das sei einmal eine große Verantwortung. Ich war nicht unruhig, aber über alle Maßen betrübt.

18. 5. 1907

Ich fragte heute morgen meinen Archangelus wegen des Anliegens von Deus dedit. Er lächelte und sprach: „Deus dedit ist nun zum Gehorsam gegen Pater B. verpflichtet. Sag ihm, daß Pater B. nunmehr für ihn die einzige und höchste Instanz ist. Wenn jedoch Pater B. die Erlaubnis gibt, stehe ich ihm nach wie vor mit großer Freude Rede und Antwort.

Um elf Uhr wurde Deus dedit zu einem Kranken geholt, und ich bekam den Segen mit dem Allerheiligsten. Das hat mich recht getröstet. Mein Archangelus hat mich schon gestern gemahnt, ich soll Deus dedit das Buch zukommen lassen, das ich ihm zu seinem Namenstag verehren will. Der Verfasser dieses Buches ist ein großer Heiliger. Sooft jemand dessen Schriften liest, empfängt er eine Vermehrung seiner Seligkeit, und der Leser erfreut sich der Fürbitte des Verfassers. Dieses Buch »Fortschritt der Seele«, ist eine Freude der Engel, ein Wohlgefallen Gottes, den nach Vollkommenheit strebenden Seelen ein großer Nutzen, dem Teufel aber ein großer Schmerz. Der englischen Weisung gemäß werde ich das Buch heute noch in Deus dedit's Hände legen — so Gott will und mein Novizenmeister es nicht unmöglich macht.

22. 5. 1907

De profundi clamavi ad te! — Aus den Tiefen rufe ich zu dir! Was soll ich sonst sagen? Daß es mir eine Freude ist, wenn E. recht unverschämt und launenhaft gegen mich ist, kann ich nicht behaupten, dazu bin ich zu unvollkommen. Daß ich aber dieses drückende Kreuz gegen ein noch viel schwereres tauschen würde, wenn ich es freiwillig von mir werfen würde, ist gewiß: also aushalten! Deus dedit mußte heute trotz seines Namenstags auch viel ertragen, oder vielleicht, gerade deshalb. Ich habe überhaupt kein Recht, mich zu beklagen, denn so wie E. es mir täglich drei bis viermal macht, tue ich es alle Tage durch die Beleidigungen, die ich Gott zufüge.

Rev. Sch., den ich heute bei Deus dedit getroffen habe, muß auch die Dornenkrone des Leidens tragen. Könnte ich doch helfen wie ich wollte, alle Menschen wären glücklich!

Mein Archangelus sagte mir heute, daß das Anzeichen kommender Gnaden stets Leiden oder zumindestens geistliche Trockenheit ist. Wir könnten große Gnaden erhalten, ohne daß wir das Gefühl davon hätten, das käme erst danach.

Bei mir werfen große Leiden ihre Schatten voraus. Ich muß gegen meine Niedergeschlagenheit kämpfen, mit aller Macht kämpfen, um nicht zu unterliegen. Kampf, wohin ich schaue.

Das Leiden ist ein Zeichen der Auserwählung. Wen Gott lieb hat, den züchtigt er. Wenn ich diese Sprache auf mich beziehen dürfte, dann wäre ich getröstet. Aber so? Das Gekreuzigtsein ist recht und ich möchte es nicht missen. Aber es macht müde. Mein Archangelus tröstete mich soeben: ,,Daß Du die Wunden so schmerzlich fühlst, die Dir Unfreundlichkeit und Haß schlagen, ist kein Unrecht. Es ist menschlich. Aber alles ertragen ohne Gehäßigkeit, ohne auch nur eine Miene zu verziehen oder den Ton der Stimme zu verändern, das ist nur möglich durch fortwährende strenge Selbstzucht und ist eine unschätzbare Gnade Gottes, die Du in vollkommenem Maße besitzest. Also sei nicht schwermütig, sondern danke Gott, der Dir übermenschliche Geduld gibt, trotz Deines schweren Herzleidens, das ja eigentlich die Seele zornmütig macht. Also dankte ich Gott, obwohl ich von dieser »Vollkommenheit der Selbtbeherrschung« nicht überzeugt bin. Trotz meiner traurigen Stimmung kann ich nicht lassen, Dir, meinem gekreuzigten Jesus, alle zu empfehlen, die mich beleidigt und gekränkt haben. Laß ihnen die Freude, mich gekränkt zu haben, aber gib ihnen keine Bitterkeit, sondern Frieden!

Seit fünf Uhr hatte ich eine Verdrießlichkeit nach der anderen. Um halb acht Uhr ging ich zu meinem gekreuzigten Heiland. Ich wollte Trost suchen beim besten Tröster. Da neigte sich das dornengekrönte, schönste Haupt zu mir. Es wurde mir leichter. Aber als ob dieser Trost mich schon zu sehr gestärkt hätte, sprach der Herr zu mir: ,,Warum bist Du denn bei Deinen geringen Leiden schon so trostlos und traurig? Siehe, wie ich dürste! Nimm den Leidenskelch aus meiner Hand. Es ist mein Wille und mein Verlangen, daß Du vieles leidest. Willst Du es annehmen? Mir war ganz elend vor Angst, aber ich sprach mein Fiat. Ich hatte das Gefühl, als ob eine schwere, schwarze Wolke sich über mich senken würde — da löste sich der rechte Arm des Kruzifixes vom Kreuz und umfing mich — einen kostbaren Augenblick der süßesten Ruhe durfte ich erleben — dann sprach der Herr: ,,Dornen und Disteln werden dich umgeben, Dein Herz wird zerrissen, Du wirst ganz einsam und verlassen sein. Nur in meinen Wunden und in den Schmerzen meiner geliebten Mutter wirst Du das finden, was Dich aufrecht erhalten wird.“

Später war es mir wieder recht angstvoll ums Herz. Ich rief meinen Archangelus, und er sprach: ,,Ertrage Deine Leiden in Jesu Namen in Geduld. Tröste Dich! Je mehr und je schwerer Du leidest, desto schneller wirst Du aus dieser Zeitlichkeit erlöst.“ Das war mir ein Hoffnungsstrahl; am liebsten möchte ich alle mir bestimmten Leiden in einer Stunde vereint ertragen und dann freudig sterben. Die größte Last des Menschen ist das Leben. Der glücklichste Tag ist der Sterbetag.

23. 5. 1907

Heute fängt der Tag schon mit Herzeleid an. Mein Archangelus sagte zu mir: ,,Deine Sanftmut würde brüllende Löwen beschwichtigen und zu Deinen Füßen niederzwingen, aber das Herz der E. ist verstockt und hart wie ein Felsen. Bete doch, daß Gott barmherziger ist mit ihr, als sie es verdient!" Ich habe die ganze Nacht nicht geschlafen vor Schmerzen. Die »Herrschaft« von Pater B. war heute bei mir, ich soll in Gottes Namen geduldig leiden, vor der Priesterweihe würde es nicht besser.

Nachmittags hatte ich einen Schwächeanfall, körperliche und seelische Leiden miteinander sind fast unerträglich. Aber in Jesu Namen!

24. 5. 1907

Heute früh war Deus dedit's »Oberherrschaft« bei mir. Dieser so schöne und mächtige Engel ermahnte mich, anhaltend zu beten, daß weder ich noch sonst jemand von hier fortkomme. ,,Deine Widersacher beten soviel, bzw. mißbrauchen andere fromme Menschen, um durch ihr Gebet von Gott zu erlangen, daß Du entweder von hier fortkommst oder sterben würdest. Oft erhört Gott diese Gebete, die eine so sündhafte Ursache haben, um die Bosheit zu strafen. Setze Deine Gebete diesem entgegen!"

Deus dedit's »Oberherrschaft« ist mir nun schon vertraut und lieb wie die vorhergehende.

Heute Nachmittag gegen fünf Uhr sah ich den *Hausengel* des Klerikalseminars. Er gehört zum Chor der »Throne«. Er ist von überwältigender Majestät, voll erhabener Würde, voll heiligen Ernstes. Seine Augen schauen zum Himmel empor, zu Jesus, dem ewigen Hohenpriester, der sich für uns opferte. Er trägt ein herrliches Gewand und seine Krone strahlt eine Helle und ein Licht aus, vor dem ich meine Augen schließen muß. Er ersuchte mich, des Klerikalseminars täglich zu gedenken in meinen Gebeten und Leiden. Mit ergreifenden Worten empfahl er mir alle seine »Hausgenossen«, insbesondere die Vorstände des Hauses, des Pater B., der nichts anderes kennt als Opfer zu bringen und sich selbst zu opfern. Ich fragte diesen wunderbaren himmlischen Fürsten, ob er schon da war, als Deus dedit und Servus Dei im Klerikalseminar waren. Da sprach er: ,,Ja, ich bin im Hause seit dessen Gründung. Ich kenne Deine geistlichen Freunde und grüße sie im Namen Jesu! Sie gehören zu denjenigen, die mir Freude bereiten, aber bedenke, wieviel Kummer ich schon ertragen mußte, wenn ich bei der Priesterweihe sah, daß ein Teil der Neugeweihten verloren gehen werde. Niemand gedenkt meiner, niemand ruft mich an, und ich bin doch da, um ständig für mein Haus und seine Bewohner zu beten. Und mir ist doch von Gott so große Macht gegeben!'' Dann fragte ich, wie es bei der kommenden Priesterweihe wäre, ob viele zukünftige Heilige darunter wären. Da lächelte der Engel und sprach: ,,Viele? Was ist das für ein Begriff? *Einer* ist dieses Jahr darunter, und das ist viel, denn manchmal vergehen Jahre, ohne daß ich wieder eine solche Freude habe.'' Dann fragte ich um das Jahr von Deus dedit's Priesterweihe. Da sprach der Engel: ,,Damals waren es drei! Pax tecum!'' Und ich sah nichts mehr.

1. 6. 1907

Morgen habe ich Ruhetag, und mein Archangelus kündete mir eine große geistliche Freude an, dann aber sei es für längere Zeit vorbei mit den Freuden. Auch meinen Angelus und Archangelus werde ich vom Freitag an nur mehr *einmal* am Tag sehen, aber ich bin schon zufrieden damit, daß sie sich mir nicht ganz entziehen.

2. 6. 1907

Heute Nachmittag war ich bei Deus dedit. Er hat mich recht getröstet und aufgerichtet. Der arme Deus dedit ist selber leidend. Er hat also heute wieder »Nachfolge Christi« geübt. Deus dedit hat mir die arme »Anima«, das Stiefkind, als Beispiel vorgestellt. Soeben sagte mein Archangelus: ,,Gib morgen dieses Buch an Deus dedit und schreibe, daß morgen für die arme Anima ein schrecklicher Tag sei. Sie glaubt und hofft, durch Deus dedit's Willen geheilt zu werden, aber sie ist schwerkrank und lebensgefährliche Leiden stehen ihr bevor, die sie in furchtbarer Verlassenheit und entsetzlichen Qualen erdulden wird. Die geduldige Anima wird alles heldenmütig in christlicher Vollkommenheit ertragen, aber es wird niemand da sein, der sie tröstet. Deus dedit soll beten, daß ihre seelischen Leiden doch wenigstens *etwas* gemildert werden, denn ihre Geduld und Ergebung wird übermenschlich sein. Dabei wird »Anima« sehr beängstigt werden vom Teufel. Sie wird mutlos und verzweifelt sein. Sie kommt bis an den Rand des Grabes, aber ihre Erholung wird nach überstandenem Martyrium schnell vor sich gehen, denn Anima ist eine durchaus energische, gegen sich selbst erbarmungslose Natur. Es muß sein, daß Anima in Abwesenheit von Deus dedit so schweres leidet. Es ist Gottes Wille.

Deus dedit soll sich gar nicht sorgen, aber für Anima beten, daß sie Erleichterung erhält in ihrem *seelischen Leiden.*

Morgen wird der armen Anima das schwere Kreuz auferlegt. In neun bis zehn Tagen wird sie Todesangst erdulden. Es wird ihr für immer etwas zurückbleiben, so daß die Schmerzen des kommenden Kreuzes nie ganz von ihr weichen. Deus dedit soll das Kind vorbereiten, er soll die heilige Kommunion auch in seiner Abwesenheit erlauben. Die »Oberherrschaft« Deus dedit's würde alles ordnen in dieser Angelegenheit. Anima ist nicht ganz unvorbereitet auf ihr Leiden, doch »hofft sie gegen die Hoffnung«. Sie glaubt noch immer, es könne nicht sein, daß sie so entsetzlich leiden müsse, aber die Wirklichkeit wird ihre schlimmsten Ahnungen übertreffen. Deus dedit soll sich und seine Freunde einschließen in dieses klaglose, fürchterliche Leiden. Anima muß auf alle Tröstungen verzichten. Deus dedit soll sie auf diese Verlassenheit vorbereiten. Auch ihr Engel wird ihr in der größten Pein nicht sichtbar zur Seite stehen. Das einzige, was dem Kind Mut geben wird, ist der Blick aufs Kreuz. Wenn Deus dedit wieder daheim ist, wird er von Anima keine Klagen hören, sie wird nur sprechen: „Es ist überstanden." Deus dedit hat nur einen schwachen Begriff, was und wie das Kind gelitten hat. Es ist ein Leben voll Erniedrigung und Verachtung. Und wenn der Leidenskelch an Animas Lippen gesetzt wird, trinkt sie geduldig, ohne abzusetzen, den ganzen Kelch leer und sagt: „Herr, ich danke Dir, gib mir noch mehr! Mich verlangt nach Leiden!"

Das ist die Demut der Heiligen, die nicht einmal ahnt, wie groß und bitter die Leiden sind, die sich in ihrer unermeßlichen Gewalt klein und schwach dünkt, die ihre Schmerzen verkleinert, weil sie keinen Begriff hat von ihrer Größe.

Mein Archangelus befahl mir, dies zu schreiben und Deus dedit morgen früh zu übergeben. Ich gehorche, ohne zu fragen. Ich habe Mitleid mit der geduldigen Anima, aber ich bin froh, daß ich in meinem künftigen Kreuz Deus dedit zur Seite habe.

Am Vorabend von Fronleichnam war Erlösungstag aus dem Fegfeuer für sehr viele Priester. Von unserer Diözese waren dreizehn dabei. Einer war Professor in Tübingen.

Ich bat heute meinen Archangelus inständig, doch Deus dedit etwas »Himmlisches« sehen zu lassen. Da lächelte er und sagte: „Sieht Deus dedit nicht oft das geheimnisvolle Kind? Das ist auch ein Wunder, und kein geringes! Deus dedit ist hochbegnadigt von Gott, daß er diesen Vorzug genießt. Wenn es Deus dedit wünscht, werde ich ihm manches von diesem armen, glücklichen Kind erzählen. Durch das Kind selbst wird Deus dedit manches nicht erfahren, besonders nicht das, was Anima bevorsteht."

6. 6. 1907

Heute vormittag war ich bei Deus dedit, weil ich die bestimmte Empfindung hatte, daß er meinen Besuch erwartete. Baronin F. sah ich heute Mittag, sie war voller Tränen. Sie hat durch ihre geradezu entsetzlichen Leiden ihre Sünden zum größten Teil auf Erden abgebüßt. Als sie starb, war Pater Schora bei ihr; sie war ja auch einmal seine geistliche Tochter. Noch in diesem Monat gelangt sie zur Anschauung Gottes. Deo gratias!

7. 6. 1907

Heute Morgen wäre ich sehr gerne in die Kirche gegangen, aber ich durfte nicht. Da überlegte ich mir, was besser sei: von meinem Fenster aus gegen die Kirche zu eine Anbetungsstunde zu halten, oder zu meinem Kruzifix zu gehen. Schließlich wollte ich zu meinem Kruzifix gehen, aber dennoch vom Fenster aus Anbetung halten. Als ich nun im Begriff war, über die Stiege zu gehen, stand der Herr vor mir, voll unsagbarer Güte und Barmherzigkeit. Ich fiel auf die Knie nieder und griff nach der Hand meines teuersten Herrn. Ganz fassungslos vor Freude und Ehrfurcht rief ich: „O Herr, ich wollte soeben Dein Bild besuchen!" Da neigte sich der Herr und sprach: „Und ich bin Dir entgegengekommen! Siehst Du noch immer nicht ein, wie sehr ich Dich liebe?" Ich erwiderte: „Ja, Herr, ich glaube an Dich, verlasse mich nicht und hilf mir!" Der Herr lächelte und sprach: „Ich soll Dir helfen? Bin ich denn nicht stets bei Dir? Auch wenn Du meine Gegenwart nicht fühlst? Was willst Du, daß ich Dir geben soll?" Da überstürzten sich meine Bitten: Deus dedit reichste Vergeltung für alles, was er mir getan. Servus Dei und Pater B., viel geistliche Freude und Trost. Für Deus dedit vollkommene Heiligung und himmlische Tröstungen. Auch Heiligkeit für Servus Dei und Pater B., für meinen Mann Bekehrung und Seelenfrieden, für alle, die mich hassen und verfolgen, himmlischen Frieden, Erfolg in ihren diesseitigen Unternehmungen und dereinst den Himmel. Für die Armen Seelen die Seligkeit, insbesonders die Erlösung von Baronin F. vom Fegfeuer. „Und für Dich?" — „Für mich Bekehrung und Bußgeist!" Da fielen mir gleich M.N und M.S. ein, meine geistlichen Schwestern, auch sie empfahl ich der Huld des Herrn. Dann kam mir noch der Gedanke an das arme, geheimnisvolle Kind, Deus dedit's geistliches Kind, und ich befahl es, mit seinem schrecklichen Kreuz, in die Wunden des Herrn. Da lächelte der Herr und sprach: „Das ist das einzig Richtige, daß Du das Kind in meine Wunden empfiehlst. Da wird es sicher sein und kann ruhen im Frieden."

Ich wurde kühner und bat um Abwendung des Kreuzes, denn das Kind hätte ohnehin schon so viel gelitten. Da lächelte der Herr nochmals und fragte: „Wenn Du nun ein sehr schweres Leiden zu erwarten hast, bittest Du mich da um Abwendung desselben? Du betest nur immer darum, daß Du so leidest, wie es mir wohlgefällig ist. Das Kind, das Du meinst, ist geradeso. Aber diesmal verbinden sich bei ihm ungenannte körperliche Schmerzen mit der äußersten seelischen Verlassenheit und Trostlosigkeit. Es ist eine furchtbare Prüfung, aber nicht so, daß das Kind unterliegt, denn ich bin bei ihm und mit ihm, auch wenn es meine Gegenwart nicht fühlt." Da hatte ich großes Mitleid und ersuchte den Herrn nochmals um Erleichterung dieser Leiden. Aber der Herr hatte nur ein „Nein" — „Einmal komme ich zu dem Kind, unter dem Schleier der Hostie verborgen, das ist der einzige Trost, den das Kind haben wird." Da dankte ich dem Herrn und war wieder zufrieden. Dann gedachte ich noch einer schweren Sorge, die ich habe. Der Herr beruhigte mich aber, indem er sagte: „Keines Menschen Auge wird es sehen!" Und um alle meine Zweifel zu zerstreuen, legte der Herr die Hand auf meine rechte Seite. Ich fühlte, wie sich die Wunde [24] schloß. Der Herr sprach: „Neun Tage lang ist die Wunde geschlossen, aber die Schmerzen wirst Du dennoch fühlen."

Ich durfte noch am Herzen Jesu ruhen und empfand großen Frieden. Ich empfahl noch Deus dedit und seine geistlichen Freunde in die süße Wunde des göttlichen Herzens. Auch alle ihre Wünsche und Anliegen schloß ich darin ein. Für mich war ich wunschlos. Was hätte ich auch noch wünschen können, da der Herr so gut und barmherzig war?

Als ich wieder allein war, hielt ich eine eindringliche Betrachtung über die unendliche Herablassung des Herrn, der sogar die allerärmsten Sünder mit so großer Liebe umfaßt. Wie hätte sonst die allerhöchste Majestät mir sogar entgegengehen können? O Barmherzigkeit! O Liebe! Und mein Herz ist so kalt und schlecht! Mein Archangelus läßt Deus dedit sagen, daß er eine Armenseelenhand bekommt, aber nicht vom »Frauerl«, die hätte schon ein Zeichen gegeben. Es wäre fast niemals der Fall, daß eine Arme Seele zweimal die Macht hätte, sich den Menschen gegenüber in solcher Weise zu äußern.

Mein Archangelus zeigte mir wieder einmal das geheimnisvolle Kind. Es geht so großen Leiden entgegen, es wird nicht nur körperlich, sondern fast noch mehr seelisch leiden. Dabei hat es noch gar keinen annähernd richtigen Begriff von dem, was ihm bevorsteht. Morgen, Samstagabend, beginnen die seelischen Leiden, die mit den körperlichen am Montagmorgen den Höhepunkt erreichen. Man täuscht die arme Anima absichtlich über den Zeitpunkt ihres Leidens. Das ist ein grausames Unrecht. Denn wenn jemand in große Lebensgefahr kommt, soll man ihm vorher Zeit geben, manche Vorbereitungen zu treffen. Speziell die Leiden Animas würden das verlangen, denn durch unerwartete Plötzlichkeit kommt manche Unruhe in eine Seele, die sie nicht empfinden würde, hätte sie einige Zeit, ihre geistlichen Angelegenheiten in Ordnung zu bringen. Das kommt mir sehr sonderbar vor. Ich sagte zum Archangelus: „Anima ist ja so gut vorbereitet und so ergeben, was sollte sie da noch in Ordnung zu bringen haben?" Nun erwiderte mein Archangelus: „Das Tagebuch! Was würdest Du sagen, wenn Dich unvorbereitet etwas treffen würde, das Dich verhindern würde, das Tagebuch in Sicherheit zu bringen? Du wärest in einer grausamen Aufregung und würdest Deine Körperkräfte vollständig verlieren. Ebenso ginge es dem armen Kinde." Da erwiderte ich: „Ich begreife Dich nicht, das Kind hat doch englische Hilfe, also bräuchte es sich doch nicht zu ängstigen!" Nun sprach mein Archangelus: „O wie gescheit sprichst Du, und wenn diese Möglichkeit an Dich käme und Du würdest mit Deinen leiblichen Augen sehen, daß ich Dein Tagebuch Deinem Führer geben würde, wärest Du doch beunruhigt. Also höre auf zu sorgen und schreibe, was ich Dir sage. Deus dedit soll dem Kind sagen, wann es leiden muß, denn diesmal hat es gar keine Angst vor dem Kreuz, weil es glaubt, daß es noch ein paar Wochen Zeit hat bis dahin. Deus dedit soll seine Worte vorsichtig wählen, so daß das Kind nicht ahnt, woher sein Wissen kommt. Aber trotz aller Vorsicht soll Deus dedit ganz bestimmt sein, dem Kind seine Leidenszeit sagen und ihm alle Mutlosigkeit unter Gehorsam verbieten. Das Kind soll einen Akt vollständiger Hingabe an Gott erwecken. Es soll alle kommenden Leiden annehmen, körperliche und seelische, ohne menschlichen oder göttlichen Trost. Deus dedit hat nur einen annähernden Begriff, was und wie diese Seele leiden muß. Seit Wochen hat das Kind keine schmerzfreie Viertelstunde. Es ist ein klagloses, demütiges Leiden, das in seinen eigenen Schmerzen Betrachtungsstoff findet, Christi und Mariens Leiden möglichst im Gedächtnis zu behalten. Das einzige Gebet des Kindes war die demütige Bitte, ein möglichst gesundes Aussehen zu behalten, damit niemand seine Schmerzen ahnt. Das ist große Demut, die nur da gedeiht, wo es keinen Egoismus gibt. Wenn das Kind nach sehr großem Leiden — und es hat schon viel ausgestanden — wieder zu Menschen mußte, war es scheu, und der Anblick jedes Menschens erweckte große Furcht in ihm. Das Kind hat durch diese Menschenscheu schon viel gelitten, aber nie soviel, als es diesmal der Fall ist. Bis jetzt machte der geistliche Führer eine Ausnahme. Diesmal wird ihn das arme Kind ebenfalls fürchten und ihm ausweichen wollen. Das soll Deus dedit von vornherein verbieten. Auch wenn es dem Kind ein riesengroßes Opfer ist, soll es Deus Dedit nach seiner Rückkehr baldmöglichst aufsuchen. Zwischen dem Seelenführer und dem Kind darf absolut keine Entfremdung eintreten. Das Kind muß schwer leiden, teilweise umsonst. Es wird etwas zurückbleiben, was eine Wiederholung des Martyriums notwendig macht.“

Ich wollte durchlesen, was ich geschrieben habe, denn Deus dedit hat mir das Stiefkind zum Vorbild gegeben. Doch mein Archangelus verbot es und sagte: „Vergiß es ganz! Es ist für Deus dedit, aber nicht für dich!“

22. 6. 1907

Heute ist Deus dedit wieder zurückgekehrt; er ist leidend. Das betrübt mich von Herzen. Und mich ergriff wieder eine so tiefe Schwermut. Ich suchte mich durch Betrachtungen davon abzubringen, aber alles ist umsonst. Der Archangelus hat mich streng getadelt, daß ich soviel Furcht vor dem Leiden hätte. Da erkühnte ich mich zu sagen: „O Du mein liebster Bruder! Ich habe in der letzten Zeit soviel gelitten, ich bin so müde, ich möchte so gerne nur ein paar schmerzensfreie Stunden." Da kam ich schlimm an. Mein Archangelus zankte mich schrecklich aus wegen meines Undankes gegen Gottes Barmherzigkeit, denn die Leiden, die Gott schickt, sind die kostbarsten Gnadenerweise der göttlichen Liebe, es sind Dornen, die sich in blühende Rosen verwandeln. Das Leiden ist der Schlüssel zum Himmel, das Leiden öffnet die Pforten des Fegfeuers und befreit die Armen Seelen, das Leiden sei das wahre Kennzeichen eines Nachfolgers Christi. Nachdem er mir dies alles in bitter ernstem, zürnendem Ton gesagt hatte, befahl er mir, meine Unlust am Leiden und mein Widerstreben, diese Gnade anzunehmen, bei der nächsten Gelegenheit zu beichten. Auch soll mir Deus dedit eine strenge Buße geben, dieses Vergehens wegen.

Dann sprach mein Archangelus noch über die Seelenleitung Pater B.'s. „Für Deus dedit sind die körperlichen Bußübungen mit größter Vorsicht auszuwählen. Ein körperliches Leiden, von Gott geschickt, ist verdienstlicher als freiwillige Abtötung. Geißel und Bußgürtel bringen großen Frieden in die Seele, namentlich bei Traurigkeit und Mutlosigkeit. St.Alphonsus tat einmal den Ausspruch: ‚Den Traurigen gebührt die Geißel; aber es ist auf die körperliche Disposition eines jeden Rücksicht zu nehmen.' Wenn sonst einer der geistlichen Söhne Pater B.'s krank würde, wäre es eine schwere Verantwortung für ihn."

Mein Archangelus sagte mir auch, ich soll Pater B. sagen lassen, er möchte sich der Ordination des für heute ausgeschlossenen Alumnus so viel in seiner Macht steht, widersetzen. Auf alle Entgegnungen soll er beharrlich dabei bleiben, daß sich dieser Kandidat seiner Ansicht nach absolut nicht für den Priesterstand eigne. Er soll diese Ansicht bei maßgebenden Persönlichkeiten vertreten, aber niemals die Quelle seines Wissens nennen. Der Betreffende möchte sogar in eine andere Diözese übertreten, er will absolut Priester der katholischen Kirche werden, und zwar zu ihrem Schaden. Gegenwärtig arbeitet der Teufel heimlich an der Irreführung der Seelen. Es wird vorläufig kein zweiter Luther aufstehen. Jetzt ist der Teufel gewitzigt und arbeitet daran, in den jungen und zukünftigen Priestern die Moral und Glaubensüberzeugung zu lockern, Man wird die Existenz der Engel anfechten, die Verehrung der allerseligsten Jungfrau als anmutige Sentimentalität betrachten, ihre Unbeflecktheit und Jungfräulichkeit als hysterische und überspannte Anschauung behandeln. Das Dogma von der unbefleckten Empfängnis wird als Vergöttlichung der Mutter Gottes bezeichnet werden, und es werden sogar priesterliche Dozenten und priesterliche Lehrer aufstehen, die vom Übermaß der Marien- und Heiligenverehrung reden und die Gläubigen ermahnen, sich direkt an Gott zu wenden und sich nicht immer dieser kindlichen, einfältigen Heiligenverehrung und -vermittlung hinzugeben in ihren Gebeten. Dieser heimliche Kampf und diese verborgene Arbeit des Satans währt nun schon ein paar Jahre. Auch in unserer Diözese arbeitet er unverdrossen. Der Teufel wird mehr Erfolg haben als zur Zeit der Reformation. Er ist wachsam, und wer seine Pläne zu durchkreuzen sucht, den wird er verfolgen bis zum Äußersten. Im nächsten Jahr soll Pater B. acht haben, er wird manche der oben angedeuteten Ansichten bei den Alumnen vertreten finden. Das Gift ist ihnen eingegeben worden, ohne daß sie es als Gift erkannten. Der arme Pater B. wird schauen, was er alles erfahren wird an Gleichgültigkeit im Glauben und gedankenlosem Nachbeten von fast irreligiösen Ansichten. Pater B. war schon von Anfang an bestimmt, in dieser schweren Zeit diesen verantwortungsvollen Posten zu bekleiden. Er soll ruhig sein, die Gnade Gottes ist mit ihm.

Heute Morgen sah ich ein Kind, vielleicht zwölf Jahre alt. Es ist seit anderthalb Jahren im Fegfeuer. Ich war gerade von der Kirche gekommen und hatte ein frisches Taschentuch in der Hand. Ich hielt es dem Armen Seelchen hin und es legte mit Freude seine Hände darauf, aber der Abdruck ist nicht gut. Immerhin war ich erstaunt, daß — als ich sagte: ,,Im Namen Jesu'' solle das Kind meinen Willen erfüllen, auf dem Taschentuch lichte Brandflecken zu sehen waren, die den süßesten Namen Jesu bildeten. Das Kind wird noch diese Woche erlöst. St.Benediktus und St.Josef stehen ihm bei.

Für Dekan N. bete ich fast ohne Unterlaß. Ich habe meine Armen Seelen gehörig in Anspruch genommen, ich habe Jesus bestürmt, ich habe den größten Teil der vergangenen Schmerzen für sein Anliegen aufgeopfert. Dazwischen kam mir immer wieder der mutlose Gedanke: ,,Wenn Gott seinen Priestern nicht einmal hilft, wie soll er dann mich erhören?'' Ich gab diesem Gedanken zwar nicht nach, aber mein Archangelus war sehr streng gegen mich und tadelte mich unbarmherzig. Ich sagte zu ihm, er solle sich doch an Deus dedit ein Beispiel nehmen, der sei immer so gütig und liebreich gegen mich, und mein Archangelus, der doch mein Tröster sein sollte, sei immer so hart. Ich gebrauchte sogar den Ausdruck »bös« und »rücksichtslos«. Ich hätte nie gedacht, daß ein Engel die scharfen Worte gebrauchen kann, die ich hören mußte. »Undank gegen Gott«, — »Auflehnung gegen den englischen Führer« waren noch das Geringste. Ich war wirklich betrübt. Plötzlich dachte ich mir: Soll ich Deus dedit sagen, daß ich so häßlich war gegen meinen Archangelus? Und daß mein Archangelus so übermäßig widerwärtig sein kann? Da sagte mein Archangelus sofort: ,,Ja, schreibe es ins Tagebuch, und zwar augenblicklich! Sage auch Deinem Führer, ich wäre lange nicht so streng, wenn er endlich einmal strenger wäre. Ich habe ihm schon oft nahegelegt, Dich rauher zu behandeln. Er findet Pater B. streng. Er soll sich ein Beispiel nehmen für Dich. Wenn Pater B. wüßte, wie nachsichtig Deus dedit gegen Dich ist, würde er ihm größere Strenge empfehlen.

Am letzten Donnerstagabend wolltest Du ein paar Löffel Suppe. Dein Mann sagte, Du sollst ein Ei essen. Du erwidertest: ,,Mir ekelt davor, ich esse lieber nichts.'' Du hast Dich allerdings überwunden und Gehorsam geübt, was Dir schlecht bekommen ist. Hättest Du das Opfer gleich gebracht, wäre es ein verdienstlicheres gewesen. Das gehört zum »Unabgetötet sein im Essen«. Das sollte gar nicht vorkommen. Bekenne es Deinem Beichtvater. Bitte um ein paar strenge Bußen. Deus dedit kann sich besinnen, was Dir am wehesten tut. Ehe die Bußen nicht verrichtet sind, komme ich nicht mehr. Du verdienst drei Bußen:

1. für Deinen Undank gegen die Barmherzigkeit Gottes, womit Du die Leiden fürchtest und ein lebhaftes Verlangen nach Ruhe und Erholung hast. Das ist das größte Vergehen.
2. Mußt Du büßen dafür, daß Du Dich gegen mich aufgelehnt hast.
3. Weil Du Dich im Essen nicht überwinden wolltest. Eigentlich verdienst Du noch eine Strafe:
4. Gestern hat Dir Deus dedit befohlen, mich zu fragen, warum er die Schweigepflicht wegen Deiner Kommunion von Engelshand halten soll. Du hast bis jetzt noch nicht gefragt, hast eine ganze Nacht vorübergehen lassen und hättest vielleicht auch jetzt nicht davon gesprochen.

Aber ich habe es selbst gehört und Deus dedit's wegen gebe ich Antwort. Sage ihm, daß er Pater B. alles sagen darf und kann. Er ist gewissermaßen verpflichtet dazu, weil er Pater B. Gehorsam gelobt hat. Immerhin soll aber Deus dedit nicht vergessen, daß er *Dein* Führer ist und nicht Pater B., obwohl er sich in besonderen Fällen mit ihm beraten darf.

Ist es denn für Deus dedit ein so großes Opfer zu schweigen? Er hat ja Pater B.!" Ich faßte doch Mut, obwohl mein Archangelus so streng aussah und sagte: ,,Spricht Deus dedit mit Pater B. auch über das verschleierte Kind?" Da lächelte der Engel und sagte: ,,O ja! Pater B. interessiert sich sehr dafür. Er betet für das Kind, und das Kind betet sehr viel für Pater B. Sein Gebet ist viel wert, wie jedes Kindergebet, und es betet ohne Unterlaß!"

Da wollte mein Archangelus verschwinden, aber ich faßte noch seine Hand und bat ihn, er möge mir um Jesu willen verzeihen und mir nicht mehr zürnen. Er lächelte ganz versöhnt und sprach: ,,Ja, ich verzeihe Dir, aber ich komme erst dann wieder, wenn Du für Deine Fehler gebüßt hast. Deus dedit soll Dir aber harte Bußen aufgeben. Wenn er wieder zu nachsichtig ist, wirst Du mich zwar sehen, aber ich werde nicht mit Dir reden, und Deus dedit will doch, daß ich mit Dir rede. Zuerst die Buße, dann komme ich wieder mit meinem Trost. Pax vobiscum!"

Jetzt habe ich alles wortgetreu berichtet und bitte um die Bußen, die mir Deus dedit geben soll. Ich soll um »strenge« Bußen bitten. Wenn mir eine Zeitlang der Mittagskaffee entzogen würde, wäre es die allerhärteste Buße, weil ich gegen Mittag gewöhnlich ziemlich hohes Fieber habe und durch den Kaffee mein Durst gestillt wird. Dann habe ich die letzten vierzehn Tage fast jede Stunde meine Lippen mit Wasser befeuchtet, weil ich fast verschmachtet bin vor Hitze. Ich habe ohnedies freiwillig für die Armen Seelen auf meine drei bis vier Esslöffel Wasser täglich verzichtet. Was ich aber als dritte Buße üben könnte, weiß ich nicht, denn meine Hauptqual ist ein fast verzehrender Durst und das Hauptopfer wäre also, auf alles zu verzichten, was diese Qual lindern kann. Doch ist es selbstverständlich, daß ich diese eventuelle Buße nur deshalb erwähne, weil sie mir am härtesten wäre, nicht weil ich mich erkühnen wollte, Deus dedit Vorschläge zu machen.

Darf ich Deus dedit nicht noch einmal bitten, leiden zu dürfen, ohne ein Wort der Klage? Ich fürchte, mir in dieser Hinsicht zuviel nachgegeben zu haben. Ich bitte dringend, mir erlauben zu wollen, daß ich wenigstens während der Zeit von ein paar Monaten niemals mehr auch nur ein Wort der Klage äußere. Ich bin nicht ganz ungeübt und glaube nicht, daß es mir besonders schwerfällt.

(Die Antwort ihres Führers war: ,,Gestattet, zunächst nur für einen Monat".)

Heute Nachmittag wollte mich mein Mann zu Deus dedit schicken, wegen der Zeitungen. Ich wäre ungern gegangen, denn

1.hatte ich wieder entsetzliche Furcht,
2.hatte ich Servus Dei's Archangelus gesehen und wußte also, daß er bei Deus dedit war und wollte nicht stören.

Aber ich richtete mich ohne Widerrede zum Ausgehen. Als ich mich bei meinem Mann verabschiedete, erschrak er so heftig über mein Aussehen, daß er mir befahl, daheim zu bleiben und womöglichst auszuruhen. Ich blieb gehorsam daheim, zum Ruhen kam ich aber keinen Augenblick. Ich mußte immer treppauf, treppab steigen, da mein Mann sich langweilte und ich ihm alles Mögliche holen mußte. Um halb acht Uhr sah ich Deus dedit und Servus Dei. Bei ihren Engeln stand auch Pater B.'s »Herrschaft«. Sie beugte sich vor Deus dedit's »Oberherrschaft«, aber bald wird Pater B. auch einen Engel haben, der von diesem Chor ist. Ich schickte meinen lieben, guten Angelus zu meinen geistlichen Freunden und ließ sie im Namen Jesu grüßen.

Meinen Archangelus sehe ich nicht, aber mein treuer, sanftmütiger Schutzengel ist ständig neben mir. Er trägt noch immer das grüne Gewand und die Passionsblume in der Hand. Als ich heute gegen Abend sehr schwer litt, nahm er mich in seine Arme und drückte meinen schmerzenden Kopf an seine Brust. Da wurde es mir besser und das Fieber verließ mich augenblicklich.

Heute begegnete ich meinem kreuztragenden Heiland auf der Treppe. Ich hatte keine Zeit, mich dabei aufzuhalten, weil mein Mann auf mich wartete. Aber als ich am Herrn vorbeiging, blickte ich ihn voll Sehnsucht an und er mich voll Liebe. So passierte es mir achtmal, so oft ich über die Stiege lief, und besonders empfand ich es schmerzlich, um Gottes, d.h. des Gehorsams willen, keine Zeit haben zu dürfen für meinen lieben, gekreuzigten Jesus. Das letztemal wollten meine Kräfte nicht mehr ausreichen und ich war fast ohmächtig vom schnellen Steigen und mein Mann so ungeduldig. Da sagte ich im Vorbeigehen: „Hilf mir, Du barmherzigster Jesus! Meine Kräfte sind erschöpft!" Da war es mir leichter und ich konnte alle Befehle meines Mannes erfüllen.

Heute dachte ich, um zehn Uhr zur Ruhe zu gehen. Vorher schrieb ich noch die paar Zeilen. Die Buße, die Deus dedit mir gestern gab, weil ich mich wieder »überflüssig« fühlte, habe ich erst zur Hälfte verrichtet, trotzdem sie nicht groß ist, zehn mal den 90. Bußpsalm.

1. 7. 1907

Gestern waren wir in Neuburg bei Servus Dei. Mein Mann glaubte, er könne nicht gehen, aber als ich vollkommen ergeben war, sah ich plötzlich meinen Archangelus, freundlich lächelnd, mit halb erhobener Hand vor mir stehen. Dann ging er plötzlich von mir weg und legte seine Hand auf die Stirn meines Mannes. Sofort beschloß letzterer, nach Neuburg zu gehen. Es war ein schöner Nachmittag. Das stille Haus mit seinen der Heiligkeit so nahe kommenden Bewohner, das brave, gute Büberl mit seinen zwei lieblichen Engeln, die gute, fromme, alte Frau in der Kirche, der ich am liebsten vor Ehrfurcht die Hände geküßt hätte, all das zählt zu den liebsten Erinnerungen meines gerade nicht übermäßig freudenreichen Lebens. Der gestrige Nachmittag war wie ein schönes, tiefes Gedicht, das das Herz erfreut und zugleich beruhigt, wie ein Veilchenstrauß, der Duft spendet, wie auch die Rose es tut, doch keine Dornen hat. Auch mein Mann konnte sich dieser friedlichen Stimmung nicht entziehen. Daß nun Deus dedit, der das Opfer brachte, mit uns zu gehen, sowie Servus Dei, den Frieden dieser Stunden in gleichem Maße empfunden haben, glaube ich nicht, denn ich habe oft schon an mir selbst erfahren, daß unser göttlicher Meister gerade den größten Sündern gegenüber viel mehr Süßigkeit zeigt als den Gerechten. Für mich war selbstverständlich die Gegenwart Deus dedit's eine große Erhöhung meiner Freude. Dieser Ausflug gab mir eine ähnliche Freude wie ich sie habe, wenn ich die Engel lächeln sehe; sie hilft mir über die Leiden des heutigen Tages hinweg. Gestern sagte ich zu meinem Archangelus, er möchte doch wieder *sprechen,* ich hätte nicht gedacht, daß es »englische Hackstöcke« gebe. Der Engel aber neigte sein Antlitz und sprach: ,,Wenn Deus dedit von mir verlangt, daß ich Servus Dei ermahnen soll, dann tue ich es, aber nicht früher. *Dir* werde ich wieder manches sagen, aber wenn es so ist, daß Servus Dei beunruhigt wird, lösche ich es aus Deinem Gedächtnis, bevor Du es niederschreibst. Es ist kein Nutzen für Servus Dei, wenn er grübelt, es gereicht dem Allerhöchsten nicht zur Freude, wenn einer der Auserwählten nutzlos Zeit verschwendet, um die Wege Gottes zu kritisieren, und allen Fleiß darauf verwendet, am Geist Gottes Flecken zu entdecken. Das ist so nutzlos, als wenn man Wasser mit einem Gefäß ohne Boden schöpfte. Sage Deus dedit, daß ich ihm zwar nicht zürne, daß ich aber auch nicht mehr durch Dich mit ihm sprechen will, bis es Pater B. wünscht. Im übrigen bin ich stets sein

Diener." Er wollte verschwinden, aber ich hielt ihn zurück. Ich sagte, daß Deus dedit gern über alles schweigen würde, was Servus Dei zu Skrupeleien Anlaß geben könnte. Doch der Archangelus sprach nochmals ernst: „Ja, das ist wahr. Aber dann fragt er doch wieder: ‚Warum dürfte ich Servus Dei dieses nicht sagen, da er schon so manches erfahren durfte, was noch befremdlicher war?' Zu Pater B. darf er ja alles sagen, aber nur unter der Voraussetzung, daß letzterer strengstes Stillschweigen wahrt. Pax vobiscum!" Ich konnte ihn diesmal nicht zurückhalten, er verschwand.

Pater B. kommt nun bald, ich kenne ihn schon so gut, ich schätze ihn sehr hoch. Wenn sich nur Deus dedit das Rezept von ihm geben ließe, wie *ich* es machen soll, daß ich den Rosenkranz so gut bete wie Pater B.! Ich komme immer in Betrachtung, vom eigentlichen Rosenkranzbeten verstehe ich gar nichts. Aber ich habe einmal gesehen, wie ein Erzengel bei jedem Ave eine goldene Rose von Pater B.'s Hand wegnahm, Das hat mich so tief gerührt und meine Seele mit einer großen, ehrfurchtsvollen Liebe zu diesem heiligen Priester erfüllt. Auch Deus dedit habe ich gestern gesehen, wie ihm ein herrlicher Engel alle seine Gebetsworte gleich kostbaren Perlen vom Munde nahm. Es war sehr ergreifend, und ich betete von Herzen, mein gekreuzigter Jesus möge mir auch die Gabe der Andacht schenken.

Vorgestern mittags speiste ich drei Arme zu Ehren Jesu, Mariens und Josefs und bat zugleich, der Herr möge doch die Glorie der heiligen Apostel Petrus, Paulus und Johannes vermehren. Da hatte ich ein überaus liebliches Bild dieser drei Heiligen, aber nun entfällt es mir, wenn ich es aufzeichnen will, und mein Archangelus hilft mir nicht.

8. 7. 1907

Mein Archangelus spricht noch immer nicht auf die gewohnte Weise — er ist nicht zufrieden mit mir.

9. 7. 1907

Ich habe fortwährend große Angst wegen der bevorstehenden Leiden. Der Archangelus zankte mich deshalb tüchtig aus. Es geschieht mir ganz recht, denn ich hatte ihn gebeten, mich etwas zu trösten. Mein Archangelus erzählt mir nichts, also kann ich nichts ins Tagebuch schreiben.

10. 7. 1907

Heute war ich ein paar Minuten bei Deus dedit. Er ist unzufrieden mit der unvollkommenen Art, mit der ich mein Tagebuch führe. Heute abend sah ich meinen Archangelus plötzlich neben mir stehen. Er war sehr freundlich und sprach: ,,Grüße Deus dedit von mir im Namen Jesu! Ich bin vollkommen zufriedengestellt und werde wieder alle seine Fragen beantworten, so lange er die geforderte Vorsicht nicht außer acht läßt!"

Mit mir war er sehr liebreich. Er sagte mir, daß ich das Herz meines gekreuzigten Jesus sehr erfreut hätte durch die große, freundliche Aufmerksamkeit, die ich einer schwerleidenden Person gewidmet habe. Wenn ein Mensch auch nur ein einziges Mal in seinem Leben einen betrübten oder kranken Mitmenschen in seinem Leiden mit aufrichtigem Herzen tröstet und seine Schmerzen zu erleichtern sucht, seien es körperliche oder seelische, wird seine Seele nicht verloren gehen. Denn die Barmherzigkeit Gottes kommt ihm in der Todesstunde zu Hilfe. Sie gibt ihm aufrichtige Reue über alle seine Sünden, und wären sie rot wie Blut. Die Gerechtigkeit steckt das Schwert in die Scheide, wo die Barmherzigkeit erscheint. Jesus Christus selbst hat ja gesagt, daß die Barmherzigen Barmherzigkeit erlangen.

11. 7. 1907

Ich bin überlastet mit Arbeit, und doch finde ich Zeit, traurig und verzagt zu sein. Bis jetzt habe ich immer angestrengte Arbeit als bestes Mittel gegen die Traurigkeit betrachtet, und jetzt versagt es.

19. 7. 1907

Das Gehen und Treppensteigen fällt mir doch recht schwer. Aber Deus dedit hatte heute nur gute Worte für mich, die ich wirklich nicht verdient habe. Und vorher hatte ich so große Angst! Heute Nachmittag hatte ich ein Gesicht über Deus dedit's »Stiefkind«. Ich bat meinen Archangelus, er möge mich nichts mehr vom »Stiefkind« schauen lassen. Aber er war sehr unwillig und sprach: ,,Wie schlecht ist dein Gehorsam! Deus dedit wünscht, direkt durch Dich über dieses sein geistliches Kind unterrichtet zu werden. Frage ihn, er wird es bestätigen. Also?"

20. 7. 1907

Gestern Abend konnte ich nicht weiterschreiben — Herzschwäche. Heute gehe ich an die mir wirklich unangenehme Aufgabe, über das »Stiefkind« zu schreiben. Es ist sehr leidend, seelisch fast noch mehr als körperlich. Es ist ihm eine furchtbare Überwindung, seine Wohnung zu verlassen. Es hat eine wahre Todesangst, von irgend einem Menschen angesprochen zu werden. Das Kind hat gegenwärtig in besonders hohem Grad die Gabe, in den Menschenherzen zu lesen, und zwar in allen, mit Ausnahme desjenigen seines geistlichen Führers. Es gibt gegenwärtig in der Umgebung des Kindes fast keinen Menschen, in dessen Herz nicht Abneigung und Widerwillen gegen das Stiefkind zu finden ist. Der Teufel ist an der Arbeit. Weil er das Kind nicht überwinden konnte durch direkte Angriffe, sucht er jetzt mit Hilfe der Menschen zu erreichen, daß das Stiefkind Selbstmord begeht. Auch bei sonst guten und religiösen Menschen hat der Teufel leichtes Spiel; in ihnen geht die dämonische Saat gut auf. Gerade diese und der Pfarrvorstand des Kindes tun ihr Möglichstes, um das arme Stiefkind recht herabzuwürdigen. Das Kind erträgt alles um Jesu willen, und es ist auch ein Zeichen der Auserwählung, wie Jesus verachtet und verfolgt zu werden. Das Kind leidet jedoch schrecklich unter diesen Dingen, und zwar nicht deshalb, weil es so verachtet und verleumdet wird, sondern weil es sich nach und nach einbildet, alle diese angedichteten Fehler wirklich zu haben. Das wäre noch kein Unglück, sondern eine Festigung der Demut — daß aber das Kind nachgrübelt, wie es sich bessern könnte, daß es nach jeder halben Stunde eine rücksichtslose, strenge Gewissenserforschung hält und dann ganz unglücklich ist, wenn es sich trotz aller Peinlichkeit und Ängstlichkeit keiner Sünde anklagen kann — das ist ein schwerer Fehler, der seine Wurzeln darin hat, daß sich das Kind bei seinem geistlichen Führer nicht mehr ausspricht, weil es Angst hat, sich dadurch über seine Leiden zu beklagen. Da aber in dieser Beziehung vom geistlichen Führer ebenfalls ein schwerer Fehler — wenn auch nur in der allerbesten und frömmsten Absicht — gemacht wurde, will ihn mein Archangelus darauf aufmerksam machen, daß die ewigen Gewissenserforschungen zu reduzieren sind. Früher hatte das Kind viel mehr Zeit, sein Herz in Liebesaffekten zu seinem göttlichen Meister zu wenden als jetzt. Jetzt gibt es nur Affekte der Reue und Selbstverdemütigung, die an und für sich gut wären, wenn sie kürzer gefaßt und nur die Einleitung zu einem Liebesaffekt bilden würden. Der Teufel tut, was er kann. Wenn das Kind nicht bald in seine alten Gewohnheiten zurückkommt, ist es auf dem besten Wege zu verzweifeln. Der geistliche Führer soll dieser Strömung mit aller Energie, aber auch mit aller Güte entgegenwirken, denn das Kind hat furchtbare Stunden und auch Tage vollkommener Verlassenheit, Auch die kurzen Tröstungen werden noch verschwinden. Wochenlang wird die Seele mühselig im Dunkeln ihren Weg suchen. Der Führer muß auch *Offenheit* und unbedingte Aufrichtigkeit verlangen. Bis jetzt ängstigt sich das Kind, Gott durch schwere Sünden beleidigt zu haben, weil es sich körperlich übermüdet fühlt. Es gehört beim Gefühl seelischer Verlassenheit sehr viel dazu, stets bestrebt zu sein, Gott nicht zu beleidigen, was die ringende Seele anscheinend vergißt. Ist es so weit gekommen, daß der Mensch in vollständige Apathie versinkt, dann hat der Teufel Macht über ihn gewonnen. Die seelische Verlassenheit ist die schwerste Prüfung, die der Herr einer ihm in Liebe anhängenden Seele senden kann. Es ist aber auch ein Beweis seiner übergroßen Liebe. Deus dedit soll das Stiefkind zwingen, Gott für seine Verlassenheit zu danken; im Gehorsam tut es alles.

Heute habe ich wieder viel ausgestanden — nun ist es vorbei, Gott sei Dank! Ich weiß gar nicht, wie ich mir vorkomme: so niedergeschlagen und müde, daß mir das Gebet eine Qual, die Betrachtung fast zur Unmöglichkeit wird.

Der gute Pater B. hat wieder allerlei Verdrießlichkeiten und Leiden, und Deus dedit auch. Servus Dei grübelt etwas weniger. Heute sah ich seinen Archangelus. Er sah sehr zufrieden aus und ersuchte mich, Servus Dei in meine Leiden und Gebete einzuschließen. Ich konnte nicht umhin, zu dem Himmelsboten zu sagen: „Was ersuchst Du *mich* ums Gebet? Du weißt ja gar nicht, wie schlecht und nachlässig ich bin in allen Dingen!“ Der Erzengel lächelte aber nur und sprach: „Ich kenne Dich recht gut! Erfülle meine Bitte!“ Und so tue ich, wie er will, gegen meine Überzeugung. Auch Deus dedit’s »Oberherrschaft« mit ihrem grünen Gewand sah ich. Sie war ebenfalls sehr liebevoll und sagte, ich solle Deus dedit ganz besonders einschließen. Letzterer sei fortwährend von Leiden heimgesucht.

Das deprimierte mich so, daß ich weinte. Ich glaube wirklich, daß die Engel kurzsichtig werden, *mich* ums Gebet zu bitten, und ich bete so schlecht und ohne Kraft! Ich bin so oft bekümmert um mein Seelenheil, aber es ist doch nicht unmöglich, daß ich in den Himmel komme, oder?

Heute Mittag wollte mich der Teufel immer stören. Schließlich wurde es mir zuviel und ich bannte ihn im Namen Jesu in eine Zimmerecke. Als ich mit dem Beten zu Ende war, hatte ich den gefangenen Satan vergessen, Aber er fing laut zu lachen an und sagte: ,,Bete nur! Desto mehr wirst Du Gott fluchen, wenn Du in der Hölle bist!" Da erwiderte ich: ,,Sei beruhigt, durch Gottes Barmherzigkeit werde ich nicht in diese Lage kommen!" Da lachte er grauenhaft und sagte: ,,Du gibst soviel Ärgernis; in der Schrift steht: ,Wehe dem Menschen, durch den Ärgernis kommt!' Ich dachte an die heilige Maria Magdalena und sprach: ,Auch sie hat vor ihrer Bekehrung Ärgernis gegeben und wurde doch eine so große Heilige!' Nun lachte der Teufel wieder laut auf und schrie: ,Aber Du wirst nicht heilig, Du einfältige Törin! Wie konntest Du es wagen, Deinem Schöpfer einen Priester zu rauben! Wie konntest Du dich erkühnen, Deinen Pater B. auf den Alumnus aufmerksam zu machen, den er dann vom Seminar ausschloß! Jetzt wurde heuer ein Alumnus weniger zum Priester geweiht durch Deine Schuld! Das verzeiht Dir Gott niemals! Deshalb gehörst Du *mir!* Dieser Alumnus wäre heilig geworden, er hätte der Kirche die größten Dienste erwiesen!' "

Da sah ich meinen Archangelus stehen. Er bedeutete mir, der Teufel hätte genug gesprochen, ich solle ihn nun fortschicken. Als ich schon die Hand erhoben hatte, schrie der Teufel: ,,Jetzt gehe ich nach Rottenburg und suche Deinen Pater B., dann tue ich ihm viel Ärger an, wie ich die ganze Woche Deinen Beichtvater und seinen Freund gequält habe!" Da machte ich das Kreuzzeichen und sprach: ,,Verlasse mich, in Jesu Namen befehle ich es Dir!" Und der wütende Teufel entfloh.

Mein Archangelus aber tröstete mich mit großer Güte und sprach: ,,Schreibe alles nieder und gib es noch heute an Deus dedit!" Ich sagte: ,,Womit soll der Teufel Pater B. ärgern?" Nun lächelte der Archangelus und sprach: ,,Er packt jedes an seiner schwächsten Seite. Deus dedit gibt er eine Menge Gelegenheiten zur Ungeduld. Servus Deus gibt er lauter Zweifel in die Seele. Pater B. macht er Angst vor der Zukunft und legt ihm lauter kleine Fußangeln. Dich packt er durch Traurigkeit und läßt Dich durch Deine Mitmenschen furchtbar leiden. Bei Euch allen sucht er Ungeduld und Hochmut zu erwecken. Solange er sagt, Ihr würdet in die Hölle fahren, dürft Ihr zufrieden sein. Sobald Ihr aber längere Zeit gute Tage ohne Leiden habt, dürft Ihr Euer Gewissen sorgfältig erforschen, denn wenn der Teufel gesiegt hat, ist er zufrieden und läßt Euch in Ruhe. Pax vobiscum!"

13. 8. 1907

Heute morgen hat Deus dedit sein Gelübde abgelegt, aber die angegebene Gnade hat er nicht selbst verlangt. Ich war im Geiste in der N.-Kirche. Deus dedit war von seinen beiden Engeln begleitet. Auch seine frühere »Herrschaft« und Servus Dei's Archangelus standen hinter ihm. Bei der Opferung sah ich Christus voll Herrlichkeit und Majestät auf dem Altar. Maria kniete auf der Evangelienseite, St.Gabriel stand weiter rückwärts. Neben Maria stand der heilige Johannes Ev. und der heilige Johannes Berchmans im Jesuitenkleid. Das ganze war sehr schön und feierlich. Bei der Wandlung verschwand der Herr vom Altar und ich sah ihn dann in der Hostie, als sie von Deus dedit erhoben wurde. Die Muttergottes war in ihren wohlbekannten blauen Mantel gehüllt. Das Unterkleid war weiß, ebenso der Schleier, der ihre Haare, doch nicht ihre Stirn bedeckte. Ihre Hände waren über der Brust gekreuzt mit einer unbeschreiblichen Demut. St.Gabriel trug eine Albe mit gekreuzter, goldbestickter Stola. Die linke Hand hielt die Lilie, die rechte lag auf seiner Brust. Es waren sehr viele Engel in der Kirche. Im vorigen Jahrhundert hat in diesem Kirchlein auch schon einmal eine Gelübdeablegung stattgefunden.

Als Deus dedit nach der heiligen Messe sein Gelübde ablegte, trat der Erzengel Gabriel zu ihm und bezeichnete ihn mit dem Kreuz. Auch sah ich, wie ein sehr schöner, mir nicht unbekannter Engel sich Deus dedit näherte und seine Hände mit einer goldenen Schnur zusammenband. Christus, der Herr saß auf dem Altar, mit der Krone geschmückt und einem leuchtenden Szepter in der rechten Hand. Ich sah, daß Deus dedit's Opfer seiner selbst dem Herrn sehr wohlgefällig war. Da sprach ich zum Herrn: ,,Was gibst Du ihm für das Opfer seiner selbst?'' Der Herr antwortete: ,,Meine Liebe und meine Gnade. Was bis jetzt von allen seinen Werken Silber war, soll sich durch den Gehorsam und die Selbstverleugnung in Gold verwandeln.'' Da dachte ich mir: ,,Ja, was wünscht sich denn Deus dedit selbst für eine Gnade, er sieht so unentschlossen aus!'' In diesem Augenblick sah ich die Mutter Gottes vor Deus dedit stehen, sie sprachen miteinander. Da wendete sich die allerseligste Jungfrau mit mütterlichem Lächeln zu ihrem göttlichen Sohn. Ich sah, wie sie ihre Hand, oder vielmehr zwei Finger derselben in die geöffnete Wunde des heiligsten Herzens Jesu tauchte. Dann ging sie zu Deus dedit zurück und zeichnete langsam den Namen Jesu in sein Herz. Er hat also die gleiche

Gnade empfangen wie St.Ignatius, Bernhard, Augustinus, wie die heiligen Schwestern Gertrud und Mechthild, Magdalena de Pazzi u.a. Ich sagte dann zur Muttergottes: ,,Was hast Du getan? Wenn auch diese Gnade unvergleichlich ist, so wird sie doch dem Empfänger manche körperliche Schmerzen bringen!" Maria lächelte und erwiderte: ,,Hätte ich ihm heute wohl eine größere, ungewöhnlichere Gnade geben können? Alle seelischen und körperlichen Leiden, die ihn von heute an heimsuchen, werden von ihm tiefer gefühlt werden als bisher. Aber glaubst Du, er würde diese Gnade zurückweisen, wenn ich ihm all ihre Begleiterscheinungen vor Augen stellte? Gewiß nicht!" Da war ich etwas getröstet, aber nicht ganz. Ich sah dann noch den heiligen Johannes Berchmans zu Deus dedit hintreten und ihm mit großer Liebe die Hand auf die Schulter legen. Also hat ihn Deus dedit zum Schutzheiligen gewählt. Ich beschäftigte mich dann mit meinem Herrn, den ich im Herzen hatte. Aber ich hatte doch recht großes Mitleid mit Deus dedit, weil ich glaube, er werde öfters mit Herzbeschwerden kämpfen müssen.

Als ich eine zeitlang die Verlassenheit Jesu am Kreuz betrachtet hatte, sprach mein Archangelus: ,,Blick auf, der Herr will es!" Da sah ich die Augen des Herrn auf mich gerichtet, so voller Güte und Nachsicht, so voll Erbarmen, wie eben nur unser geliebter Meister blicken kann. Meine vielen Sünden fielen mir zentnerschwer aufs Herz und ich sprach: ,,O Herr! Wie kannst Du denn Deine Gnaden an mich armseliges Geschöpf verschwenden?" Da sah ich den Herrn lebendig vor mir, er beugte sich nieder und zog mich an sein Herz. Dabei sprach er mit gütiger, mitleidsvoller Stimme: ,,Komm, geliebte Tochter! Ruhe aus an meinem Herzen, ich will Dich trösten, wie eine Mutter tröstet!" Ich hatte dann ein paar gute, stille Augenblicke am Herzen Jesu. Ich klagte nicht, denn Jesus ist ja allwissend, aber ich schloß Deus dedit, Servus Dei und Pater Benediktus in das göttliche Herz und sagte zu meinem Herrn: ,,Laß sie stets in Deinem Herzen verschlossen sein. Gib ihnen allen Deine Liebe und Heiligkeit sowie geistliche Freuden!" Der Herr sprach: ,,Warum bittest Du stets um Freuden und niemals um Leiden für Deine geistlichen Freunde?" Ich antwortete: ,,Die Leiden schickst Du ihnen auch ohne meine Bitten, und sie sind so schmerzlich!" — ,,Aber viel heilsamer und nützlicher als alle Freuden. Ich will, daß Du jetzt um Leiden bittest für Deine geistlichen Freunde!" Das war mir fürchterlich, aber ich sprach ganz ergeben: ,,Schick ihnen Leiden, wenn Du willst!" Ich war so entsetzt von der Tragweite dieses Verlangens, daß ich dann gleich anfügte: ,,Aber, liebster Herr, gib ihnen gleichzeitig recht viel Trost!" Und weil es mir immer noch recht arg war, daß ich, die ich meinen geistlichen Freunden doch jedes Steinchen aus dem Weg räumen möchte, nun sogar *bitten* mußte, daß sie leiden, sprach ich zum Herrn: *,,Gib mir ihre Leiden* zu den meinigen, es soll so sein, als ob sie es gelitten hätten! Du bist ja allmächtig, also kannst Du auch dieses!" Danach erschrak ich aber wegen meiner Kühnheit, mit Gott handeln zu wollen. Doch der Herr sprach lächelnd: ,,Fürchte Dich nicht! Deine geistlichen Freunde sind gut bewahrt in der selbstlosen Liebe, die Du ihnen schenkst. Sag ihnen, sie würden durch Dich und um Deiner großen Treue willen vieles erlangen!" Er wollte verschwinden, aber ich hielt ihn fest, indem ich mich an seine Hand anklammerte, denn ich wollte zuerst noch gesegnet werden. Diesen Wunsch erfüllte der Herr mit großer Liebe.

15. 8. 1907

Heute morgen wurde im Himmel die Aufnahme Mariens gefeiert. Ich hörte den Gesang der Engel. Ich hatte eine sehr schlechte Nacht hinter mir, aber ich wurde durch den Archangelus gestärkt, so daß ich in die Kirche gehen konnte. Meine Andacht wurde manchmal durch heftige Herzschmerzen gestört. Ich verlangte vom Herrn die Gnade, nicht mehr mutlos zu werden. Sie wurde mir gewährt. Deo gratias! Ich opferte die heilige Kommunion auf für meine geistlichen Freunde, und für alle Betrübten und Leidenden, daß sie sich am heutigen Festtag doch getröstet fühlen möchten. Als ich den geliebten Meister ins Herz aufgenommen hatte, beglückwünschte ich ihn zu diesem Festtag. Ich sah, daß ihm dies sehr wohlgefällig war. Der Herr war überhaupt sehr gütig. Auch hatte ich ein Gesicht vom heiligen Stanislaus Kostka, dessen Sterbetag, vom heiligen Antonius von Padua, dessen Geburtstag heute ist. Aber ich bin zu müde, um mehr zu schreiben.

24. 8. 1907

St. Franziska von Chantal habe ich an ihrem Namenstag gesprochen. Sie litt furchtbar als Witwe im Haus ihres Schwiegervaters, nicht nur unter seinen Launen, sondern auch unter der Bosheit seiner Magd. Ich bemitleidete die heilige Frau aufs herzlichste, doch sie sprach in großer Demut: ,,Du leidest ja noch zehnmal mehr als ich! Ich lebte in glücklicher

Ehe mit meinem Mann bis zu seinem Tod. Ich hatte gute, fromme Kinder und gute Dienstboten. Als ich dann im Haus meines Schwiegervaters soviel leiden mußte, schenkte mir die Barmherzigkeit Gottes den heiligen Franz von Sales als Führer und geistlichen Freund. Unsere Freundschaft war voll zärtlicher, reinster Liebe. Der heilige Bischof widmete mir alle Zeit, über die er verfügen konnte, und wenn wir räumlich getrennt waren, fanden wir uns dreimal im Gebet. Das gab uns großen Trost!" Da fragte ich, in was diese Gebetsvereinigung bestanden habe. Franziska erwiderte: „Wir hatten drei bestimmte Tageszeiten, an welchen wir wenigstens drei »Ehre sei dem Vater« beteten, um Gott zu danken für alle Freuden, die wir durch unsere Freundschaft genossen und für alle Leiden, die uns unsere Mitmenschen verursacht haben, sowie für die Bekehrung der Sünder. Ich sah sehr oft die Engel meines geistlichen Vaters. Und oft, wenn ich sehr große Sehnsucht hatte, ihn zu sehen, nahm mein Engel meine Stelle im Kloster ein und ich wurde durch Gottes Gnade an den Ort versetzt, an dem mein geistlicher Führer weilte. Einst fiel es ihm ein, mir diese »plötzlichen Reisen« zu verbieten, aber der Herr tadelte ihn und er mußte sein Verbot zurücknehmen."

Franziska von Chantal hatte eine Herzenswunde. In einer Vision wurde ihr das Herz wie von einer Lanze durchbohrt. Sie hatte zeitlebens Herzbeschwerden. Franz von Sales trug den Namen Jesu in sein Herz eingeprägt.

Heute morgen sah ich wieder einmal das »Stiefkind«. Es ist körperlich sehr leidend. Auch ist es geradezu maßlosen Bosheiten seitens seiner Umgebung ausgesetzt. Ich habe mich aufrichtig geschämt, dieses kranke, leidende Geschöpf so ergeben und mutig zu sehen; ich bin immer so kleinmütig und verzagt. Auch hat das arme Kind durch die Teilnahme am Leiden Christi sehr viel auszustehen, aber es erduldet alles ohne Klage bis zur äußersten Erschöpfung seiner körperlichen und geistigen Kräfte. Manchmal wird das Kind von seinem Engel gestärkt. Ich sah es auch weinend vor seinem Kruzifix knien und Gott um Barmherzigkeit bitten, sowie um soviel Kraft, die Leiden zu Gottes Ehre ertragen zu können. Als das Kind sich sehr verlassen fühlte und es voll Schmerz über die Rohheit, Bosheit und Lieblosigkeit seiner Umgebung war, ging es wieder zum Kruzifix. Der Herr stieg vom Kreuz herab und legte sich wie ein kleines, zartes Kind in die Arme des klagenden Geschöpfes und sprach: „Ich will Dir alles sein und Dir allen Trost und Ersatz für die fehlende Liebe Deiner Angehörigen geben."

Vor sehr kurzer Zeit gab der Herr dem Kind ein Kreuz in die Arme mit den Worten: „Nimm das Kostbarste hin, das ich Dir geben kann!“ Das Kind nahm das Kreuz mit Freude, aber es wird ein schweres Kreuz werden. Die körperlichen Leiden des Kindes werden sich im nächsten Monat verringern, aber es ist ein Martyrium an seelischen Leiden zu erwarten, zu dem sich gegen Ende des Monats noch außergewöhnlich mystische Leiden des Körpers gesellen. Mit einem Wort: Der leidensvolle August ist als eine Erholungszeit zu betrachten im Vergleich zu den Leiden des nächsten Monats. Das Stiefkind kennt auch meine geistlichen Freunde, denn mein Archangelus sagte mir, das Kind hätte ihnen die Tröstungen des kommenden Monats erbeten. Die Leiden seiner Freunde sind dem Stiefkind ein eigenes Kreuz. Es möchte am liebsten alle Leiden der Freunde auf sich nehmen und ihnen alle eigenen Tröstungen geben. Das Kind ist außerordentlich leidensfähig. Mit den Leiden wächst die Leidenskraft. Wenn das Stiefkind meinen Freunden genommen wird, was nicht ausgeschlossen ist, wird dieser Verlust für sie sehr schwer zu überwinden sein. Ein Feuer, das in direkter Nähe brennt, wärmt mehr als eine entfernte Glut.

Auch für die ganze Diözese wäre es zu bedauern, wenn sie dieses Opferleben, diese außergewöhnliche Gebetskraft verlieren würde. Deus dedit soll das Kind wieder einmal hart anfahren, weil es ihm nicht alles mitteilt, was es vom Leben der Heiligen erfährt. Dieses Schweigen ist nicht Ungehorsam, sondern kommt davon her, daß manches Übernatürliche, namentlich die Visionen über das Leben der Heiligen, dem Kind etwas Alltägliches sind. Aber immerhin könnte Deus dedit die Gelegenheit wahrnehmen, um das Stiefkind zu prüfen. Deus dedit sollte mehr acht geben auf die Seelenleitung des Kindes, er hat die Verantwortung, *kein* Engel!

29. 8. 1907

Gestern hatte ich ein außerordentlich tröstendes Bild vom heiligen Augustinus. Er war so von Bußgeist erfüllt, daß alle seine Gedanken reuevolle Liebe waren. Sein Herz brannte wirklich lichterloh vor Liebe und Sehnsucht. Bei seiner Bekehrung war er schon über 30 Jahre alt. Wenn er aber von Jugend auf Gott in Einfalt und Demut des Herzens gedient hätte, wäre seine Seele niemals zu dieser übergroßen Liebe gelangt. Erst seinem reifen Mannesalter war es bestimmt, Gott als das einzige Ziel und Ende zu erkennen. Er war wie ein Feuerbrand der Liebe zu Gott und seine Freunde und Schüler entzündeten die Fackeln ihrer Liebe an diesem täglich sich verstärkendem Feuer. Auch betete St.Augustinus sehr viel für die Verstorbenen. Das macht ihn mir noch viel anziehender. Im hohen Greisenalter war Augustinus noch immer eine sehr imponierende Erscheinung. Ein sehr schöner Greis war aus dem stürmischen Jüngling mit den klassisch schönen Zügen geworden. Aber auch im hohen Alter waren die Augen gleich geblieben, nur war der Blick vergeistigter. Ich bin sehr glücklich, mich gewissermaßer als Kind dieses heiligen Vaters fühlen zu dürfen. Schon von Jugend an hatte ich St.Augustin sehr gern und betete viel zu ihm. Seine Gelehrsamkeit einerseits sowie andererseits seine glühende Liebe und strenge Beharrlichkeit in der Buße, hatten es mir angetan. Ach, welch ein großer Trost liegt darin zu sehen, daß St.Augustin die höchste Vollkommenheit erreicht hat durch seine Buße, trotzdem er die Virginität verloren hatte. Das ganze Geheimnis seiner großen Heiligkeit bestand darin, daß er keine Halbheiten kannte. Er gab sich Gott von ganzem Herzen hin.

O Du glückseliger Büßer St.Augustin! Wie sehr freust Du Dich nun im Himmel über Deine vergossenen Bußtränen, wie sehr wirst Du verherrlicht durch Deine strengen Abtötungen!

Heute habe ich ein Bildchen hergesucht, das ich beilege für Deus dedit. Es war die Liebe meiner frühesten Kindheit. Gar oft beneidete ich St.Bernhard, daß er vom gekreuzigten Heiland umarmt wurde, und unzählige Male bat ich als Kind den Herrn, er möchte mich heilig machen, daß auch ich die süße Umarmung des Herrn verspüre. — Heilig bin ich nicht geworden und werde es auch nicht, aber die Süßigkeit des Kruzifixes habe auch ich arme Sünderin kennengelernt. O große Liebe und Herablassung Gottes!

Ich bin heute wieder in einer Stimmung, die ich »vorbereitend« nennen möchte: ruhig, wunschlos, was Irdisches betrifft, vollkommen in Gottes Willen ergeben, das Bewußtsein, daß Gott mir recht nahe ist. Die Folgen dieser Stimmung waren bis jetzt stets große Leiden. Was willst Du mir nun wieder senden, o Du mein gekreuzigter Jesus, mein vielgeliebter Herr und Meister? Ich nehme alles an, was Du mir schickst. Ich liebe schon im voraus das Kreuz, und wie könnte ich Dir besser nachfolgen, Dir meine Ähnlichkeit aufrichtiger beweisen, als wenn ich Dir auf dem Kreuzweg nachgehe. Also, komm, geliebtes Kreuz! Ich will Dich umfangen mit aller Liebe und aller Sehnsucht, Du Werkzeug unserer

Erlösung, hoch geadelt durch die höchste Schönheit und Majestät, die an Dir für uns arme Sünder verbluten wollte.

Heute Nachmittag sprach mein Archangelus wieder vom »Stiefkind«. Ich soll Deus dedit sagen, daß das Experiment vom vergangenen Dienstag, womit er das Stiefkind prüfen wollte, vom rein natürlichen Standpunkt aus eine sehr große Grausamkeit war. Schwache und sentimentale Naturen können so etwas nicht ertragen. Unter allen geistlichen Kindern Deus dedit's, sowohl der Gegenwart als der Vergangenheit und Zukunft, ist nicht eines, das diese furchtbare Prüfung so vollkommen ertragen hätte, wie das Stiefkind, denn solche Liebe und solche Demut, verbunden mit größtem Gehorsam, wird selten gefunden. Diese Eigenschaften sind Privilegien der Heiligen, auch solcher, welche sehr nahe der Heiligkeit sind. Dem Kind stehen große körperliche und seelische Leiden bevor. Jetzt ist es ruhig und ergeben. Es wird aber große Angst erleiden müssen im Gedanken an die Zukunft. Deus dedit muß acht haben, daß diese Unruhe nicht weiter als an die Oberfläche der Seele dringt. Dann hat sich das Kind den Mut genommen und Deus dedit von seinen Befürchtungen wegen seiner Standespflichten Mitteilung gemacht. Die hauptsächlichste Befürchtung des Kindes ist, daß sich das schon öfters erduldete Martyrium wiederholen könnte. Doch ist das ausgeschlossen, wie der Herr selbst sagte, als er das Kind mit dem Kreuz vermählte. Aber Deus dedit hätte zu dem Kinde sagen sollen: ,,Füge Dich in Gottes Namen und mit Demut in alles, was *der* verlangt, dem Du untergeordnet bist. Deus dedit soll nicht suchen, das Kind vor Leid und Opfer zu bewahren, er soll für das Kind das Vollkommenere wählen, auch wenn es noch so schwer und fürchterlich ist. Wenn Deus dedit nicht selbst den Wunsch hat, das Kind wieder zu prüfen, soll er es nicht tun, sondern es vorläufig mit großer Güte und Nachsicht behandeln. Aber Deus dedit muß darauf dringen, daß ihm das Kind bezüglich seines Umgangs mit den Vorgesetzten strengste Rechenschaft ablegt, denn es könnte leicht wieder große Unruhe in der kindlichen Seele entstehen. Das würde unter den gegenwärtigen Umständen einen Rückschritt bedeuten, und keinen geringen. Deus dedit könnte dem Kinde sagen, es solle die Unannehmlichkeiten, die sich aus den Wünschen seiner Vorgesetzten ergeben, als Buße dafür annehmen, daß es sich vielleicht doch durch Widerstreben gegen die Pflichterfüllung verfehlt habe. Dadurch ist mit dem Opfer eine Demütigung verbunden, wodurch der Wert des Opfers steigt. Von diesen innersten Angelegenheiten des Stiefkindes soll

Deus dedit zu niemand etwas sagen. Zur höheren Seelenführung gehört auch manchmal eine gewisse Härte des Führers gegenüber der geführten Seele. Es ist dann gewöhnlich so, daß der Seelenführer mehr leidet, denn die Prüfung könnte besonders von Außenstehenden falsch aufgefaßt werden und dadurch Schaden anrichten. Das braucht Deus dedit beim Stiefkind niemals zu befürchten, auch wenn er es mit ausgesuchter Grausamkeit behandelte, würde die Liebe des Kindes zu seinem geistlichen Vater kein Atom kleiner."

Mein Archangelus sagte auch: ,,Vergiß alles, was Du über eine andere Seele schreibst."

3. 9. 1907

Deus dedit ist leidend, ich habe es meinem Heiland geklagt. Der Herr sprach nicht, aber er lächelte. In diesem Gotteslächeln liegt soviel Liebe, Nachsicht, Verzeihung und Verständnis. Ich wandte mich an Deus dedit's »Oberherrschaft« und fragte nach seinem Herrn. Aber die »Oberherrschaft« sprach: ,,Er leidet jetzt nach Deinem Besuch viel mehr ... Wie oft erwächst dem Priester aus seinem vollständigen Verzicht eine geistliche Vaterschaft, die sein Ruhm und seine Ehre sein wird für die ganze Ewigkeit!"

18. 9. 1907

St. Josef von Cupertino flog jedem Kruzifix entgegen, das er sah. Die größten und schwersten Holzkreuze trug er auf seinen Schultern. Er flog durch die Lüfte, sein Körper wurde ebenso wie seine Seele vom Kreuz angezogen. Das ist ein schönes Vorbild für uns Kreuztragende. Nicht nur, daß wir das Kreuz freudig auf unsere Schultern nehmen sollen, wir sollen sogar alle Hindernisse besiegen, die uns abhalten, das Kreuz freudig zu tragen. Es soll Anfang und Schluß eines jeden unserer Tage sein.

Mein lieber gekreuzigter Heiland! Alle Angst vor der Zukunft, alle Eigenliebe, allen Kleinmut will ich ernstlich aus meinem Leben verbannen. Aber nach Deinem Kreuz strecke ich meine Arme aus, es soll mein ganzes Herz erfüllen und meine Seele demütig machen. Gib doch, daß ich nichts anderes verlange als Dich und Dein heiliges und heiligendes Kreuz, das alle Wunden heilt.

19. 9. 1907

Heute sagte mein teurer Archangelus zu mir: „Wie bist Du entzückt über die Schönheit dieser Blumen und mit welcher Inbrunst dankst Du dem Herrn für seine große Liebe, die diese Blumen zur Freude der Menschheit schuf! Wie viel mehr solltest Du dem Herrn danken für die unbegreifliche Schönheit, in der jede Seele prangt, die in Gottes Liebe und Gnade steht! Alles, was schön ist, entzückt Dein Herz und ermuntert Deine Seele zum Lobe Gottes. Aber wie selten dankst Du Gott für die wunderbare Herrlichkeit, womit er die Seelen geziert, die ihm anhangen. Aus jeder Blume, aus jedem Blatt spricht Gott zu Dir: ‚Aus Liebe schuf ich alles für Dich, o liebe mich, so sehr Du es vermagst!‘ Bewundere die Demut des Schöpfers, der alles, was da ist, erschaffen hat, der die Seele zur Liebe zwingen könnte und der *nur bittet* ihn zu lieben. Wieviel harte Herzen gibt es! Bitte den Herrn, er möge den Heiligen Geist auf dieses unfruchtbare Erdreich senden. Denn wo Gottes Geist weht, gibt es kein dürres Land, sondern ein Paradies an Schönheit und Fruchtbarkeit.“

24. 9. 1907

Heute morgen um drei Uhr habe ich den heiligen Erzengel Raphael gesehen. Er war sehr einfach wie ein Pilger gekleidet. Aber sein Antlitz strahlte eine große Majestät aus, verbunden mit außerordentlicher Güte. Ich litt eben an großer Atemnot, er legte seine rechte Hand auf mein Herz und es ward besser, und die Schmerzen ließen etwas nach. Ich dankte St.Raphael von Herzen und empfahl ihm sofort Deus dedit und Pater Benedikt. Auch Servus Dei's Heilung legte ich ihm nahe. Er lächelte und sprach: „Das Anliegen Deus dedit's, das er Dir empfohlen hat, wird für ihn etwas leichter werden. Immerhin wird es eine Sorge sein, die der Herr nicht ganz von ihm nehmen wird. Es gibt Sorgen, die der Herr niemals abnimmt, weil er will, daß man betet. Und dieses Bitten, dieses ergebungsvolle Gebet, liebt er über alles. Weil Gott aber unendlich gut und barmherzig ist und nichts unbelohnt läßt, gibt er dem Betenden, den er scheinbar gar nicht oder nur halb erhört, so große Gnaden, daß es sich ein menschliches Herz niemals vorstellen könnte. Dieses Erkennen der stets zuvorkommenden Güte Gottes ist eine der größten Freuden, die der Seele für die Ewigkeit aufbewahrt sind. Und wie groß ist der Wert der Leiden! Sie sind die größten Wohltaten und Gnaden Gottes. Sie werden so selten erkannt; ihr Wert kann von keinem Menschen nach Gebühr erfaßt werden, so wenig wie die Erhabenheit und Größe der Priesterwürde. Denn das Priestertum ist etwas so Außerordentliches und Gewaltiges, daß jeder, auch der in Heiligkeit am weitesten fortgeschrittene Mensch, vor Schrecken und Demut sterben würde, wenn er zu einer noch so geringen Erkenntnis der Macht des Priesters gelangt. Auch diese Erkenntnis gehört zu den Seligkeiten der Ewigkeit." Dann schwieg er in erhabener Betrachtung. Nach kurzer Zeit nahm ich ihn bei der Hand und sagte zu ihm: ,,Was ist denn mit Pater Benedikt?" Da blickte er mich freundlich an und erwiderte: ,,Was soll sein? Er ist ein treuer Arbeiter im Weinberg des Herrn. Er sorgt sich um sein Seminar, aber er soll alle Sorgen auf den Herrn werfen. Er wird ihm jederzeit beistehen. Dieses Jahr wird Pater B. noch viel Kummer mit seinen Schülern haben. Er muß Unkraut jäten, das ein anderer gesät hat. Und bei manchen wird das Unkraut *nach der Ordination* üppig aufschießen und der Unkrautsamen wird in der ganzen Diözese umhergestreut. Auch er wird wieder aufschießen. Aber was kann Pater B. tun? Nur beten und auf Gott vertrauen. Da fragte ich wegen den Verdrießlichkeiten unseres Bischofs. St.Raphael erwiderte: ,,Der Engel des Bistums hat sich bereits von seinem Thron erhoben. Das wurde Deus dedit bereits gesagt, und Dir auch. Ich sage Dir ebenfalls, daß der Engel als Schützer vor dem Diözesanoberhaupt steht. Sein Zepter hat er vertauscht mit dem Schwert und ein Cherub ist ihm zugesellt. Wehe denjenigen, gegen die sich die englischen Schwerter erheben! Dreimal wehe denjenigen, die damit verwundet werden! Das Himmelstor bleibt ihnen verschlossen. Wie der Herr zu seinen Aposteln sprach: ,Wachet und betet!' so sage ich auch zu Euch. Wachet über die falschen Propheten, daß sie nicht so viele hinabziehen ins Reich der Finsternis: betet ohne Unterlaß, daß der Herr die Schwachen stärke und aufrichte und die Getreuen stütze, daß sie nicht wankend werden. Die Zeit großer Trübsal für die Kirche ist angebrochen." Dann kam ich auf Servus Dei. St.Raphael sprach: ,,Das ist ja das größte Elend für ihn, daß er sich nicht demütigen und Pater B. die wirklich tiefen Wunden seiner Seele zeigen will. Von anderen verlangt er unbedingte Aufrichtigkeit und vollständige Unterwerfung unter seinen Willen. Er mißt auf zweierlei Art: Er grübelt und zweifelt, gibt dem nimmer rastenden Satan Gehör, wie leider zur gegenwärtigen Zeit so viele Priester — und sieht nicht, daß er das lautere Gold hingibt für wertloses Blei! Sein blinder Eigensinn, seine Unaufrichtigkeit gegen seinen väterlichen Freund und geistlichen Führer ist ein furchtbares Hindernis, das sich ihm auf dem Weg zur Heiligkeit entgegenstellt. Nur Demut und Selbstverleugnung können diese Felsenwand zerstören. Er hat schon einmal eine Leiter angelegt und den Versuch gemacht, die Wand zu übersteigen. Aber das geht nicht. Die Felsen müssen gesprengt, die Wand von Grund auf zerstört werden, so daß kein Stein auf dem anderen bleibt. Tut er das nicht, so ist sein Suchen nach Frieden umsonst!" Das machte mich sehr traurig und ich sagte: „Gott kann alles! Ich gehe zu meinem gekreuzigten Heiland und zur Muttergottes! Die können und müssen helfen!" St.Raphael erwiderte: „Und sie werden auch helfen! Das braucht aber Beharrlichkeit im Gebet und heroische Geduld!" Das tröstete mich nun doch wieder. Ich bat den heiligen Erzengel um seine besondere Fürbitte für Deus dedit, um seine Gesundheit bettelte ich und um wachsende Liebe zu Gott. St.Raphael sprach sehr liebevoll: „Zur Stunde des Sonnenaufgangs werde ich diese Deine Bitten vor den Herrn bringen. Heute noch wirst Du erfahren, wie gut der Herr ist und wie er, oft im letzten Moment, die Herzen der Menschen ändert. Sei unverzagt und vertraue auf den Herrn. Er wird Dir geben, was Dein Herz wünscht." Dann befahl ich noch meinen Mann ist sein Gebet. Auch das versprach er, vor den Herrn zu bringen. Als er entschwinden wollte, hielt ich ihn am Mantel zurück und sagte, er möge Gott bitten, daß Gott jedes gute, barmherzige Wort, das mir Deus dedit und Pater Benediktus je gegeben haben, tausendfach belohnen wolle. Das gefiel dem Engel recht wohl; er neigte sich zu mir und sprach liebreich: „Nicht nur tausendfach, sondern um Deiner Güte willen zehntausendfach soll es geschehen. Pax vobiscum!"

Dann sah ich ihn nicht mehr, aber ich fühlte mich ermutigt und sehr getröstet.

26. 9. 1907

Gestern abend war ich wegen Servus Dei in einem solchen Jammer und Elend, daß ich mich gar nicht fassen konnte. Ich ging zu meinem Kruzifix und betete inbrünstig. Aber es ward mir kein Trost, auch nicht, nachdem ich volle drei Stunden gebetet hatte. Da sah ich den Archangelus von Servus Dei, er war dunkelgrün gekleidet. Ich sagte, er solle mir um Jesu willen das Herz von Servus Dei zeigen. Es war ganz vertrocknet vor Hitze und voll Wunden. Ich mußte bitterlich weinen, nahm das Herz und legte es der Muttergottes in die Hände. ,,Du mußt mich hören!", sagte ich. ,,Du mußt, Du hast es mir versprochen, und es ist ja noch niemals gehört worden, daß du ein vertrauensvolles Gebet nicht erhörtest!" Maria wandte mir ihre barmherzigen Augen zu, aber sie schwieg. Ich war wie zerrissen vor Jammer und wandte mich an meinen gekreuzigten Jesus. Drei volle Stunden ließ mich der Herr beten und weinen. Ich glaubte zu sterben, vor Inbrunst und Flehen nach Erhörung. Ich hatte mir vorgenommen, nicht eher vom Boden aufzustehen, bis mich der Herr erhört. Ich bat den Herrn, mir lieber allen Trost zu nehmen, ich bot mich zum vollständigen Opfer an, aber ich beschwor meine einzige Liebe, Servus Dei dafür wieder den Frieden zu geben. Endlich neigte sich das dornengekrönte Haupt zu mir. Ich konnte nichts anderes sagen vor Schmerz als: ,,Mein gekreuzigter Herr, meine gekreuzigte Liebe!" Da sprach der Herr: ,,Was willst Du, daß ich tun soll?" Er sprach es aber ganz ernst und ich war bekümmert darüber. Doch ich faßte wieder Mut und sprach: ,,Ach Herr, erhöre doch mein Gebet, um dessentwillen, für den ich bitte! Ich will ja nichts für mich! Ach, hilf doch, Du gekreuzigte Allmacht!" Nun löste sich die Rechte des Herrn vom Kreuz, ich griff gleich danach und nahm sie in meine beiden Hände: ,,Jetzt halte ich Dich fest, Du leidende Liebe, und lasse Dich nicht mehr los, bis Du mich erhört und Servus Dei getröstet hast!"Dabei mußte ich aber doch recht schmerzlich weinen. Nun löste sich auch die linke Hand vom Kreuze und der Herr umfing mich mit großer Güte. ,,Sei getrost, mein Kind, es geschehe Dein Wille", sprach er zu mir und blickte unsagbar gütig auf das arme Herz von Servus Dei, das in den Händen Mariens ruhte. Nun bewegte sich das Herz und wurde frisch und lebendig. Mir selbst wurde sterbensschwach zu Mute und ich sagte zum Herrn: ,,Ach, liebster Jesus, ich sterbe vor Mattigkeit und Freude." Da lächelte der Herr und drückte mich leicht an sein allerheiligstes Herz. Ich war gestärkt. Er sprach dann: ,,Bist Du zufrieden?" Aber ich schrie gleich: ,,O nein Herr, durchaus nicht! Wie soll und kann ich denn zufrieden sein, wenn ich an diesem Dir geweihten Herzen soviele Wunden sehe? Hilf doch und heile sie! Aber recht schnell, ich bitte Dich um Deiner fünf Wunden willen!" Da lächelte der Herr ganz wunderbar und sagte: ,,Ich will Dein Gebet und das Deines Führers hören. Er hat mich gestern so inständig gebeten, seinen Freunden den Frieden zu geben, den er eben empfand, als er seine Betrachtung verrichtet hatte. Ihm soll der

Freund erhalten bleiben und Dir auch. Bist Du nun beruhigt?“ Da sprach ich ganz schnell: „O nein, Herr, noch immer nicht! Du bist die Vollkommenheit selbst, Du mußt also auch ein vollkommenes Werk schaffen!“ — „Was willst Du denn noch? Habe ich Dir nicht auch Deinen Willen getan?“ Ich blickte recht vertrauensvoll zum Herrn auf und erwiderte: „O Du gütige Allmacht! Laß doch Deinen treuen Diener, unseren teuren Freund Servus Dei alles das vergessen, was er über Deus dedit und mich gedacht hat! Ich bitte Dich!“ Der Herr blickte mich an und schwieg. Da wurde mir Angst, er könne mich nicht richtig verstanden haben und ich wiederholte meine Bitte. Der Herr blieb wieder stumm. Aber ich wiederholte meine Bitte noch einmal. Da beugte sich der Herr nieder zu seiner Mutter, die unter dem Kreuz stand, und legte seinen Finger auf das Herz. Da schlossen sich alle Wunden, bis auf eine. „Die kann er selbst heilen, wenn er will“, sprach der Herr. Ich dankte ihm aus tiefstem Herzen.

Während meines Gebetes sah ich Servus Dei's Archangelus. Er hatte ein lichtes Gewand mit grünem Saum. Er lächelte mich liebreich an und sprach: „Wie mußt Du leiden, bis Dein Gebet so dringend werden kann, daß es sogar dem Herrn gefällt, Dich zu erhören!“ Ich erwiderte: „Gib recht acht auf Servus Dei's Herz, daß es frisch und lebendig bleibt!“ Da wurde der Archangelus ernst und sprach: „Sage Du Deus dedit, er soll niemals zu Pfarrer N.[25] sagen, daß er genau wüßte, wie es um Pfarrer N.'s Seele bestellt war. Sogar später, wenn Pfarrer N. davon sprechen will, daß er viel gelitten hat, soll Deus dedit nur sagen: „Ach, das ist ja jetzt vorbei! Laßt uns Gott danken!“ Auch Pater B. soll Pfarrer N. mit großer Schonung und Nachsicht behandeln, wie er ein schwerkrankes Kind behandeln würde! Er soll ihm das Gelübde unter einer Todsünde vorerst gar nicht erlauben. Er soll die Anklagen von Pfarrer N. möglichst abschwächen, ihn mit einem Wort wie ein schwerkrankes Kind behandeln. Auch soll Pater B. nichts erwähnen von dem, was ihm Deus dedit schreibt. Pater Benedikt verdient seinen Namen mit Recht: Er ist der Gesegnete des Herrn und wir lieben ihn sehr. Er soll Gott danken für die Leiden des verflossenen Semesters, er hat um Gottes willen und für Gottes Ehre gestritten und gelitten. Er hat sich dadurch und durch die kommenden Leiden seines Standes die Märtyrerpalme verdient. Sag ihm, er soll getrost sein, je mehr der Teufel wütet, desto sicherer darf er annehmen, für Gottes Ehre gewirkt zu haben!“

Ich bat den Archangelus inständig, wieder einmal von unserem armen

Freund Servus Dei zu sprechen. Da lächelte er und sprach: „Bald darf ich ihn mit Recht wieder so nennen. Aber heute tue ich es Dir zuliebe, indem ich spreche: „Gott gebe Servus Dei den Frieden!“ Dann sah ich ihn nicht mehr. Doch unsere allgemeine »Herrschaft« sah ich. Sie war so schön und verklärt, ich beglückwünschte sie zu ihrer Himmelsseligkeit. Sie lächelte mir liebreich zu, als ich ihr sagte, sie hätte mit uns soviel zu tun. Sie sagte, Pater Benediktus solle den Teufel von Neuburg wegbannen, es sei höchste Zeit gewesen, daß wir ernstlich gebetet hätten. Da sprach ich: „Ach, wieviel haben wir gelitten! Und der arme Pater Benediktus! Wenn wir ihm nichts mitgeteilt hätten über die Vorgänge in Servus Dei's Seele, wäre es besser gewesen! „Doch der Engel wurde ernst und sprach gebieterisch: „Pater Benediktus mußte wissen, wie es um Servus Dei stand! Es ist sein Recht, denn er ist der Führer! Ihr habt nicht umsonst gelitten. Wenn ihr weniger ausgestanden hättet, würdet ihr nicht so glühend gebetet haben! Hüte Dich, die Zulassungen Gottes zu kritisieren! Vergiß niemals, daß Gott die Güte und Barmherzigkeit selbst ist. Du und Deus dedit, laßt Euch diese Vorkommnisse zur heilsamen Warnung sein, und seid vorsichtig. Ihr werdet Servus Dei nicht weniger lieben als vorher, denn Eure Freundschaft ist durch den Feuerofen der Geduld und des Schmerzes gegangen. Pax vobiscum!“ Dann war ich allein. Ich hörte das Aveläuten und betete den Engel des Herrn mit unaussprechlicher Dankbarkeit.

4. 10. 1907

Deus dedit erwartet meinen Archangelus. Warum kommt er nicht? Als ich dem Archangelus Vorwürfe machte, daß er zu Deus dedit nicht unter einer anderen Gestalt komme als bisher, lächelte er und sprach: „Du begreifst das große, zarte Geheimnis nicht, das darin liegt. Was soll Euer ewiges Fragen und Drängen? Nehmt die Gabe Gottes so an, wie sie Euch geboten wird. Seid von kindlicher Dankbarkeit. Ich habe Deus dedit so manches gesagt, was außer ihm kein Mensch wissen kann. Weshalb zweifelt er und nimmt nicht die Gnadenblüten mit Freuden an? Er ist wie ein Kind, das von einer Rosenknospe nicht glauben will, daß sie sich zur herrlichen Rose entfalten wird. Deus dedit analysiert meine Worte, meine Gebärden, meine persönliche Erscheinung. Er hat von dem köstlichen Rosenduft in der Knospe eine Ahnung, aber er entblättert die zukünftige Blüte, ehe sie sich aufschließt. Hat er von einer zerpflückten

Knospe das Recht zu fordern, sie soll in Schönheit erblühen? Die außerordentlichen Gnaden Gottes werden den Menschen gewöhnlich in bescheidener Form angeboten, so daß der Mensch nicht erschrickt. Erst an den Wirkungen erkennt der Empfänger, wie nahe ihm der Herr war, welch Großes er dem Menschen geschenkt hat. Wenn sich der Teufel der Seele naht, so bringt er sie in Verwirrung. Er *kann* nicht den Frieden bringen, denn er hat ihn auch nicht: aber wenn ein himmlischer Geist zum Menschen spricht, wird das Herz zu Gott erhoben und wunderbar getröstet.“

6. 10. 1907

Heute habe ich meinen geliebten Herrn beleidigt, weil ich abweisend war gegen meinen Mann, als er wieder soviel Arbeit und Mühe verlangte für die Familie K. in Regensburg. Ich sah den Herrn nur ganz entfernt, wie verschwommen, in der Monstranz. Ich hatte im Abendrot auch eine Freude, denn ich sah Deus dedit von seinem Spaziergang heimkehren mit seinen beiden Engeln. Plötzlich kam die »Herrschaft« auch noch dazu, war das ein friedvolles Bild! Gott sei Dank dafür!

23. 10. 1907

Ich fühle mich schrecklich leidend, die letzte Nacht war ich vollkommen erschöpft durch Schmerzen und Fieber. Die Armen Seelen wehklagen und weinten immerzu. Ich wußte gar nicht mehr, was ich tun sollte, um sie zu trösten. Da sprach mein lieber Archangelus: „Willst Du nicht beten, daß der Herr das Anliegen Deines Führers, von dem er gestern zu Dir sprach, in seine heiligen Hände nehmen soll? Du hast heute viel gelitten in der Absicht, Deinem geistlichen Führer gehorsam zu sein. Jetzt bist Du schlaflos, also nütze diese Gelegenheit und bitte um Erhörung!“ Da erwiderte ich: „Wie soll ich nur einigermaßen gut beten können, wenn die Armen Seelen so laut klagen und weinen? Wie soll da Aufmerksamkeit möglich sein?“ Ich ersuchte den Archangelus, die Armen Seelen zu bitten, sie möchten jetzt schweigen, weil ich für die Angelegenheiten meines geistlichen Vaters beten wolle. Der Archangelus lächelte, ging zur Tür und sagte es den Armen Seelen. Sie waren sofort ruhig und versicherten, sie wollten ebenfalls aufs Eifrigste in der Meinung Deus dedit's beten. Ich betete noch fast drei Stunden mit Andacht und

Zufriedenheit trotz meiner Leiden, und habe die Überzeugung, daß Deus dedit in seinem Anliegen getröstet wird.

4. 11. 1907

Als ich am Allerheiligentag durch das liebste Herz Jesu alle Heiligen und Himmelsbewohner beglückwünschte, sah ich einen feinen, zarten Strahl aus der Herzwunde Jesu hervorgehen, sich zuerst ungeteilt auf die Muttergottes senken und von da aus sich in so vielen Strahlen bzw. Tropfen verteilen, als Heilige, Selige und Engel im Himmel waren. Das war so schön, daß ich es nicht beschreiben kann. Die Herrlichkeit und Heiligkeit der allerseligsten Jungfrau übersteigt jede Vorstellung und nach dem Grad, in dem ein Mensch ihre Verehrung förderte und übte, wird er im Himmel die Erkenntnis ihrer Heiligkeit erlangen. Das ist auch eine Steigerung der einstigen Seligkeit. Am Allerheiligentag besuchen alle Heiligen die Stätten, wo sie sich auf Erden geheiligt haben.

Die Seele des zwölfjährigen Kindes, von dem mir Deus dedit heute gesprochen hat, wird in den nächsten Tagen in den Himmel eingehen. Gegenwärtig ist sie auf der höchsten Stufe des Fegfeuers, die dem Himmel am nächsten ist.

Am 5. November feierte ich das Fest der Eltern des heiligen Johannes des Täufers. Ich hatte diese zwei Heiligen früher täglich angerufen, um durch ihre Fürbitte den so heißersehnten Kindersegen zu erhalten. Es war umsonst. Ich betrachtete insbesonders die große Keuschheit dieses Elternpaares und die absolute Ergebung in Gottes Willen wegen ihrer Kinderlosigkeit. Für Elisabeth war die Unfruchtbarkeit noch viel härter zu ertragen als für Zacharias; ihr Herz litt ja doppelt, nicht nur ihres eigenen Leidens wegen, sondern für Zacharias. Als sie empfing, standen ihr zwei sehr schöne Engel mit niedergeschlagenen Augen und gefalteten Händen zur Seite. Der eine dieser Engel muß meiner Erkenntnis nach St.Gabriel gewesen sein. Als Elisabeth empfangen hatte, erfüllte sich ihre Seele mit einer wunderbaren Freude, sie lobte und pries Gott ohne je aufzuhören. Die zwei Engel sah ich öfters bei Elisabeth, St.Gabriel seltener, aber der andere war stets bei ihr. Als Elisabeth Maria gegrüßt hatte, wurde Johannes der Täufer von der Erbsünde gereinigt, während Maria ihr herrliches Magnifikat betete, erfüllte der Heilige Geist die Seele des heiligen Johannes mit ganz besonderen Gnaden, um ihn auszuzeichnen vor allen übrigen Menschen und dem ewigen Sohn die Veranlassung zu geben, Johannes als den »Größten vom Weibe geborenen« zu bezeichnen. Zacharias und Elisabeth gehören zu den verborgenen, fast unbekannten Heiligen, die sehr selten angerufen und fast niemals verehrt werden. Das ist sehr bedauerlich, wenn man die außerordentliche Tiefe ihrer Demut und die hohe Bestimmung dieses Paares bedenkt.

30. 12. 1907

Vorgestern nachmittag hatte ich den Besuch eines »Unschuldigen Kindes«. Es war ein reizendes Bübchen. Es hatte dunkle Haare und Augen, einen sehr schönen Mund, ein ungemein liebevolles Wesen. Es stand *plötzlich* im Zimmer und lief auf mich zu mit kleinen, kurzen Schritten. Es hatte ein weißes Leinenhemdchen an, oben am Hals mit gelber Seide gestickt. Es eilte auf mich zu mit ausgebreiteten Armen, mit einer Selbstverständlichkeit, als ob es täglich aus- und eingehen würde.

Ich kniete mich schnell nieder, um das Kind in meinen Armen aufzufangen, denn es lief so rasch, daß ich fürchtete, es könnte hinfallen. Ich hatte im ersten Augenblick ein ebenso großes Entzücken über meinen holdseligen Gast, wie im zweiten einen so furchtbaren Schmerz über meine Kinderlosigkeit, daß ich glaubte ein zweischneidiges Messer hätte mein Herz durchbohrt. Unaufhaltsam entströmten meinen Augen bittere Tränen, und meine Arme, die das Kind umfaßt hielten, zitterten vor Qual und Schwäche. Das Kind verzog sein Gesicht etwas und sprach vorwurfsvoll: „Ich habe mich schon so lange gefreut, daß ich Dich besuchen darf, und nun vergehst Du fast vor Schmerz und Tränen, statt Dich zu freuen, daß der Wille Gottes an Dir erfüllt wird, und noch dazu auf eine Weise, die Dir weh tut. Wann wirst Du endlich erkennen, wie sehr der Herr Dich liebt, da er Dich ganz allein für sich will und nicht wünscht, daß Du Dein Herz auch nur zum kleinsten Teil einem Geschöpfe gibst? Wenn Du nun statt meiner Dein eigen Fleisch und Blut in den Armen hättest: Du würdest alle Herzlosigkeit und allen bösen Willen Deiner Umgebung für nichts achten, Du würdest alle Leiden ertragen in einer Weise, daß sie Dir gar nicht ganz zum Bewußtsein kämen, denn Dein ganzes Ich und Dein ganzes Sein würde sich in lauter Mutterfreuden auflösen. Du würdest Gott nicht vergessen, Du würdest ihm in Freuden dienen und Dein Kind zu seiner größeren Ehre erziehen, das ist alles wahr; aber eines sage ich Dir: Niemals würdest Du, wenn Du Mutter wärest, die hohe Stufe himmlischer Seligkeit erreichen, die der Herr für Dich bereitet hat. Das Leiden ist für Dich bestimmt, und zwar Leiden bis zum Tod! Je furchtbarer das Leiden auf Dir liegt, desto schneller wird der Siegespreis Dein sein. Also freue Dich Deiner Leiden, die Dich zum Himmel führen, zum vollkommenen Trost Deines zerrissenen Herzens."

Dann schwieg das brave Bübchen, und ich überließ mich meinen Tränen. Dann sagte ich: „Werde ich denn noch lange dieses furchtbare Leiden ertragen müssen?" Da sprach es: „Den weitaus größten Teil hast Du schon hinter Dir." Nun kam mir der Gedanke, wenn ich die Unschuldigen Kinder anrufe, ganz bestimmt dessen gedenke, der als erstes Opfer fiel. Das Kind nahm meine Gedanken sofort auf und sagte: „Ich bin das erste Opfer! Ich war 12½ Monate alt und saß auf dem Lager meiner Mutter, die tags zuvor mein Brüderchen geboren hatte. Da kam der Henker und sprang auf meine Mutter zu. Mit einem einzigen Schwertstreich tötete er mich. Ich hatte mich zur Mutter geflüchtet und meinen Kopf an ihre Schulter geschmiegt. Zugleich riß er mein Brüderlein von der Mutter weg und tötete es, indem er den zarten Kopf mit aller Wut gegen den Türpfosten schlug. Nicht genug — tötete er auch noch meine Mutter, die ihm in den Arm griff, um wenigstens das jüngste Kind zu retten. Es war ein Morden ohnegleichen und ohnegleichen war auch der Jammer. In dem Augenblick, wo uns Kinder das Schwert traf, gab uns die Allmacht Gottes die volle Erkenntnis darüber, daß durch unseren Tod das fleischgewordene Wort gerettet werden sollte. Wir alle gaben unser kaum begonnenes Leben mit der erhabensten Freude für das göttliche Kind zum Opfer dar. Wir waren überselig, daß Gott uns diese große Gnade erwies, für den Messias und um seinetwillen sterben zu dürfen. Als unsere Seele aus dem Körper entfloh, wurde sie vom Schutzengel in das Paradies getragen, mit Freuden bewillkommt von Adam und Eva und den heiligen Patriarchen und Propheten, die uns beglückwünschten ohne Ende. Siehe, wir brachten unser Leben Gott zum Opfer, von Dir verlangt der Herr Kinderlosigkeit — *Dein* Opfer ist das größere, wenn man die Anlagen Deines Gemütes und die Einsamkeit Deines Herzens betrachtet. *Freudig* wirst Du dieses Opfer niemals bringen können, auch wenn Du Dir noch so sehr Gewalt antun würdest, aber vollständig ergeben in Gottes Willen mußt Du sein! Du betest jetzt nicht mehr um Kindersegen, weil Dir der Herr gesagt hat, dieser Wunsch sei vergeblich. Aber ebenso feurig, wie Du früher um Kinder gebetet hast, sollst Du nun beten für die Bekehrung der Sünder, namentlich der Dir nahestehenden — und um vollkommene Ergebung in Gottes Willen. St.Franz von Sales hat uns »Unschuldige Kinder« täglich angerufen, besonders die Sterbenden empfahl er unserer Fürbitte, und wir helfen auch den verstocktesten Sündern zu einer guten Sterbestunde! Als der heilige Franz von Sales starb, waren wir neben seinem Sterbelager, und so oft der Teufel ihn beunruhigen wollte, jagten wir den Unruhestifter weg. Ich heiße Josef. Ich werde öfters kommen, d.h., wenn Du besonders viel leidest. Ich werde dann versuchen, Dich zu ermutigen, denn Trost kann ich Dir nicht viel bringen, weil Dich Deine Kinderlosigkeit so arg schmerzt.“

Da empfahl ich meinen Mann der Fürbitten der Unschuldigen Kinder, und auch Deus dedit, Servus Dei und Pater Benediktus. Das Kindlein lächelte sehr liebevoll. Dann sprach es: „Über den Leiden und Sorgen anderer vergißt Du Deine eigenen Schmerzen. Das ist eine große Gabe Gottes, und Du hast ihm noch nie dafür gedankt. Grüße Deine geistlichen Freunde. Wenn sie unser gedenken, werden wir sie auch nicht vergessen.“ Ich fragte dann noch, wer das Kind geschickt habe. „Das Kindlein Jesu auf die Fürbitte des heiligen Josef und des heiligen Evangelisten Johannes hin.“ Ich hätte so gerne das Kind zu Deus dedit geschickt, es war gar so schön und freundlich. Aber es sprach: „Ich bin zu *Dir* gesandt worden, sonst zu niemand, es ist das erstemal, daß ich gesandt wurde, und außer zu Dir komme ich zu niemand in sichtbarer Gestalt. Ergib Dich in Gottes Willen, so freudig und vollkommen Du kannst. Je schneller Du Dir und Deinen eigenen, wenn auch noch so berechtigten Wünschen abstirbst, desto schneller ruft Dich der Herr zu sich.“ Dann breitete er seine Arme aus, blickte zum Himmel auf und war verschwunden.

Auch vom »Stiefkind« zeigte mir der Archangelus etwas. Ich kann es jetzt nicht schreiben, es war schrecklich, das arme Kind muß ja fürchterlich leiden. Ich habe weder Vater noch Mutter, sie sind im Himmel, wie auch mein Bruder, aber ich habe wenigstens keinen so unmenschlich harten Stiefvater. Ich bin also tausendmal besser daran, als das »Stiefkind«, trotz meiner fast unerträglichen Leiden. Ich kann vieles ertragen, aber das, was das »Stiefkind« leidet, würde ich schwerlich ertragen können, wo es zu aller Seelenpein auch noch körperlich recht krank ist. Armes, armes Stiefkind! Deus dedit hat wirklich lauter geistliche Leidenstöchter. Alle sind Mitglieder von der »himmlischen Bruderschaft immerwährenden Leidens«.

7. 1. 1908

Habe das »Stiefkind« wieder gesehen, es geht ihm gar nicht gut. Ich wußte bis jetzt nicht, daß Pater B. das »Stiefkind« auch kennt. Ein goldener Faden zieht das Kind zu Pater Benediktus; vielleicht ist es keine persönliche Bekanntschaft. Es wird dieses Jahr viel leiden und viel krank sein. Da dachte ich mir: ,,Ach, das arme Kind, dann kann es nicht oft in die Kirche gehen und Deus dedit besuchen. Der Weg von Rechtenstein bis hierher ist weit und beschwerlich für ein leidendes Geschöpf. Da sprach der Engel: ,,Der Weg von Rechtenstein ist ein mühseliger Pfad für kranke Menschen!"

Gestern mittag habe ich St.Johannes gebeten, doch milderes Wetter zu erbitten, ich erfriere fast in meinem kalten Zimmer. Mein Schutzengel sprach: ,,Morgen ist die Kälte gebrochen!" Und so war es auch.

-- 1. 1908

Als ich heute mein Zimmer verließ und den Gang betrat, sah ich einen wunderschönen Engel vor mir stehen. Er trug Levitenkleidung, hatte die Arme über der Brust gekreuzt und blickte mit unaussprechlich flehendem Ausdruck zum Himmel. Ich war so vertieft in diese überirdische Schönheit, daß ich nicht fragen konnte, was der Engel wolle. Aber er kam mir bekannt vor. Um ihm eine Freude zu machen, betete ich: ,,Ave Maria, gratia plena, Dominus tecum!" Da breitete er seine Hände aus und sah mich mit himmlischer Güte an. Dann sprach er: ,,Ich bin der Engel, den der Herr zu den Leidenden sendet, jetzt komme ich zu Dir, dann zu Pater Benediktus, dann zu Deus dedit. Werdet nicht mutlos, sondern dankt jetzt im voraus schon für alle kommenden Leiden. Pax vobiscum!" Dann war er verschwunden.

30. 1. 1908

Gestern abend ging ich, weil ich so elend war, in meine Zelle. Ich kniete vor meinem Kruzifix und sagte: ,,Ave, mein gekreuzigter Heiland, Du dornengekrönte Geduld! Ave, meine gekreuzigter Jesus in aller Deiner Verlassenheit und Schmach und in allen Deinen Schmerzen!" Da neigte sich der Herr zu mir und sprach: ,,Ave, Mechthildis! Du standhafte Geduld! Ave, Du leidensvolle Braut des Kreuzes! Ave in all Deiner

Schmach und Verlassenheit!" Da war ich etwas getröstet, aber der *furchtbare Druck,* der auf mir lastet, will nicht geringer werden.

Heute morgen sagte mein Angelus, ich soll wieder einmal etwas über das »Stiefkind« schreiben. Deus dedit interessiert sich so sehr dafür. Es sei sehr leidend, seelisch und körperlich. Seine Anlagen zu einer gewissen maßvollen Fröhlichkeit gingen ganz verloren, Deus dedit wird das Kind kaum mehr lachen hören. Aber in der Todesstunde kommt die alte Freudigkeit wieder. Das Kreuz legt sich mit voller Wucht auf seine Schultern und drückt das Kind zu Boden. Es ist von einer schwarzen Wolke von Traurigkeit und Schwermut überschattet; die Leiden, auch die mystischen, steigern sich, und die einzige Erholung ist der Gedanke an das Kreuz, an dem Christus starb. „Wenn das »Stiefkind« wieder zu Deus dedit kommt, soll Deus dedit seine Finger mit geweihtem Wasser befeuchten, und die Hände des Kindes bekreuzigen mit den Worten, die der Priester bei Erteilung der letzten Ölung spricht. Es wird dann die Entweihung und Befleckung seiner Hände vergessen, und das bedeutet eine große Erleichterung in seiner Schwermut. Bis jetzt hat das Kind furchtbar gelitten, aber seine eigentliche Leidenszeit, sein tatsächliches Martyrium beginnt erst jetzt. Das ist dann die Zeit, wo das Kind sehr viel *für andere* erbitten kann."

Ob das Kind der Diözese erhalten bleibt, ist sehr unsicher. Der Teufel tut alles, um es von hier fortzubringen. Er findet nur allzu willige Helfer. Dem Stiefvater wird wieder Versetzung angeboten werden. Ob er es ausschlägt? Die geistige Verbindung mit Deus dedit und dem Kind ist unterbrochen und sehr mangelhaft. Pater Benediktus hüllte sich drei Monate in Schweigen, das ist lange genug. Er soll sich der Pflichten erinnern, die er als geistlicher Führer Deus dedit's hat. Pater Benediktus verläßt sich auf die Mitteilungen des Angelus. Das ist nicht recht, nicht der Angelus ist der Führer Deus dedit's, sondern Pater Benediktus.

Vorher war ich in meiner Zelle, holte mein Kruzifix und hängte es über mein Bett. Als ich es von der Wand nehmen wollte, kam es mir selbst entgegen. Ich breitete meine Arme aus, es schwebte auf mich zu, und dann faßte ich meinen gekreuzigten Jesus und drückte ihn an mein schmerzreiches Herz. Als ich die Treppe hinabging, wurde das Kruzifix bei jedem Schritt schwerer; ich glaubte, ich hätte eine Zentnerlast in den Armen. In meinem Zimmer angelangt, befestigte ich mein geliebtes Kruzifix über meinem Bett. Da habe ich nun meinen Trost vor mir: das Kreuz. Da habe ich meine süßeste, gekreuzigte Liebe vor mir, meinen

Herrn und Gott, mein Alles! Wo sollte ich sicherer ruhen können als unter dem Kreuz? Wo könnte ich ein vollkommeneres Stillschweigen lernen, als bei Jesus Christus, und wen sollte ich mehr lieben können, als den, der seinem Vater gehorsam war bis zum Tode am Kreuze? Was ist die Liebe anderes als Leiden? O Liebe und Qualen! Was seid ihr anderes als Liebkosungen der ewigen Liebe!

* * *

Nichts oder wenig fehlt am Anfang und Schluß der Obermarchtaler[25] Tagebücher. »Deus dedit« — 1912 war er bereits Pfarrer und wurde nur mehr also genannt — übernahm 1906 das Amt von Mechthilds Beichtvater, und in diesem Jahr fing sie an, für ihn Tagebuchaufzeichnungen zu machen. Die letzten datieren von Juli 1912. Ende 1913 schrieb Mechthild an die Generaloberin von Siessen; „Vor Jahren führte ich ein regelmäßiges Tagebuch." Sie hatte also aufgehört, ein solches zu schreiben.

Doch zwischen Januar 1908 und März 1912 klafft eine große Lücke. Die fehlenden Tagebücher wurden leider von Herrn Pfarrer Fischer verbrannt! Das kam so: Als letzterer zur Erholung verreist war, schrieb er Mechthild, sie solle ein Buch, das auf seinem Schreibtisch liege, einem gewissen Herrn geben. Mechthild ging deshalb zum Pfarrhof hinüber und klopfte an die Tür des Arbeitszimmers, weil sie meinte, darin ein Geräusch vernommen zu haben. Als sie kein »Herein« hörte, klopfte sie abermals, und dann ein drittes Mal. Doch alles blieb still. So öffnete sie leise die Tür. Auf dem Sofa lag, der Länge nach, Paulinchen, die Haushälterin. Sie hatte einen Stoß von Mechthilds Tagebüchern neben sich und las gerade eifrig in einem derselben. Mechthild war entsetzt, doch entschuldigte sie sich freundlich und holte das Buch. Zu Hause angelangt, rief sie ihren Archangelus und beklagte sich bei ihm, daß ihre innersten Geheimnisse so schlecht gehütet seien. Der Archangelus war erzürnt, er sagte, sie müsse es dem Herrn Pfarrer melden. Letzterer hatte die Tagebücher in einem nicht absperrbaren Fach seines Schreibtisches aufbewahrt. Als er von seiner Reise zurückkam, und vom Vorwurf des Archangelus hörte, schickte er seine Haushälterin zu einer Mühle, um Mehl zu holen — da würde sie solange ausbleiben, daß er inzwischen die Tagebücher in der Küche verbrennen könne! Er glaubte sich dadurch einen weiteren Tadel zu ersparen. Es trug ihm aber noch viel mehr Vorwürfe ein, und zwar von Mater Schabel. Denn „in den verbrannten Tagebüchern hatte Magdalena die Aufeinanderfolge ihrer außerordentlichen Gnaden aufgezeichnet und jede Einzelne ausführlich beschrieben. Jetzt muß man alle Gnaden mühsam zusammensuchen und hat sie doch nicht so, wie aus dieser Quelle," schrieb Mater Schabel. Sie hätte gewollt, daß Pfarrer Fischer die Tagebücher vorher abschreibe — was sie den übrigen tat, die ihr Mechthild 1919 zu leihen gab. Es gebührt ihr großer Dank, denn nach Pfarrer Fischers Tod wurden, wie Mechthild es gewünscht hatte, alle Originale verbrannt.

* * *

Wir möchten hier auch erwähnen, was wir über »Frau Justizrat Thaller« erfuhren, von Menschen, die sie noch gekannt hatten. Nach der Angabe aller war sie zuvorkommend zu jedermann. Die Kinder des Ortes wurden an Weihnachten von ihr beschert. Den Jungen gab sie Nachhilfeunterricht in Latein, Griechisch, Französisch und Englisch. Den kleinen Mädchen schenkte sie oft Brokatreste und Perlen, wenn immer ihr solche beim Nähen von Reliquienherzchen übrigblieben. Sie machte auch wundervolle, ja komplizierte Handarbeiten und half anderen, solche anzufertigen. Als eine feingehäkelte, einer Bekannten gehörigen Decke durch einen Sturmwind zu üblem Schaden gekommen war, bot sich Mechthild an, das zerrissene, wertvolle Stück auszubessern. Was sie mit solchem Geschick tat, daß es heute noch nicht vergessen ist. Im Ersten Weltkrieg kümmerte sie sich sehr um die russischen Kriegsgefangenen. Als einer erkrankte, brachte sie ihm öfters Anisschnitten und andere Mehlspeisen ins Gefangenenlager. Auch soll sie den von Arbeit überlasteten Bäuerinnen beim Kochen geholfen haben. Und wenn es nötig war, organisierte sie mit viel Geschick festliche Zusammenkünfte der fürstlichen Angestellten.

Pfarrer Fischer war gut bekannt mit der späteren Untermarchtaler Vinzentinerin, Schwester O. Er erzählte ihr viel über Mechthild, denn auch sie lebte in Obermarchtal. Doch er nahm ihr das Versprechen ab, nichts weiterzusagen. Daß Pfarrer Fischer Mechthild als Heilige ansah, geht aus der Tatsache hervor, daß diese Schwester noch mehr als ein halbes Jahrhundert danach die Verstorbene vertrauensvoll im Gebet anzurufen pflegte. Sie kam gerade ins Noviziat, als es hieß, die Frau Justizrat sei gestorben, was sie derart beeindruckte, daß sie es lebenslänglich nicht mehr vergessen konnte.

* * *

Der Ort Obermarchtal trägt, den Schloßbezirk ausgenommen, keine unverwechselbaren Züge. Nur ein paar Fachwerkbauten sind typisch für diese schwäbische Gegend.

Wer Mechthilds halber dorthin fährt, wird wohl auch am Grab von Pfarrer Fischer beten, der in der Pfarrei noch immer in allerbestem Andenken steht.

Auch ein Besuch von Neuburg bei Untermarchtal wäre vielleicht anzuraten, ein Hügeldorf mit weiter Aussicht. Hier durchdrang uns die reine Wesenheit der Stille; die fernsten, verschlungenen Höhenwälder lagen wasserfarbenblaß unter den blendenen Wolkenschleiern, und in nicht allzu großer Entfernung hoben sich die in schlanker Kreuzesform endenden schwarzen Kuppeln der Obermarchtaler Schloßkirche nadelscharf aus dem sanften Schatten des Hintergrundes.

Das Dorf Neuburg und sein von geistlichen Freunden bewohntes Pfarrhaus konnte Mechthild, des Höhenunterschieds wegen, nur mit Schwierigkeit erreichen — oder leicht und in Sekundenschnelle durch Bilokation.

Wir sahen die Obermarchtaler Gegend in verschiedenen Jahreszeiten. Nur ein kurzer Juni-Spaziergang sei noch angeführt. Unter den Fenstern leuchteten rote, Tannenbüsche schmückende Bänder — noch von Fronleichnam her. So wird es schon zu Mechthilds Zeiten gewesen sein. Wir durchquerten den Schloßpark, der schräg gegenüber von Mechthilds Fenstern in einen Steilhang übergeht, in einen schroff abwärts führenden Pfad im dichten Grün von Ahorn, Ebereschen und Buchen. Wo die Fliederbüsche stehen, ist der Steilpfad zuende.

Vorbei an Vergißmeinnicht und gelben Blumen drängte, blausilbern geschuppt, die junge Donau, die in zwei Arme geteilt, den Schloßhügel umschließt.

Die Wiesen hierunten waren Weiden, bewaldete Höhenzüge schraffierten den Horizont. Es war eine anmutige, sommerselige Landschaft.

Frappierend anders zeigte sich der Mühlweg, der links vom obig erwähnten Pfad bequem zu Tal führt. Er ist von einem dunklen Bach begleitet, der zur Junizeit, hüben und drüben weite, weiße Schleier um sich zieht, die hie und da in ihn einzutauchen scheinen. Es sind die weißen Schleier von Hunderten von Wasserschierlingen. Auf der anderen Seite des Baches das Dunkel hoher Ebereschen, in deren Dickicht die Vögel laut und sorglos sangen, und deren untere Äste sich, beladen mit knallroten Beeren, über den Bach beugten. Die Früchte der Ebereschen tragen mancherorts den Namen Teufelsbeeren, die Wasserschierlinge sind giftig. So erschien uns dieser Mühlweg wie ein Nachklang zu den vielen dämonischen Begebenheiten in Mechthilds Leben.

Doch kehren wir zur Obermarchtaler Gegenwart zurück. Der Fürst von Thurn und Taxis hat sein Schloß mit allen dazugehörigen Bauten verkauft. Dieses ehemalige Prämonstratenserkloster wurde nun 1978 vom Bischof von Rottenburg eingeweiht als Akademie für katholische Lehrer, als Lehrerbildungsanstalt großen Stils. Möchte Mechthild bewirken, daß sich in ihrem Obermarchtaler Bereich ein Geistesfrühling entfaltet, der allen Studierenden frische und fromme Schwungkraft der Seele verleiht.

* * *

TAGEBUCH 1912

24. 3. 1912

Im Gehorsam beginne ich zu schreiben. Heute ist St.Gabriel's Namenstag, in meiner Diözese schon am 18., doch ist der 24. viel passender, da „er auserwählt war, der Jungfrau die Botschaft zu bringen". St.Gabriel hat eine ganz besondere Eigenart, überall, wo er hinkommt, bringt er Freude oder Trost, überall ist er der freudenspendende und -kündende Nuntius Dei. Ich übergab ihm heute wieder alle meine geistlichen Kinder, betete so herzlich um Freude und Kraft für alle, namentlich für Pater B. Der heutige Passionssonntag hat mir viel Kreuze und Leiden gebracht — Deo gratias von ganzem Herzen dafür. Als ich gestern St.Josef sah, begrüßte ich ihn auf das Ehrerbietigste und Zärtlichste. Ich hätte ihm so gerne eine ganz besondere Freude erwiesen. Da fragte ich Unsere Liebe Frau, ob ich die fünf Sonntage zu Ehren des heiligen Josef nochmals halten soll. Aber sie sagte: „Wenn Du meinem teuren Schützer und Bräutigam eine recht große Freude machen willst, so füge den sieben Sonntagen noch drei Sonntage an: den ersten zum Dank an die allerheiligste Dreifaltigkeit, daß Josef mir von aller Ewigkeit her zum Beschützer und jungfräulichen Bräutigam bestimmt wurde, den zweiten zum Dank, daß er von Ewigkeit her zum Nährvater Christi bestimmt wurde, den dritten zum Dank, daß Josef im Himmel über alle Heiligen erhöht ist und der Menschheit als mächtiger Helfer in allen Nöten gegeben worden ist. Und wie mich der Engel als »die Gebenedeite unter allen Frauen« begrüßte, so nannte er auch Josef, da er ihm das erhabene Geheimnis der Menschwerdung mitteilte, den »Gebenedeiten unter den Männern«, auserwählt zum Schützer meiner jungfräulichen Ehre, begnadet durch sein hohes Amt als Nährvater Jesu."

25. 3. 1912

O Erzengel St.Gabriel, liebeglühender Seraph! Gegrüßet seist Du, Auserwählter Gottes! Gegrüßet seist Du, Gabriel! Du bist voll der Gnade und Freude, der Heilige Geist ist mit Dir, Du bist auserwählt unter allen Engeln und gebenedeit ist die »Unbefleckte Jungfrau Maria«, der Du die Botschaft brachtest, daß sie Mutter unseres Erlösers Jesus Christus werde. Heiliger Erzengel Gabriel, Du Gesandter des Heiligen Geistes, bitte für uns arme Sünder, steh uns bei in jeder Angst und Not, am meisten in der Stunde des Todes, Amen.

Heute ist großer Freudentag im Himmel — und für alle auf Erden, die guten Willens sind. Ich bat Unsere liebe Frau recht inständig, allen meinen geistlichen Kindern viel Seelentrost und Herzensfreude zu bringen. Ich finde keine Worte, um meine Gedanken nur einigermaßen zum Ausdruck zu bringen. Ave Maria, du bist voll der Gnade! Mache Du gut, was mir mangelt!

Ich sah St.Gabriel in einer weißen, goldgestickten Dalmatica (Festkleid des Diakons) mit dem goldenen Lilienstab in der linken Hand. Sein Antlitz strahlte wie die Sonne. Ich mußte meine Augen schließen, sonst wäre ich blind geworden. Ach, wie selig muß es uns werden im Himmel, wenn die Augen unserer Seele diese Schönheit schauen und in sich aufnehmen. Und doch — was ist die höchste Engelsschönheit gegen Gott, dem Urquell aller Schönheit? »Und das Wort ist Fleisch geworden« — aus Maria, der Jungfrau, und die Menschheit, die zu erlösen Gottes Sohn Mensch wurde, hat ihren Erlöser verfolgt und ans Kreuz geschlagen. Für uns wurde aus dem Urquell aller Schönheit ein »Mann der Schmerzen«, an dem »keine Gestalt mehr war«. O gekreuzigter Jesus, Du trankst den bitteren Kelch des Leidens, um uns die Süßigkeit des Himmels zu erwerben!

26. 3. 1912

Heute bettelte ich bei Unserer Lieben Frau, sie möchte mich gut betrachten lassen. Sie schickte mich zu St.Josef. Ehe ich ihn anrief, dachte ich mir: „In Betrachtung des Leidens Christi wird wohl St.Josef wenig Erfahrung haben.“ Aber St.Josef sprach: „O, wie täuschst Du Dich! Schon ehe ich wußte, daß ich zum Nährvater Jesu bestimmt war, betrachtete ich die Schriften des Jesaias und auch die Psalmen. David erzählte mir von den Leiden des Messias. Ehe ich nur ahnte, daß er so bald geboren werden sollte, hatte ich schon Mitleid mit ihm. Der 21. Psalm ganz besonders bildete meine Betrachtung, und sooft ich an die Worte kam: „Ich aber bin ein Wurm, kein Mensch, der Leute Spott, verachtet von dem Pöbel,“ suchte ich durch Beteuerung meiner ehrfurchtsvollen Gesinnung den Erlöser in seinen Leiden zu trösten. Als mir meine jungfräuliche Braut den eben geborenen Sohn Gottes auf die Arme legte und ich mich vertiefte in die unbeschreibliche Schönheit, und als das göttliche Kind seine zarten Arme gegen mich ausstreckte, kam mir bereits Davids Vers vor die Augen: „Sie machten Löcher mir an Händen und an Füßen." Was ich empfand und gelitten habe, kann ich Dir nicht annähernd beschreiben. Wie Jesus dann größer wurde und mir bei der Arbeit half, traf es sich oft, daß er zwei Balken übereinander nageln mußte und da blickte er mich an und ich ihn — wir gedachten beide des Kreuzes."

27. 3. 1912

Heute war ein Leidenstag erster Klasse, Gott sei Dank dafür! Ich fange nach und nach an, die fortwährend gute Meinung intensiv zu üben. Als ich heute nachmittag recht betrübt war über die Untreue meiner Umgebung, ertrug ich es geduldig, indem ich dieses Leid mit den Schmerzen Christi vereinigte, die er bei Petri Verleugnung empfand. St. Johannes sagte dann: „Dieser kurze Affekt der Liebe war mehr wert als jahrelanges Fasten und schwerste Bußübungen. Unrecht geduldig leiden ist eine hohe Tugend, weil sie demütig und unscheinbar ist. Ich will, daß Du Dich nun alle Stunden erforschest, wie Du die gute Meinung geübt hast, damit Du Versäumtes leicht nachholst."

St. Romuald [27] war heute auch lange Zeit bei mir, er ist so lieb und gut, aber er ist so *unkörperlich.*

Der Archangelus ist in Rottenburg bei Pater B. Am Gründonnerstag kehrt er zurück und zu Ostern wird Pater B. kommen.

Meine Hände sind steif und geschwollen. Ich kann keine Nadel halten und möchte doch für Ostern etwas Gesticktes an Priester verschenken. Muß eben auf diese Freude verzichten.

28. 3. 1912

Heute Mittag begegnete ich meinem gekreuzigten Jesus mit dem Kreuz. Es drückte Jesus fast zu Boden. Ich wollte es abnehmen, aber der Herr sprach: „Ich kann Dir dieses Kreuz nicht auch noch geben, Du wirst ohnedies von dem Deinen erdrückt."

„Warum?", erwiderte ich, „habe ich mich beklagt oder gebeten, die Last zu erleichtern?" — „Nein", antwortete der Herr, „das nicht mit Worten, aber in dieser Woche sagtest Du schon dreimal zu mir: ‚Ich kann die gegenwärtigen Verhältnisse nicht mehr ertragen!' "

Ich war betroffen und sagte: „O Herr, war dies ein Unrecht?" „Nein",sagte der Herr, „Unrecht war es keines, aber Mangel an Großmut — Du darfst Dir nie denken: ‚Ich kann es nicht mehr ertragen!' Je unerträglicher Deine Leiden, desto mehr mußt Du mir dafür danken, denn die großen Leiden sind große Gnaden. Ich kann sagen, daß Du mit meiner Unterstützung Dein Leidensgelübde gut hältst. Du leidest oft unerhört und beklagst Dich nicht. Du weichst den Leiden nicht aus, Du gehst ihnen entgegen. Du wählst von zwei Möglichkeiten stets diejenige, die Dir größere Leiden bringt. Du trägst die Dir widerfahrene Schmach und Verachtung mit absoluter Ruhe. Du sagst von ganzem Herzen »Deo gratias« und willst nichts anderes. Aber ich verlange noch mehr, ich will, daß Du Dich verpflichtest, auch der *Freude* auszuweichen, vorausgesetzt, daß Du damit niemand eines Trostes beraubst, denn ich gab Dir die Gabe des Trostes für andere. Je mehr Du anderen Trost bringst, desto mehr wirst Du leiden. Ich gab alles hin für Dich, den letzten Tropfen Herzblut, noch nach meinem Tode. Das freudelose Leiden hast Du angenommen und geübt, Du bist mir ruhig und klaglos auf diesem harten Dornenweg nachgefolgt. Gib mir nun noch das Letzte: *Dein ganzes Herz für mein Herz! Deine ganze vorbehaltlose Liebe für meine Liebe!"*

Mir wurde furchtbar Angst, aber dann dachte ich: Wenn der Herr etwas Großes verlangt, dann gibt er auch die notwendige Kraft. Ich sagte dann: „Gut, gib mir das Kreuz, ich will es tragen, wie Du willst." Da leuchtete das Antlitz des Herrn wie Feuer und er sagte: „Ich will, daß Du Dir der ganzen Tragweite dieses Gelübdes bewußt werdest, wenn Du es ablegst. Ich verlange daher, daß Du von jetzt ab täglich eine kurze Betrachtung hältst über meine große Liebe zu den Seelen. Am Karfreitag abends verlange ich die volle Hingabe Deiner selbst. Du wirst große Angst leiden bis dahin, laß es Dich nicht anfechten, auch brauchst Du nicht zu fürchten, daß Deine Seele von mir verlassen sein wird, denn auch ich war nicht ohne Tröstung auf dem Leidensweg nach Golgatha, denke an die vierte, fünfte, sechste und achte Station des Kreuzwegs. Aber bedenke wohl: Da wo ich Trost von den Geschöpfen erhielt, gab ich ihn tausendfach zurück." Ich konnte nur mehr sagen: „Mir geschehe nach deinem Wort!" Dann war der Herr verschwunden. Ich habe jetzt unsagbare Sehnsucht nach diesem rauhen Kreuz, und doch ist es mir bang davor. Morgen gehe ich zu unserer Mutter, die ihr Schmerzensfest feiert, sie wird mir sagen, was ich tun soll.

29. 3. 1912

Heute war große Unruhe in meiner Umgebung, doch war ich recht zufrieden, da ich getreulich der gestrigen Mahnung des Herrn dachte. Mit der »guten Meinung« ging es mir heute recht gut. Man muß nur den guten Willen haben, dann überschüttet einem die barmherzige Liebe Gottes mit reichsten Gnadenhilfen. Abends hielt ich Betstunde zu Ehren der Verlassenheit Unserer Lieben Frau am Abend des Karfreitags. Ich sah unsere liebste, schmerzensreichste Mutter, wie sie nach Jesu Begräbnis in äußerster Verlassenheit mit dem Apostel Johannes ging. Maria Magdalena folgte ihnen; immer wieder blieb sie stehen und sah zurück auf das Grab. Maria Magdalena hat weniger gesündigt als ich, aber mehr geliebt!

30. 3. 1912

Heute ist das historische Datum des Karfreitags. Morgens konnte ich zur hl. Messe gehen. Es war alles ruhig und still in mir. Vormittags schickte mir der Herr viele Widerwärtigkeiten, Deo gratias! Nachmittags legte sich eine furchtbare Last auf meine Seele, es ist wie ein zentnerschwerer Druck, der auf mir lastet und es meinem Herzen fast unmöglich macht, sich zu Gott zu erheben. Auch kam eine große innere Unruhe über mich, die mich am freudigen Gebet hinderte. Wie aufgeschreckte Vögel flatterten meine Gedanken, die ich doch auf die Betrachtung richten sollte, umher. Ich kniete mich nieder und sagte zu meinem gekreuzigten Jesus: „O Herr, in Vereinigung mit Deiner Ölbergangst und Deinen Ölbergsgebeten opfere ich Dir meine zerstreuten Gebete auf zu Ehren der allerheiligsten Dreifaltigkeit." Auf diese Anrufung hin wurde ich wieder gesammelt und konnte den Einzug Christi in Jerusalem mit großer Innigkeit betrachten. „Gebenedeit sei, der da kommt im Namen des Herrn!" — Und wenige Tage darauf der Schrei: „Kreuzige ihn, kreuzige ihn!" Viele gingen jubelnd dem Herrn voran bei seinem glorreichen Einzug in Jerusalem, aber wie wenige folgten ihm auf dem Kreuzweg. *Heute* streuen sie Blumen aus über den Weg, den der Herr kommt, „sanftmütig und demütig auf einer Eselin reitend", und in kurzem geht der Schönste unter den Menschenkindern mit dem schweren Kreuz beladen seinen heutigen Triumpfweg. Da ist niemand, der ihm Blumen streut, nur die Frau des Zachäus, Veronika, hat den

Mut, dem Meister den Schleier ihres Hauptes darzureichen, und die Mütter, deren Kinder Jesus segnete, beklagten ihn. Die Apostel sind geflohen. Nur der Liebesjünger mit der Mutter Jesu, Magdalena und den frommen Frauen geht den Kreuzweg. Meine Seele, gehe ernstlich ins Gericht mit dir: Was ziehst du vor, mit Jesus triumphierend einzuziehen in Jerusalem, oder ihm zu folgen auf dem Dornenweg des Kreuzes? Mit Palmen zu winken, oder das Kreuz auf dich zu nehmen? Jesus Blumen zu streuen oder ihm ehrfürchtig die Myrrhen des eigenen oft so schweren Leidens zu Füßen zu legen?

Palmsonntag

Siehe, Dein König kommt zu Dir! Ich habe heute meinen Vielgeliebten in mein sündiges Herz aufnehmen dürfen. Was gibt es im Himmel und auf Erden, das ich mir noch wünschen könnte? Ich bat den Herrn um überfließende Tröstungen für alle, die meiner Seele und meinem Herzen am teuersten sind. Als ich dann heimkam und in meinem Zimmer mein Kruzifix grüßen wollte, stand der Herr plötzlich vor mir in weißrotem Gewand. Ich war so glücklich, aber als ich eine kurze Zeit im Anblick der höchsten Schönheit versenkt war, fürchtete ich, der Herr könnte verschwinden, ohne daß ich ihm meine Wünsche gesagt hätte. So fing ich wieder zu bitten an, wie bei der hl. Kommunion: um überfließende Tröstungen für alle, die mir am teuersten sind. Der Herr sprach: „Deine Fürbitte ist erhört. Was verlangst Du für Dich?“ Ich erwiderte: „Deine Liebe und das Kreuz, was soll ich sonst für mich verlangen?“ Da zog der Herr aus den Falten seines Mantels zwei Zweige hervor. Der eine war wie Gold und funkelte wie Sonnenstrahlen. Der andere war ein stacheliger Dornenzweig wie der, aus dem Christi Dornenkrone geflochten war. „Wähle nach Deinem Willen“, sprach der Herr zu mir. „Beide Zweige sind schön, beide bedeuten Gutes, überlege Dir die Wahl, ich lasse Dir Zeit.“ Und damit nahm der Herr den Dornenzweig in die rechte Hand, den goldenen in die linke. Da dachte ich mir: „Jesu rechte Hand hat uns gesegnet, Jesu rechte Seite wurde für uns geöffnet.“ Jetzt sprach der Herr, nachdem er auch den goldenen Zweig in seine Rechte nahm und um meine prüfenden Gedanken wußte: „Nun sind beide Zweige in meiner Rechten vereinigt, nimm, was Du willst, beide sind schön, beide kommen aus meiner Hand.“ Der Dornenzweig gefiel mir immer besser und besser, und ich sagte dann: „Gib mir die Dornen, geliebter Herr. Du wurdest mit Dornen gekrönt für mich, und dieser Dornenzweig ist hundertmal schöner als der goldene. Denn unscheinbar ist sein Äußeres und unauffällig, aber innen sind die Dornen voll Schönheit und größter Süßigkeit.“ Da lächelte der Herr und reichte mir den Dornenzweig. Wie Feuer brannte er in meiner Hand, aber ich hatte Freude daran und drückte ihn an mich, daß die Dornen mich verwundeten, denn sie waren hart und spitz. Der Herr fragte dann nochmals: „Hast Du keinen Wunsch für Dich?“

„O ja“, erwiderte ich, „Du bist allmächtig, gib doch diesem Dornenzweig die Form des Kreuzes!“ Da erhob der Herr seine Hand und aus dem Dornenzweig wuchs rechts und links ein Kreuzesbalken, aber nicht in der Art wie der Dornenzweig, sondern grün wie frische Myrrhen. Der Herr sprach abermals: „Hast Du keinen Wunsch mehr?“ Da fühlte ich mein Herz von überströmender Liebe entzündet und ich rief: „Gib, daß ich nichts anderes weiß als Dich, den Gekreuzigten! „Gib, daß ich nur Dich verlange und das liebe Kreuz! Dann habe ich den Himmel auf dieser Welt!“ Da sprach der Herr mit großer Liebe: „Dein Wille geschehe!“ Und damit verließ mich mein gekreuzigter Jesus und mit ihm ist aller Trost verschwunden. Eine gewisse Leidensangst ist mir geblieben, doch kann ich mit großer Liebe sagen: Deo gratias!

Palmsonntag, abends

Mir tut es leid, daß der Josefsmonat (März) schon zu Ende geht. Ich will ihn auch noch durch den ganzen April verlängern. Von morgens bis abends waren lauter Verdrießlichkeiten mein Anteil. Als ich voriges Jahr so viele »Grignionisten« fing, bettelte ich bei Unserer Lieben Frau um die Gnade, mir für diese Arbeit eine recht innige Liebe zum hl. Josef zu erlangen. Sie hat mein Gebet erhört, wie kann ich ihr genug danken?

Heute betrachtete ich Jesus, wie er seine Verurteilung erwartete. Nicht genug, daß das sanftmütigste Lamm Gottes auf das Grausamste gegeißelt und mit Dornen gekrönt worden war, die Kriegsknechte hatten ihn so heftig ins Gesicht geschlagen, daß er ganz geschwollen war. O ewige, unsagbar erhabene Schönheit! Wohin bist Du entschwunden? O Augen Christi, wo blieb euer majestätischer, immer so barmherziger Blick? Trüb sind diese göttlichen Augen geworden vor Tränen und Blut. Der Herr des Lebens, der Herr über den Tod, sollte dem Tod überantwortet werden.

2. 4. 1912

Als Jesus nach seinem Einzug in Jerusalem (Palmsonntag) in den Tempel ging, um zu lehren, war der Andrang so groß, daß er bis zum späten Abend blieb, lehrte, tröstete, Kranke heilte und Sünderherzen bekehrte. Als aber die Nacht einbrach, fand er keinen Menschen, der ihm und seinen Aposteln Herberge geboten hätte. Und Jesus ging noch nachts den weiten Weg nach Bethanien. An diese Verlassenheit Christi denken wenige und wenige wissen davon. Doch erinnere ich mich, daß St.Theresia sich stets am Palmsonntag ganz besonders auf die heilige Kommunion vorbereitete, um Jesus ihr Herz als Wohnung anzubieten, um genugzutun für die Achtlosigkeit der damaligen Menschen.

Lazarus, Martha und Magdalena empfingen den Herrn mit großer Liebe und Ehrfurcht. Magdalena, ungestüm in ihrer großen Liebe wie stets, hatte eine Ahnung, daß Jesus noch kommen würde und lief alle Augenblicke auf die Straße, ob der, den ihre Seele lieb hatte, noch nicht käme. Simon von Cyrene sah ich unter den Zuhörern im Tempel. Er ahnte noch nichts davon, zu welch hohem Amt er in wenigen Tagen berufen sein sollte.

3. 4. 1912

Morgen ist Gründonnerstag; meinem Leiden nach dürfte es heute schon Karfreitag gewesen sein. Heute war Jesu Abschied von Bethanien. Er hatte den ganzen Tag gelehrt und viele Menschen getröstet. Abends kehrte er wieder nach Bethanien zurück. Der Herr erzählte Lazarus und Magdalena von seinem nahen Tod. „Einer, der meinem Herzen nahe steht, wird mich verkaufen um weniger als den Preis, den man für den schlechtesten Sklaven bezahlt." Maria Magdalena fiel dem Herrn zu Füßen und schlug vor Schmerz ihren Kopf heftig auf den Boden. Lazarus weinte, doch waren es stille, wenn auch bittere Tränen. Jesus berührte dann Magdalenas Schultern und sagte: „Steh auf, setze Dich zu Deinem Bruder und höre, was ich sagen will."

Und er erzählte ihnen von seiner geliebten Mutter, wie seit Simeons Weissagung das Schmerzensschwert ihre Seele durchbohrte. Auch sprach er von seiner schmachvollen Geißelung und allen, auch den kleinsten Umständen seines Leidens. Der Herr sagte, daß Maria im Geiste alle seine unerhörten Martern sehen und an *sich selbst* mitleiden würde. Er sagte auch zu Magdalena, sie dürfe ihm auf seinem Kreuzweg folgen, aber nur in Gesellschaft seiner heiligen Mutter. Magdalena war unbeschreiblich traurig. Sie dankte dem Herrn immer wieder für ihre Bekehrung und die Erweckung des Lazarus.

Simeon hatte Jesus zu Tisch geladen, die Apostel, Lazarus mit seinen Schwestern und Unsere Liebe Frau waren auch dabei. Die Apostel konnten nicht essen, so traurig waren sie. Jesus ermunterte sie, die Speisen zu kosten, fortwährend sprach er Worte der innigsten Liebe und des heiligsten Ernstes zur Tischgesellschaft, gab Unterweisungen und tröstete. Maria Magdalena sah ich totenblaß an einer Säule lehnen. Sie hatte es bei den Frauen nicht aushalten können, da sie von ihrem Platz aus nicht den vollen Anblick des Herrn hatte. Als ich sie so dastehen sah, fiel mir wieder ihre geradezu wunderbare Schönheit auf: sie war vergeistigter als früher. Ihre Glieder waren von schönstem Ebenmaß, ihre Hände ungemein schlank und zart. Magdalena war mit einem Wort vollendet schön. Auf einmal griff sie unter ihren Mantel und nahm ein Alabastergefäß heraus. Sie näherte sich mit fast zaghaften Schritten ihrem geliebten Meister. Einige Schritte vor ihm warf sie sich zu Boden, löste Jesus die Sandalen und salbte ihm die Füße, nicht nach dem damaligen Brauch nur unten, sondern unten und oben. Dann riß sie mit einer raschen Bewegung ihren Schleier ab, löste ihre Haare, so daß sie wie ein Mantel ihre Gestalt umhüllten. Sie griff mit beiden Händen in die Haare und trocknete damit dem Herrn die Füße. Dann stand sie auf, zog eine neue Salb-Urne heraus und goß den darin enthaltenen köstlichen Balsam über die Haare Christi. Anschließend strich sie mit der Hand über die Stirn Jesu und rückwärts über das ganze Haupt bis zum Wirbel. Der Balsam war vom Allerköstlichsten, er ergoß sich auch über die Kleider des Herrn, einen ungemein süßen Wohlgeruch verbreitend. Als Magdalena das Haupt Jesu salbte, verschob sich ihr Mantel und ich sah, daß sie unter demselben das bei den Israeliten gebräuchliche Bußhemd trug.

Durch Magdalenas Handlung wurde der Herr bei seinen Gesprächen unterbrochen. Die Apostel murrten, denn sie hatten es nicht vergessen, daß man sie eine »öffentliche Sünderin« nannte. Nun glaubten sie sich durch Magdalenas Liebestat benachteiligt. Judas fing an, Magdalena zu schmähen. Sie wollte weinend aus dem Saal gehen, da trat ihr Judas in den Weg und nannte sie eine *gewissenslose Verschwenderin,* die der Armen vergäße. Da weinte sie noch viel schmerzlicher. Dieses Weinen zerschnitt mir das Herz: wie gerne hätte ich Magdalena getröstet. Da sagte

Jesus, man solle Magdalena in Frieden gehen lassen, sie habe ihn ja im Hinblick auf seinen baldigen Tod gesalbt, und wo man das Evangelium verkünde, werde auch Magdalenas Tat und ihre Liebe erwähnt werden.

Magdalena ging nun, ihr Haupt verhüllend. Jesus und die Jünger kehrten auch bald in das Haus des Lazarus zurück. Neben dem Judas sah ich zähnefletschend den Teufel gehen. Rings um ihn waren noch mehr böse Geister, auch der Teufel mit den übermäßig langen Armen, vor dem ich soviel Abscheu habe und den ich so fürchte. Plötzlich kehrte Judas um und ging nach Jerusalem. Die Teufel gingen triumphierend mit ihm. In der Nacht kam Nikodemus zu Jesus. Vor Tagesanbruch begleitete Lazarus Nikodemus nach Jerusalem zurück. Nikodemus war etwas untersetzt. Er hatte schöne, etwas schwermütige Augen und besaß unerschöpfliche Herzensgüte. — Seele Christi, heilige mich!

Gründonnerstag, abends

Heute abend bekam ich von Pater B. den schon so lange ersehnten Stationsrosenkranz. Ich will ihn heute in der Nacht für den lieben Geber beten. Deo gratias!

Als Jesus im Abendmahlsaal war, legte er sein Oberkleid ab und umgürtete sich mit einem Leintuch. Dann goß er Wasser in eine große Schüssel und kniete sich nieder, um den Aposteln die Füße zu waschen. Über dem Antlitz des Herrn lag ein Hauch von Schwermut. Seine Bewegungen waren ruhig und von hoher Majestät. Judas beobachtete den Herrn mit lauernden Blicken. Ich sah den Teufel hinter ihm stehen und sein Herz verhärten gegen die unsagbar rührende Gestalt Christi. Als Jesus zu Judas gekommen war, kniete er sich auch vor dem Verräter nieder, wusch ihm die Füße und küßte sie mit großer Inbrunst. Welch erhabenes Beispiel! Petrus protestierte anfangs gegen die Verdemütigung des Herrn, nach dessen Belehrung aber möchte er sich »auch Hände und Haupt« vom Herrn waschen und küssen lassen. Guter heiliger Petrus! Wie rührend bist Du in Deinem Eifer, wie brennend vor Liebe zum Herrn! Als der Herr das Brot segnete und in sein heiliges Fleisch verwandelt hatte, sah er *all die Millionen Seelen* vor sich, die ihn dereinst unter der Brotsgestalt empfangen würden, welcher Trost für das süßeste Herz Jesu und welche Stärkung, aber auch welch bitterer Schmerz bei der Vorahnung so zahlreicher Sakrilegien, Flüche, Blasphemien! Und doch zögerte er keinen Moment, sich unserer Seele für die Ewigkeit zur Speise zu geben. Als Jesus sprach: „Nehmet hin und esset!" da erschien er wie vergeistigt. Das Angesicht war von durchsichtiger, leuchtender Blässe, die Augen zum Himmel erhoben, mit einem unbeschreiblichen Ausdruck von hingebungsvoller Liebe. O Jesus, könnten Dich alle Menschen so sehen, sie *müßten* ja an Dich glauben, sie müßten Dich lieben. Als Judas das Himmelsbrot genossen hatte, sah ich wie eine kleine Gestalt vom Boden auffuhr, die Judas gleichzeitig mit dem heiligen Sakrament in sich aufnahm. Mir graute davor. Als Jesus den Wein in sein kostbares Blut verwandelt hatte, sah er alle Priester der Zukunft vor sich. Jesus betete um Standhaftigkeit für die priesterlichen Seelen. Als St.Johannes am Herzen Jesu lag, wurde er verzückt und kostete die unsagbare Süßigkeit des Herzens Jesu. St.Johannes wurde von Jesus am meisten geliebt, weil er zum Hüter und Beschützer Mariens auserwählt war. Aber die Liebe St.Petri zum Herrn war viel feuriger und größer, als die Liebe von Johannes. Johannes wird nicht seiner eigenen Liebe wegen der »Liebesjünger« genannt, sondern weil ihn der Herr am meisten liebte. Es ist etwas so großes um die Liebe geläuterter, bekehrter Sünder. Die Liebe der jungfräulichen, ganz unberührten Seelen möchte ich mit einem hellen Licht vergleichen, aber die Liebe der Bekehrten ist ein Feuerbrand, den kein Mensch löschen kann und der durch Kreuz und Leiden stets neue Nahrung erhält. Die Liebe des heiligen Augustinus ist z.B. viel größer als die Liebe des heiligen Stanislaus u.a.m., die in jungen Jahren Großes erreicht haben. Die furchtbaren Kämpfe des heiligen Augustinus blieben St.Stanislaus erspart. Dieser hat den Vorzug, die Lilie unverletzter Jungfräulichkeit zu tragen, jener aber hat die größere Glorie.

Als der Herr auf dem Weg zum Ölberg war, wurde er furchtbar traurig, er sah voraus, daß die Jünger ihn verlassen würden. Er war nicht nur seiner selbst wegen, sondern auch um der Apostel willen so betrübt. Die Apostel waren alle gerührt, ihre Seelen waren fleckenlos. Sie fühlten sich eins mit ihrem göttlichen Meister. Als Jesus im Ölgarten angekommen war, war es neun Uhr abends. O Herr, Du Schöpfer der Menschen, wie zitterst Du doch vor Angst und Furcht! Wie fließen Deine bitteren Tränen! O könnte ich Dir doch helfen, könnte ich doch statt Deiner leiden! Als ich einst die schreckliche Todesangst Christi betrachtete, konnte ich mich nicht mehr fassen vor Mitleid und Schmerz. Da sprach mein liebster Jesus zu mir: ,,Nicht nur für die gesamten Sünden der ganzen Welt habe ich am Ölberg so große Angst gelitten, o nein! Jede einzelne büßte und litt ich. Denn überfließend wie meine große Liebe sollte auch die Erlösungsgnade sein." Eines der furchtbarsten Leiden Jesu war die tiefe Trauer über den Mißbrauch der Gnaden. Wenn wir nur wollten, könnten wir alle *heilig* werden, aber es fehlt am festen Willen und an treuer Beharrlichkeit. Herr, lehre uns beten! Dein Gebet am Ölberg war so vertrauensvoll, so vollkommen ergeben. Lehre mich beten, wie Du gebetet hast! In äußerster seelischer Verlassenheit, in Trostlosigkeit betete er, um für die Menschen die ewige Tröstung zu erflehen. Ich habe die Gewohnheit, alle meine armseligen Gebete mit den Gebeten Jesu zu vereinigen. Einst war ich körperlich schwer leidend. Ich betete so gut ich konnte, es war wenig und recht unandächtig. Ich bat hierauf meinen gekreuzigten Jesus um Verzeihung für dieses unandächtige, ungewöhnlich zerstreute Gebet. Und da neigte sich das Kruzifix zu mir und sprach: „Du hast Dein Gebet mit meinem Gebet am Kreuz vereinigt. Dein Gebet war also nicht das von Dir gesprochene, sondern mein eigenes Gebet. Denn wie ein Wassertropfen im Ozean verschwindet, so ist Dein Beten meinem himmlischen Vater so aufgeopfert, als wenn es die Deinen gewesen wären. Wenn Du stets in Vereinigung mit meinen Gebeten betest, so kann ich Dir sagen, daß Du stets gut betest, denn der gute Wille einer Seele ist mir so angenehm, daß ich alle Unandacht und Zerstreuung auslösche, als wären sie nie gewesen." Jesus erklärte sich bereit, alles anzunehmen, was ihm sein himmlischer Vater an Leiden schickt. O wunderbare Großmut, Allmacht der Liebe! Der Erlöser ist bereit, das Äußerste zu leiden, um den Sünder zu befreien! O Quelle der Liebe, ist es denn möglich, daß es noch etwas gibt, das ich nicht von Dir verlangen dürfte, da Du *alles* für mich leiden willst! Es gibt keine Leiden, keinen Schmerz, den Du, o Herr, nicht für uns gelitten hast.

Er litt für uns alle Todesangst, auf daß wir ruhig sterben können. Den Verehrern seiner Todesangst am Ölberg verspricht die unendliche Liebe einen *sanften* Tod. Oft schon hat die Erfahrung die Wahrheit dieser Verheißung bestätigt.

St.Borromäus betrachtete sein ganzes Leben lang nur die Todesangst Christi am Ölberg, immer wieder fand er neuen Stoff in diesem Leidensmysterium. Das Hauptleiden Christi war die Gewißheit, daß die Früchte seines Leidens an so vielen Seelen verloren gehen sollten, *das* war die Angst, die dem Herrn den Blutschweiß auspreßte. St.Gabriel kam und bot dem Herrn den Kelch der Stärke. Als Jesus ihn getrunken hatte, sah er die Scharen all seiner Getreuen, alle Priester, Märtyrer, kurz, alle künftigen Scharen der ihm ergebenen Seelen an sich vorüberziehen. Das war ein unbeschreiblicher Trost für unseren liebevollsten Erlöser. Jesus dankte seinem himmlischen Vater für die Tröstung. Maria aber sah im Geiste alle bitteren Ängste ihres Sohnes und fühlte sie mit ihm.

Nun geht es auf elf Uhr, es ist Zeit mich zu versenken in die Mysterien der leidensvollsten Nacht. Mit Jesus darf ich sagen: „Meine Seele ist betrübt bis zum Tod.“ — Leiden Christi, stärke mich!

Karfreitag, morgens drei Uhr

Ecce homo! Wenn ich nur einigermaßen schildern könnte, wie entsetzlich der Anblick unseres barmherzigen Jesus im Leiden ist. Ich begreife nicht, daß ich nach diesem Anblick noch leben kann. Ich habe dieses Ecce homo dem himmlischen Vater dargestellt für alle, die meiner Seele am nächsten sind. Ich habe Jesus selbst gebeten, uns allen gnädig und barmherzig zu sein, und unser liebster, geduldigster Jesus öffnete seinen grausam geschlagenen Mund und sagte: „Deines großen Mitleids wegen geschehe das, was Du von mir verlangst!“

Fünf Uhr

Über unsere Diözese kommen schwere Prüfungen (Seminar und Universität). Ein schweres Gewitter steht über uns. Gott sei uns gnädig. In Rom begeht man arge »Unüberlegtheiten«. Wohin ich sehe, ist Uneinigkeit und Zwietracht. Der Teufel hat mehr Gewalt, weil die Menschen so gerne auf ihn hören. Viele Seelen gehen für Gott verloren. Auch unter den Ordensleuten gibt es viel Uneinigkeit und Streiterei. Zwei hohe Zedern sah ich stürzen, und ihr Fall reißt viele mit sich. Gott sei uns gnädig! — Leiden Christi, stärke uns!

Nachmittag

Pater B. hat nicht geschrieben. Als ich heute Morgen aus der Kirche kam, begegnete ich dem kreuztragenden Herrn. Ich hatte unsagbares Mitleid und beneidete Veronika um den Liebesdienst, den sie dem Herrn erweisen durfte. Der Herr tröstete mich liebevoll und sprach: „Sooft ein Mensch das Verlangen hat, mir in meinem Leiden ein Helfer und Tröster zu sein, rechne ich diese gute Absicht so hoch an, als ob er Simon von Cyrene oder Veronika gewesen wäre. Denn auch das kleinste

Mitleid, das man meinem bitteren Leiden entgegenbringen kann, trägt große, ja tausendfältige Frucht. Wer das Kreuz auf Erden liebt, wird im Himmel die Glorie der Märtyrer besitzen.“ Das erfreute mich, und ich fragte, ob im Himmel auch der Kreuzweg gebetet werde. „Der Kreuzweg wird im Himmel gefeiert und wird eine große Vermehrung der himmlischen Freuden derer sein, die ihn auf Erden oft gebetet und dieses Gebet verbreitet haben, denn das Kreuzwegbeten stammt von meiner »Unbefleckten Mutter« und die Kreuzwegbeter sind ihre bevorzugten Kinder.“ Dann gab der Herr mir sein Kreuz, es ist groß und schwer, aber ich liebe es. Und nun will ich wieder vor das Allerheiligste gehen und vertrauensvoll das Versprechen ablegen, die Freude nicht mehr aufzusuchen. Die Schwere diese Gelübdes kommt mir erst jetzt voll und ganz zum Bewußtsein, da mir der Herr nun das Kreuz gegeben hat, das er mir vorige Woche verweigerte. Ich bin am Ende meiner körperlichen Kräfte und bin doch so froh und glücklich, weil mir der Herr nun endlich das Kreuz nicht mehr vorenthält.

Jetzt ist es still auf Kalvaria, das Volk hat sich verlaufen, nur mehr die Freunde Christi sind auf dem Leidensberg. Unsere liebe Frau hat wunde Augen, sie hat so viel geweint, ihr Antlitz ist so bleich wie das des toten Sohnes auf ihrem Schoß. Magdalena liegt auf ihren Knien und ihr Haupt liegt auf den Füßen Jesu. Maria nimmt mit zarter Hand die Dornenkrone vom Haupt des Herrn, ganz behutsam, wie um möglichst wenig Schmerz zu verursachen, zieht sie die Dornen heraus. Dann küßt die Schmerzensmutter die geliebten, nun gebrochenen Augen und den bleichen Mund, der ihr in Bethlehem so liebestrahlend entgegengelächelt hat. Dann reinigt sie mit einem in Wasser getauchten Schwamm die Wunden Jesu von Blut. Beim Anblick der schrecklich durchbohrten Hände schließt Maria einen Augenblick die tränenvollen Augen. Das Gelenk der linken Hand ist vollständig zerrissen, ebenso die Fingergelenke. Die rechte Hand, die stets nur zum Segen erhoben wurde, ist blau und fast ohne Haut. Die linke Seite längs der Rippen hinab ist auch vollständig ohne Haut. Auf der rechten Seite die weit klaffende Wunde. Der Speer drang hier so heftig ein, daß seine Spitze auf der linken Seite durchstach. Die Zeit von halb 6 bis halb 7 Uhr am Karfreitag gebe ich stets unserer schmerzhaften Mutter. Da leiste ich ihr Gesellschaft in ihrer Verlassenheit. Zum Schluß danke ich dem Herrn für die Treue, die ihm die »Heiligen unter dem Kreuz« erwiesen haben. Wenn dann unsere Liebe Frau vom Begräbnis heimkommt, dann warte ich schon auf sie und lege ihr in die reinsten mütterlichen Hände diejenigen, die meine Seele lieb hat. Statt des toten Sohnes gebe ich ihr das Teuerste, was ich habe. Ich danke Dir, Herr Jesu Christ, daß Du für mich gestorben bist. O laß Dein Blut und Deine Pein an mir doch nicht verloren sein! Amen.

Karsamstag

Heute war ein Tag voll Opfer, Deo gratias. Gegen alle Hoffnung hoffte ich doch noch, Pater B. zu sehen. Um drei Uhr kam der Archangelus und sagte, ich solle vorläufig gleich den Verzicht auf diese Freude bringen. Ich tat es, aber ich hatte ein schweres Herz. Um sechs Uhr abends vor der Auferstehungsfeier, sagte St.Johannes: ,,Pater B. bedarf Deines Gebetes gar sehr, tue, was Du kannst!" Ich war sehr traurig und bat den Herrn, meine Osterfreude Pater B. zu geben. Nach der Auferstehungsfeier betete ich noch die Corona des Herrn, wie gewöhnlich am Karsamstag. Dann ging ich heim — es war gegen halb acht Uhr — und betete weiter. Am Ostersonntag um drei Uhr früh ging ich mit dem Auferstandenen, Unserer Lieben Frau, St.Josef und den Patriarchen des Alten Testamentes den Kreuzweg in Jerusalem. Die Seelen derjenigen, die meiner Seele lieb sind, nahm ich alle mit. Ich war danach erwas getröstet wegen Pater B., betete aber doch noch bis nach dem Aveläuten für ihn. Um fünf Uhr ging ich zur Ruhe. Um sechs Uhr war ich schon wieder in der Kirche, um während der heiligen Messe die Kommunion zu empfangen. Von Anfang an verzichtete ich schon auf die Ostertröstung für meine Lieben. Ich war so müde, körperlich und seelisch, dabei fast von Sorgen wegen Pater B. erdrückt. Nachmittags war ich in Neuburg, wo ich mich wieder selbst fand und ruhiger wurde. Abends ging ich schon um sechs Uhr zur Ruhe, ich war so müde.

Ostersonntag

,,Da wurden ihnen die Augen geöffnet und sie erkannten ihn." Bei jedem Kreuz soll man seine Augen öffnen, wir würden dann stets den Herrn finden. Diesen Morgen konnte ich einen Augenblick mein Herz in die Süßigkeit des Kreuzes versenken. Ich konnte diese Seligkeit kaum ertragen, und schon nach einigen Minuten bat ich den Herrn, diese überwältigende Freude von mir zu nehmen. Ich habe schon furchtbar gelitten, ohne »es genügt« zu sagen, doch viel Freude kann ich wirklich nicht ertragen, die halte ich nicht aus. Der liebe, gute Archangelus ist so nachsichtig und liebevoll. Sonst war er oft so streng, jetzt ist er ungemein zärtlich. Er läßt sich nicht mehr von mir fortschicken, wie schon so oft, wo ich ihn tage- und wochenlang den einen oder anderen meiner Geliebten zur Verfügung stellte. Ich sah ihn nun oft schreiben — aber was?

Die Karfreitagsmüdigkeit liegt noch so schwer in meinen Gliedern, wie ich überhaupt seit einem halben Jahr an einer geradezu schmerzlichen Müdigkeit leide. Da denke ich mir dann immer wie müde Christus der Herr war, als er abends noch den weiten Weg in sein Haus oder nach Bethanien wandeln mußte. O guter Hirt! Wie müde bist Du geworden beim Suchen Deiner zerstreuten Herde. Und ich beklage mich, statt mich an Deinen Leiden aufzurichten. O Herr, in Vereinigung mit Deiner Müdigkeit während Deines Erdenwandels will ich meine Müdigkeit ertragen und Dir aufopfern, auf daß Du das Mangelnde ersetzest. Amen.

Ostersonntag, abends

Ich hätte jetzt noch einiges ins Tagebuch geschrieben, aber der Herr schickt mich zur Ruhe. Ich habe doch einen unendlich gütigen Herrn und Meister!

9. 4. 1912

Ich habe eine schlechte Nacht hinter mir — Herzbeklemmungen. Da betete ich recht viel. Zuerst den Stationsrosenkranz, den bete ich über alles gern. Dann noch den Kreuzweg mit dem »Stationskreuz«. Ich war ruhig und zufrieden, aber ich bin so müde.

10. 4. 1912

Als Jesus am See Genesareth seinen Jüngern erschien, erkannte ihn Johannes sofort. Petrus aber war schneller bei ihm, da er voll Sehnsucht über das Wasser eilte. Wir sollen Johannes und Petrus sein, den Herrn gleich in jedem Kreuz und Leid erkennen und über das Wasser des Trübsals gleich hineilen und Jesus grüßen und sagen: „Trotzdem ich schwach und elend bin, liebe ich Dich mit allen Kräften. Herr, Du weißt, daß ich Dich liebe!“ Die Liebe macht die Seele groß. Wer wenig Liebe hat, ist klein. Gestern Abend sagte der Herr zu mir: „Wahre Liebe kennt keine

Opfer, so daß sie gar kein Gefühl des Opferbringens hat.“ Heute sprach ich mit einer guten, frommen Person. Sie sagte mir, sie hätte große Schwierigkeiten an die Erscheinungen von Lourdes zu glauben. Mit Gottes Hilfe konnte ich sie soweit beruhigen, daß sie getröstet von mir ging. Warum ist der Glaube an Erscheinungen so schwer zu finden? Nur deshalb, weil die kindliche, demütige Einfalt so selten auf der Welt ist. „Würden wir an Gott glauben und ihn lieben wie die Kinder, würden wir uns ganz und gar Gott ergeben, dann würde der Herr zu uns kommen und mit uns umgehen wie mit Adam und Eva“, sagte der gute St. Johannes.

Heute betrachtete ich Maria Kleopha und Maria Salome, wie sie so glücklich waren über die Botschaft des Engels Gabriel, daß Jesus auferstanden sei. Dann sah ich diese zwei gebenedeiten Frauen zu den Füßen Jesu, seine Wundmale liebevoll küssend. Sie waren dem Herrn auf dem Kreuzweg gefolgt, hatten mit ihm Kalvaria bestiegen: nun erscheint er ihnen in seiner Glorie und beauftragt sie, den Jüngern seine Auferstehung zu verkünden. Eiligst verließen die beiden den Herrn, um seinem Befehl Folge zu leisten.

Das ist Gott um Gottes willen verlassen, das ist vollkommene Liebe, vollkommener Gehorsam, ein dem Herrn unsagbar wohlgefälliges Opfer des Willens.

Heute sah ich meinen vielgeliebten Vater Josef, denn heute, Mittwoch nach Ostern, feiere ich das Fest seiner Freuden. Ich danke der allerheiligsten Dreifaltigkeit mit großer Inbrunst für die Auserwählung St. Josefs zum Nährvater, zum Bräutigam unserer Lieben Frau. Ach, wie schön ist doch St. Josef! Gabriels wundervolles Licht ist gegen St. Josefs Glorie wie Sternenschein gegen Sonnenleuchten! Wie freute ich mich über St. Josefs hohe Stellung im Himmel! Ich empfahl ihm aufs Innigste alle diejenigen, die meine Seele lieb hat, und in ihrem Namen dankte ich der Allmacht und Güte Gottes für St. Josefs Glorie. Dann sah ich meinen lieben Heiland. Er gab mir elf Ringe in die Hand, und einen zwölften Ring, genau wie die anderen, steckte mir der Herr an meinen Mittelfinger der rechten Hand. Da fragte ich den Herrn, was dieses Symbol bedeute. Er sagte: „Blicke nach St. Josefs Hand!“ Und ich sah daran den gleichen Ring wie den meinen und die anderen elf. „Sooft ein Mensch für die Gnadengaben eines Heiligen dankt, die ich ihm gab,“ erklärte der Herr, „erweist man mir eine große Ehre und Freude, so daß ich in meiner Liebe diese gute Seele mit einem Teil der Glorie dieses

Heiligen schmücke, für dessen Tugenden und Vorzüge sie sich bedankt hat. Und so gebe ich nun Dir und den Deinen, für die Du so liebreich gebetet hast, den gleichen Ring, wie ihn mein heiliger Vater Josef an der Hand trägt. So belohne ich den guten Willen und die Dankbarkeit.'' Ich war so froh und bat den Herrn, er möge mir und meinen Lieben eine große Andacht zum heiligen Josef geben. Jesus versprach mir die Erfüllung dieser Bitte. Auch St.Romuald hatte denselben Ring an der Hand. Ich habe oft großes Heimweh nach Romuald, und der Gedanke, daß ich ihn so früh verlor, bricht mir heute noch das Herz, aber ,,der Wille des Herrn sei gebenedeit.'' Amen.

11. 4. 1912

Heute Morgen bei der heiligen Kommunion bat ich den Herrn für mich und meine Lieben um die Gnade, stets alle Leiden so anzunehmen, wie Christus der Herr sein Kreuz angenommen, stets in solcher Intention zu leiden, wie Christus gelitten hat. Ich war heute den ganzen Tag recht leidend; trotz der Osterwoche ist eben Donnerstag. Der Stationsrosenkranz macht mir täglich größere Freude. Es ist ein so schönes Fürbittgebet für meine leidenden Freunde. Und ich bete ihn nie allein. Heute Abend war ich im Garten und sprach noch mit meinem »Novizenmeister«. Als ich ihn verließ, hatte ich bis zur Gartentür ungefähr fünfzig Schritte. Im Augenblick, als ich durch das Tor ging, fing ich in Jesu Namen an zu beten. Als ich dann daheim war, kam St.Johannes und sagte: ,,Die fünfzig Schritte, während welcher Du nicht betetest und die Du nicht durch eine spezielle gute Meinung geheiligt hast, sind fast wertlos für die Ewigkeit. Laß Dir morgen eine Buße geben für dieses Versäumnis und vergiß nicht, den Herrn um Verzeihung zu bitten. Wie oft ermahne ich Dich und wie oft vergißt Du meine Lehren!'' — Da war mir die Unterlassung eine rechte Sorge, und ich kniete mich nieder, um mit ausgespannten Armen das Miserere zu beten. Doch St.Johannes drückte meine Arme nieder und sagte: ,,Nicht mit ausgespannten Armen beten, das ist nichts für Dich! Falte Deine Hände und sprich: ,O mein gekreuzigter Jesus, ich liebe Dich über alles!' Das genügt.'' Jetzt hole ich mir morgen meine Buße. Der Archangelus schreibt die ganze Zeit. Aber er legt oft den Stift weg und hilft mir bei meinen häuslichen Arbeiten. Sooft ich mich bücke, erinnere ich mich an die Fälle Jesu unter dem Kreuz. Heute hob mir der Archangelus alles vom Boden auf und erlaubte nicht, daß ich mich bücke. Er sagte ganz bestimmt: „Bleibe ruhig stehen, aber denke trotzdem an Jesu Kreuzeslast." Auf diese Weise werde ich ganz verwöhnt. Wo bleibt da die Abtötung?

Nachmittags sah ich Pater B. im Reisegewand mit dem Wanderstab. Seine »Oberherrschaft« stand mit gekreuzten Armen hart neben ihm. Sie hatte ein fließendes, weißes Gewand an, wie eine Albe, in der wunderbare grüne und goldene Palmzweige gestickt waren. Pater B. ist ruhig und ergeben. Ich sah ihn mit der Liebe des göttlichen Herzens in wunderbarer Weise umschlossen. Ich war gerührt, recht froh und dankbar. Auf Deus dedit lastet ein Druck, den ich noch nicht enträtseln kann. Servus Dei ist getröstet. Auch Pater B. erhielt heute eine süße Tröstung Gottes.

Eben wollte ich nach altem Donnerstagsbrauch mein Licht auslöschen und die Gebetswacht halten, da kam St.Johannes und sagte: „Eine Stunde Gebet erlaube ich Dir, dann gehst Du zur Ruhe. Um Dich aber zu erfreuen, will ich die ganze Nacht anstatt Deiner in Deiner Intention beten. Pax tecum!" Da bin ich nun freilich zufrieden. Ob mein Herz aber nicht doch liebeärmer wird, wenn ich des Leidens meines gekreuzigten Erlösers so wenig gedenke? — Seele Christi, heilige mich!

12. 4. 1912

STATIONSROSENKRANZ [28]

1. Station

O Jesus! Der Du Dich verurteilen ließest, um uns zu retten, erbarme Dich unser! Hilf auch allen denen, die durch körperliche Leiden dem Tod verfallen sind, auf daß sie ruhig und ergeben aus Deiner Hand den Tod annehmen und in Frieden sterben. Herz Jesu, daß Du die Todesangst gelitten hast, erbarme Dich der Sterbenden.

Drei Ave

2. Station

O Jesus, der Du Deinem himmlischen Vater gehorsam warst bis zum Tode am Kreuz, erbarme Dich unserer Schwachheit und hilf uns, daß wir nicht zurückschrecken vor dem Kreuz, sondern es gleich Dir in Liebe und Sehnsucht umfassen und Deiner Barmherzigkeit von ganzem Herzen dafür danken.

Drei Ave

3. Station

O Herr, Du fällst unter dem Kreuz, auf daß wir uns aus dem Abgrund der Sünde erheben können! Du sühnst unsere Eigenliebe, unsere Kälte, unseren Hochmut! Gib uns aufrichtige Demut, ertöte jede Selbstüberhebung in uns! O kostbares Blut, in den Straßen Jerusalems für uns vergossen, ergieße Dich über unsere Seelen und rette uns!

Drei Ave

4. Station

O Du tiefbetrübte Mutter Jesu! Du begegnest Deinem kreuztragenden-Sohn. O Schmerz des Sohnes, o schmerzvolles Mitleid der Mutter! Wer gibt meinen Augen Tränen, daß ich diese leidvolle Begegnung mit aufrichtiger Teilnahme beweine? Leidendes Herz Jesu! Betrübtestes Herz Mariens! Euch befehle ich alle, die meine Seele lieb hat. Um Eurer leidvollen Begegnung willen bitte ich Euch für sie um die süßesten Tröstungen der göttlichen Barmherzigkeit! O schmerzhafte Mutter Jesu! Ich empfehle Dir alle Mütter, die ihr Kind schwerkrank und dem Tode nahe sehen müssen. Tröste sie um Deines Schmerzes willen, den Du erlittest bei der Begegnung des kreuztragenden Jesus.

Drei Ave

5. Station

Glückseliger Simon von Cyrene! Der Du der erste warst, der die Süßigkeit des Kreuzes erkennen durfte, sieh herab auf uns von Deiner Glorie und sei unser Fürbitter und Helfer auf dem Kreuzweg des Lebens. O süßester Jesus! Wenn wir unser Kreuz schwer fühlen, wenn es uns zu erdrücken scheint, dann sei Du unser göttlicher Kreuzträger, wie einst der Cyrenäer Dir geholfen hat, das gebenedeite Kreuz zu tragen. Ich bitte Dich für alle verlassenen und freudlosen Menschen, für alle, die nicht wissen, daß Du, o Herr, ihnen kein Kreuz gibst, das ihre Kräfte übersteigt. Barmherziger Jesus, stärke uns!

Drei Ave

6. Station

Süßester Herr! Veronika reicht Dir den Schleier ihres Hauptes, auf daß Du daran Dein Antlitz abtrocknen mögest. Wir bieten Dir unsere armen Herzen, unsere sündhaften Seelen dar: präge ihnen Dein göttliches Antlitz ein, wie Du es in den Schleier der Veronika eingeprägt hast. Drücke Dein dornengekröntes, göttliches Antlitz in unsere Seelen, auf daß wir nichts anderes wünschen, verlangen und wissen, als Dich, den Gekreuzigten. Herr, wende Dein Antlitz zu uns und es wird uns geholfen sein.
Drei Ave

7. Station

O Jesus, teuerster Meister! Schon wieder fällst Du unter der Last des Kreuzes, nämlich der unserer Sünden und Verschuldungen! Ich werfe mich nieder neben Dir und bekenne, daß Du der Sohn des lebendigen Gottes bist, mein geliebter Heiland und Erlöser! O Herr! Verzeih mir alle Sünden meines ganzen Lebens! Um dieses schmerzlichen Falles willen bitte ich Dich, Du mögest mich namentlich vor Unterlassungssünden bewahren und vor aufrührerischen Gedanken gegen diejenigen, denen ich Gehorsam schuldig bin! O Sehnsucht meiner Seele, süßes Kreuz! Nie will ich Dich fliehen, nie will ich Dich wegwerfen, auch dann nicht, wenn Du mich zu Boden drückst. O gekreuzigter Jesus! Hilf mir, gib mir die Gnade, daß ich dem Kreuz treu bleibe, immer treu bis zum Augenblick des Todes. Amen.
Drei Ave

8. Station

O Jesus, Du wahrer Trost aller Leidenden! Ich erinnere Dich daran, wie Du stillstandest auf dem Kreuzweg, um die Dich beklagenden Frauen zu trösten und zu segnen! Ich geselle mich zu diesen glückseligen Frauen, um Deine tröstenden Worte zu vernehmen; Dich, o Herr, der Du sagtest: „Was Ihr dem Geringsten tut, das habt ihr mir getan!“ Dich bitte ich für alle Menschen, die mir während meines ganzen Lebens auch nur ein gutes Wort, auch nur einen tröstenden Blick geschenkt haben. Nimm es so an, wie Du das Mitleid der frommen Frauen angenommen hast und vergelte es so, wie Du das Mitleid der frommen Frauen in der

achten Station vergolten hast. O Jesus, Du liebreichster Tröster der Leidenden! Segne uns und gib uns den Frieden. Amen.
Drei Ave

9. Station

O Jesus, sanftmütiges Lamm Gottes, das Du trägst die Sünden der Welt! Wieder fällst Du zu Boden. Kannst Du Dich nochmals erheben unter der fürchterlichen Last? O ja, die Liebe ließ Dich das Kreuz annehmen, die Liebe richtet Dich auf unter der überschweren Bürde! Gedenke, o Herr, aller Verzweifelten, aller Betrübten, aller Kranken, kurz, aller Menschen, die da im Begriff sind, dem Kreuz zu erliegen. Erbarme Dich auch der gekränkten Herzen, tröste, stütze, stärke sie! Geliebtes, teures Kreuz! Wenn ich so müde geworden bin, daß ich glaube, von Deiner Schwere erdrückt zu werden, will ich mich doch nicht von Dir wenden. Im Gegenteil: Je rauher Du bist, desto zärtlicher will ich mich an Dich schmiegen. Je mehr Du mir Schmerzen bringst, desto glühender will ich Dich lieben. Wenn ich so kraftlos bin, daß ich Dich nicht mehr tragen kann, so wirst Du mich tragen, Du heißes Verlangen meiner Seele! Ich bleibe Dir treu durch die Barmherzigkeit des Herrn.
Drei Ave

10. Station

Jesus, ich bete Dich an in der Schmach Deiner Entkleidung als meinen König, meinen Herrn, meine süße Liebe und meinen Gott. Gleich einem Purpurmantel umgibt Dich das durch das Abreißen des Gewandes fließende Blut. O liebster Jesus, ich bitte Dich inständig um Deine Hilfe und Deinen Trost für alle unschuldig Verfolgten, für alle, die um der Gerechtigkeit willen leiden. Erbarme Dich ihrer, umgib sie mit dem Purpur Deines kostbaren Blutes, auf daß sie geschützt seien vor den Angriffen ihrer Feinde. Lehre mich verzichten auf irdische Liebe, lehre mich, *alles zu verlassen,* um von Dir nicht verlassen zu werden.
Drei Ave

11. Station

Seid gegrüßt, ihr Wunden meines gekreuzigten Jesus! Durchbohre meine Hände und Füße mit den Pfeilen Deiner Liebe, o mein Herr und Erlöser! Hefte mich fest ans Kreuz, auf daß ich nichts anderes mehr wünsche. Durch die Hände der liebenden Mutter Jesu und in Vereinigung mit ihren bitteren Schmerzen und Tränen opfere ich Dir, o ewiger Vater, das kostbare Blut Christi auf für alle, die meine Seele lieb hat, insbesondere für N.N. — O kostbares Blut Christi, rufe ohne Unterlaß zum Himmel für mich und für ... Laß nicht nach um Barmherzigkeit zu flehen für uns arme Sünder! Schütze uns gegen alle Nachstellungen des Teufels und gib uns das ewige Leben.

Drei Ave

12. Station

Du bist erhöht am Kreuze, o mein Jesus! Ziehe uns an Dich, auf daß wir alles vergessen, was nicht Du bist. Laß mich Dir leben und sterben. O heiliges Kreuz! Gegenstand zärtlichster Liebe und Sehnsucht meines Erlösers! Ich grüße Dich als mein seliges Verlangen. Ich grüße Dich, heiliges Kreuz, mit aller Sehnsucht nach Erniedrigung, die Du bringst, ich grüße Dich in Deiner unaussprechlichen Schönheit, die sich nur den Kleinen offenbart! Ich grüße Dich Du geliebtes Kreuz, Du gesegnetes und unaussprechlich süßes und unaussprechlich bitteres Kreuz! Ich gebe mich Dir neuerdings zu eigen: O laß mich ruhen in Deinem Schatten, sterben in Deiner Umarmung!

Drei Ave

13. Station

Jesus im Schoß seiner Mutter. Nun hast Du Deinen Sohn wieder, Du schmerzensreichste unter allen Müttern! Aber nicht holdselig lächelnd ruht er in Deinen Armen, wie dereinst in Bethlehem: nein kalt und starr ist er, und vom Haupt bis zu den Fußsohlen ist nur eine Wunde an ihm zu sehen. O Maria, Du meine allerliebste Herrin und geliebteste Mutter! Sieh an die grausamen Wunden Deines Sohnes! Nur aus Liebe und um uns arme Sünder zu erlösen, hat er freiwillig so furchtbar leiden wollen. Ich habe daher auch ein großes Anrecht auf *Deine* überfließende Liebe: Für mich hat mein Vielgeliebter alles Maß des Leidens erschöpft, so sehr hat er mich geliebt. Und darum ist es nur natürlich, daß auch Du, die Mutter, mich unaussprechlich lieb hast. Alle Wunden Deines geliebten

Sohnes benetztest Du mit Deinen Tränen und salbtest sie mit Balsam. O liebste Mutter! Schau an die zahllosen Wunden meiner Seele und meines Herzens, blick auf diejenigen, die mir auf Erden am liebsten sind, und Du wirst auch da nur wunde Herzen finden. Neige Dich zu uns, die wir der Preis sind für das kostbare Blut Christi! Nimm uns in Deine mütterlichen Arme und erquicke uns durch Deine süßesten Tröstungen, die wir seufzen unter der Last unserer Sünden und unseres Elendes. O Maria, schmerzhafte Mutter, Königin der Märtyrer, wende Deine barmherzigen Augen uns zu und zeige uns Jesus, den Gekreuzigten, der die gebenedeite Frucht Deines Leibes ist, o gütige, o milde, o süße Jungfrau Maria!

Drei Ave

14. Station

Nun ruht der Herr im Grab, doch noch ist es nicht verschlossen. Die Mutter Jesu weint bitterlich, ihre letzten Tränen fallen auf den in Leinwand gehüllten Leichnam Christi. Johannes steht neben ihr, die ihm von Jesus übergeben wurde. Magdalena liegt zu den Füßen Jesu, das Herz von furchtbaren Leiden durchwühlt. Josef von Arimathäa, selbst mit vom Weinen wunden Augen, flüstert Johannes zu, es sei Zeit, das Grab zu verschließen. Johannes neigt sich zu Maria und sagt mit klagloser Stimme: „Liebe Mutter Jesu und meine Mutter! Gehen wir, das Grab wird nun verschlossen, morgen wollen wir wiederkommen, wenn es Abend wird." Maria neigt das Haupt, wie damals, als sie zum Engel sprach: „Ecce, Ancilla Domini!" und dann geht sie. Ihr gebrochenes Herz bleibt bei Jesus zurück. Maria Magdalena küßt noch einmal mit heftiger Inbrunst die Stelle, an der Jesu Füße verhüllt liegen, dann stürzt sie aus der Grabkammer, die Dornenkrone mit sich nehmend. Die spitzen Dornen dringen in ihre Hand, sie fühlt es. Johannes geht mit Maria ungefähr 30 Schritte, dann sieht er zurück und gewahrt, daß der Stein den Eingang zum Grab bereits verschlossen hat. Jetzt eilt er zurück, küßt den Stein und verspricht dem Herrn, Maria ein getreuer, ehrerbietiger Sohn zu sein. Dann lehnt er nochmals seine Stirn an die Tür des Grabes, Tränen stürzen unaufhaltsam aus seinen Augen. Dann blickt er vorwärts und sieht die Mutter Jesu langsam, doch ruhigen Schrittes gehen. Er eilt ihr nach und führt sie mit sich. Statt Christus hat Maria den Johannes zum Schützer, zum Sohn.

Nun ist Maria allein in ihrem Gemach. Mit müden Bewegungen legt sie ihren Mantel ab. Dann kniet sie nieder, um alle die schrecklichen Momente des Leidens Jesu zu durchdenken.

O Maria, mit Sehnsucht streckst Du Deine gebenedeiten Arme aus nach Deinem Sohn. Er ist nicht hier, er ruht im Grabe. So nimm uns in Liebe und Treue an als Deine Kinder, die ja das doppelte Recht auf Deine Muttersorge haben, da sie alle Deinem Sohne und Dir auf dem königlichen Weg des Kreuzes folgen. Amen.

Danach fünf Ave zu Ehren der heiligen fünf Wunden

Ein Ave nach Meinung des Heiligen Vaters.

* * *

Weißer Sonntag

Heute war ein Tag voll schweren Kreuzes. An diesem Tag feiere ich stets anschließend an das hl. Evangelium das Fest der fünf verklärten Wunden Jesu. Darum ist es nur recht, daß ich soviel litt. Deo gratias!

16. 4. 1912

Kreuzauffindung und Gott sei Dank auch Kreuzerhöhung ist bei mir alle Tage. Als ich heute vom Garten heimkam und den Stationsrosenkranz gebetet hatte, kam mir die Mahnung des hl. Johannes über den Zeitverlust ins Gedächtnis zurück, und ich betete zehnmal: ,,Mein Jesus, Barmherzigkeit", dann ein ,,Gloria Patri" und wieder zehnmal ,,Mein Jesus, Barmherzigkeit". Als ich dann im Haus angelangt war und die Treppen hinaufging, dachte ich an Jesu Gang nach Kalvaria. Es wurde mir schwer ums Herz, weil ich daran dachte, wie viele Menschen es sind, an denen Christi Blut verloren geht. Ich betete wieder: ,,Mein Jesus, Barmherzigkeit!" In Vereinigung mit Jesus während seines Erdenwandels zündete ich dann das Feuer im Herd an und dachte mit heftigem Mitleid der Armen Seelen. Da sagte der gute Archangelus zu mir: ,,Ich will Dir nun ein Gebet lehren, wodurch Du täglich vielen Sterbenden helfen kannst. Bete 33 mal ,,Mein Jesus, Barmherzigkeit", und nach jedem dritten sagst Du: ,,Mein Jesus, ich weiß, daß Du Gott und allmächtig bist, ich weiß aber, daß es Dir unmöglich ist, die armen Sünder zu verstoßen, die auf Dich vertrauen: So bitte ich Dich denn um Deines kostbaren Blutes und bitteren Leidens und Sterbens willen, erbarme Dich der Sterbenden und uns armer Sünder. Amen."

Ich habe diese Übung schon einige Male vorgenommen, doch bete ich die Anrufung des Herrn schon zu Anfang, so daß ich sie zwölf mal bete und am Schluß das Salve Regina zu Ehren der schmerzvollen Muttergottes und aller Heiligen, die unter dem Kreuz standen, als die Schutzheiligen für einen guten Tod.

Heute Nachmittag, als ich meine Statue mit Blumen schmückte, dachte ich an die furchtbare Verlassenheit und Müdigkeit Mariens am Karfreitag abend. Das ging mir so zu Herzen, daß ich unaufhörlich weinte. Trotzdem sagte ich immer wieder: „Regina coeli, laetare, Alleluja!" — „Königin des Himmels, freue Dich, Alleluja!" Aber es brachte mir keinen Trost. O schmerzhafte Mutter Jesu! Sei unsere Mutter in Ewigkeit! Amen. — Sieben Ave

17. 4. 1912

St.Gerard Majella. Ein Leidenstag erster Klasse liegt hinter mir. Gott sei Dank für Leiden und Verfolgungen! Am Ende dieses Tages erhebe ich Hände und Gedanken, Seele und Herz noch einmal zu Dir, o Gott, dem Urquell aller Güte, Liebe und Barmherzigkeit! Ich bitte Dich inständig, Du wollest mir jede Regung von Ungeduld und Zurückgesetzfühlen verzeihen. Es war Dein heiliger Wille. Daher bitte ich Dich, segne jene, die mich gekreuzigt haben, mit den reichsten Segnungen Deiner Liebe. Nimm sie auf in Deine Gnade und vergilt ihnen das mir zugefügte Leid so, als ob sie Dich, mein gekreuzigter Heiland in Deiner Verlassenheit am Kreuz getröstet hätten. Ich bitte Dich darum um der Tränen und Schmerzen Deiner geliebten Mutter willen. Dann bitte ich Dich, nimm in die heilige Wunde Deiner Seite alle Betrübten und gekränkten Herzen, mögen sie den Trost finden, den ihnen der Tag nicht geben wollte. St.Johannes, glückseliger Sohn Mariens, Du wahrer Kreuzesjünger, ich empfehle in Deine lieben Hände alle, die meine Seele lieb hat. Gib ihnen ruhigen Schlaf, ein frohes Erwachen und erbitte ihnen die Tröstungen des Kreuzes.

O süßestes Herz Jesu! Durch die reinsten Hände Deiner Mutter opfere ich Dir noch einmal auf alle Deine Arbeiten, die vielen Werke der Nächstenliebe, Deine Selbstverleugnung und Dein Leiden und Sterben, zur Sühne für alle unsere Nachlässigkeiten, für alle unsere Ungeduld und Leidensmüdigkeit, für alle Fehler gegen die Liebe. Erweise uns allen Barmherzigkeit. Amen.

18. 4. 1912

Wieder habe ich einen recht schweren Kreuztag hinter mir. Gott sei Dank für die reiche Leidensernte. Hoffte auch so sehr auf Pater B.'s Besuch. Er kam nicht, ich glaube, er wird auch nicht kommen.

St. Jakobus war so voller Trauer über den Tod Jesu, daß er, bis er die Nachricht von der Auferstehung erfuhr, weder Speise noch Trank zu sich nahm. Der Herr belohnte ihn, indem er ihm erschien und ihn mit unnennbaren Tröstungen erfüllte. St. Jakobus hatte viel Ähnlichkeit mit Jesus. Er hatte auch einen unendlich gütigen Blick. Seine Augen waren etwas schwermütig, die Hautfarbe hell, die Gestalt schlank und groß. Seine Stimme war sehr weich, seine Sprechweise fließend. Der Mund war anziehend, doch trat, namentlich beim Predigen, ein gewisser schwermütiger Zug hervor. Er ist ein Schutzheiliger für Traurige, denn er liebte es sehr, die Betrübten zu trösten. Er hatte die Gabe des Trostes mehr als die anderen Apostel.

19. 4. 1912

Heute Morgen besuchte ich Jesus im Kerker. Ich hatte herzzerreißendes Mitleid mit dem gebundenen, sanftmütigen Lamm Gottes, und nahm mir vor, heute nicht ungeduldig zu werden. Trotzdem ließ ich mich zu einer Antwort gegenüber meinem »Novizenmeister« hinreißen, die fast ungeduldig war. Ich bereute meinen Fehler bitterlich. Der gute Archangelus tröstete mich und sagte: „Du warst ja gar nicht ungeduldig, Du warst nur am Ende Deiner Kraft, also sei ruhig!" Trotzdem bat ich den Herrn, mir morgen große Geduldsproben zu schicken, um meinen Fehler zu büßen.

20. 4. 1912

Meine Bitte ist schon erhört. Mein »Novizenmeister« jagte mich gestern sieben bis acht mal die Treppe auf und ab, ohne Unterbrechung, so daß der Herzschlag immer öfters aussetzte. Am Abend mußte ich nochmals unter das Dach hinauf; auf dem zweiten Treppenabsatz wurde mir übel vor heftigen Herzschmerzen. Trotzdem wollte ich gehorsam sein und das Verlangte aus der Dachkammer holen. Da kam St. Johannes, legte mir das betreffende Buch in die Hand und sagte: „Gib das Buch in die Hände Deines Gatten. Er wird noch ein anderes Buch verlangen. Ich will nicht, daß Du Dich nochmals über Deine Kräfte anstrengst, geh nach dem Dir gegebenen Befehl in Dein Zimmer und grüße Dein Kruzifix. Der Archangelus wird dann alles übrige besorgen." Ich gehorchte. Der Archangelus vertrat meine Stelle. Als ich endlich gegen elf Uhr ins Bett kam, konnte ich vor Herzschmerzen weder schlafen noch beten. Ich habe dann meine Schmerzen mit Jesu Leiden vereinigt und ertrug die Leidensstunden ganz annehmbar.

Als ich dann morgens gegen sechs Uhr in die Kirche ging, blickte ich mein Kruzifix an und sagte: „Ave, Du lieber, gekreuzigter und geduldiger Jesus!" Da neigte sich der Herr zu mir und sprach: „Ave, Du liebe, geduldige Gekreuzigte!" Da fühlte ich mich gekräftigt und getröstet. Deo gratias!

Abends. Ich glaube, Pater B. kommt nicht mehr. Ich opferte heute diesen Verzicht meinem gekreuzigten Jesus auf. Jedenfalls hatte Pater B. besondere Gründe, sein Versprechen nicht zu erfüllen. Ich bin recht leidend und dazu noch sehr müde. Wie furchtbar müde muß erst Jesus auf dem Kreuzweg gewesen sein?

22. 4. 1912

Auch heute war wieder ein Kreuzwegtag erster Klasse. Am Vormittag sah ich Pater B. in seinem Zimmer in Rottenburg. Er kramte in seinem Schreibtisch herum, als ob er zusammenpacken wollte. Er war also nicht hier. Heute morgen gab mir jemand ein kleines Reliquienkreuz zum Reinigen. Einige Reliquiennamen fehlten. Ich rief St.Johannes an. Da sah ich plötzlich oberhalb des Kreuzes eine Frau stehen, nicht gerade schön dem Aussehen nach, aber wie die verkörperte Sanftmut. Mittlere Größe, blonde Haare, große, zärtliche Augen, ein kleiner, sanft geschwungener Mund mit einem furchtbaren Schmerzenszug. Das Gewand war altflämisch, ich sah durch dasselbe ihr armes, ganz gebrochenes Herz. An ihrem Hals, der etwas entblößt war, trug sie eine lange, starke Schnur mit einem kleinen Holzpflöckchen dazu. Ich dachte, wer diese liebreiche Erscheinung sein könnte? Da fiel mir plötzlich meine Schutzheilige St.Gudoleva ein. Sie nickte mir lächelnd zu und sprach: „Ja, Du hast ganz recht, ich bin Gudoleva, die Du so oft anrufst. Die oberste Reliquie im Kreuz stammt von meinem rechten Arm." Ich bat die gute

Heilige um Standhaftigkeit in der Geduld und um stete Sanftmut gegen meine Umgebung. Was sind meine Leiden gegen das Martyrium dieser liebreichen Frau St.Gudoleva? — Bitte für mich!

23. 4. 1912

Ich habe heute einen so schweren Druck auf der Seele. Als ich abends über die Treppe ging, stieß mich der Teufel hinab, so daß ich hinunterfiel. Im Fallen rief ich meinen Schutzengel an und seine Hand hielt mich, daß mir nichts Ernstliches passierte. Gott sei Dank! Seit Samstag bin ich überanstrengt mit körperlichen Arbeiten. Ich bin so müde, daß ich gar nicht mehr schreiben kann. — Seele Christi, heilige mich!

24. 4. 1912

Heute war ich den ganzen Tag recht betrübt und gedrückt. Abends traf ich dann Pater B. für einige Augenblicke, auf sein Gebet hin wurde ich gestärkt. Deo gratias!

Heute Mittag betrachtete ich die vollkommene Geduld Jesu. Er dachte nie: „Wär's doch endlich vorbei!", sondern ging den Weg des Kreuzes, beseelt von der glühenden Sehnsucht, uns Sünder zu erlösen. Jesus tröstete die weinenden Töchter Jerusalems und sein eigenes Herz war in Bitterkeit versenkt. Es gibt nichts Edleres auf der Welt, als wenn ein Trostloser, ein von Leidenslast niedergedrückter Mensch eine bitter gekränkte Seele, ein gebrochenes Herz *anderer* zu trösten versucht, ohne sich über sein eigenes Kreuz zu beklagen. Wer zu dem fähig ist, ist ein wahrer Jünger Christi und die göttliche Liebe wohnt in ihm. Er wird sanft und ruhig, seine Augen schließen sich für dieses Leben, um mit den Augen seiner Seele den Urquell alles Trostes zu sehen und von ihm die Worte zu hören: „Ich war traurig und Du hast mich getröstet, gehe ein in die Freude Deines Herrn!"

25. 4. 1912

St.Markus-Tag. St.Markus hieß mit seinem vollen Namen Markus Johannes. Er wurde vom heiligen Petrus im christlichen Glauben unterrichtet. Sein Evangelium schrieb er auf Befehl des heiligen Petrus, und zwar unter dessen Leitung. Nach dem Märtyrertod Petri veröffentlichte

Markus seine Schriften, durch eine Erscheinung des heiligen Petrus dazu aufgefordert. St.Petrus nannte St.Markus, den er über alles lieb hatte, stets seinen »lieben Sohn«. Der Charakter des heiligen Evangelisten Markus war etwas verschlossen, aber groß angelegt. Er hatte eine große Beredsamkeit und eine gewaltige Stimme. Eben fällt mir ein, wie im Evangelium von Markus 14,7 von Petrus geschrieben steht: ,,Er hatte geflucht, geschworen, Jesum nicht zu kennen.'' Ähnlich schrieb St.Matthäus. Bei den anderen Evangelisten wurde Petri Verleugnung kürzer, sozusagen »schonender« behandelt. Das kommt davon her, daß sowohl St.Matthäus als auch später Markus bei Abfassung ihrer Schriften in nächster Umgebung des heiligen Petrus waren und unter *seinem* Beistand schrieben. St.Petrus konnte niemals an Jesus denken, ohne sich zugleich seiner Verleugnung zu erinnern. In seiner tiefen Demut und glühenden Reue hätte St.Petrus es am liebsten gehabt, wenn man eine ganze Abhandlung über seinen Verrat an Christus geschrieben hätte. Da dieses nicht zulässig war, mußten sich auf Petri Befehl die beiden Evangelisten Matthäus und Markus stärkerer Ausdrücke bedienen als Johannes und Lukas. Wird man unter allen Aposteln eine tiefere Demut finden, als die des Apostelfürsten, der ja der Fels ist, auf den Christus seine Kirche baute? Andererseits ist auch die Vollkommenheit des Gehorsams der Evangelisten zu bewundern, die beide dem heiligen Petrus in zärtlicher Liebe ergeben waren. — Magnificat!

26. 4. 1912

Nach seiner Auferstehung erschien der Herr auch dem Josef von Arimathäa und erfüllte sein Herz mit überströmendem Trost. Für alle seine Mühen wurde Josef aufs reichlichste belohnt. Alles wurde ihm ersetzt. Das Feuer der Liebe brannte hoch in seiner Seele. Auch der letzte Rest von Menschenrücksicht verschwand aus seinem Herzen. Jesus zog ihn an sein geöffnetes Herz. Josef war bei der Kreuzabnahme behutsam umgegangen mit Christi heiligem Leichnam. Als die Hände Jesu vom Kreuz gelöst waren, stand Josef von Arimathäa auf der rechten Seite Jesu auf einer Leiter und legte sich den rechten Arm Jesu, der — wie alle Glieder des Herrn — auch nach dem Tod noch weich und biegsam war, um seine Schulter. Johannes erwartete zu Füßen des Kreuzes die kostbare Last. Mit unbeschreiblicher Ehrfurcht legten dann beide den toten Sohn in die Arme der Mutter. Josef war von liebevollster Sorge um sie beseelt. Er war ihr zärtlichster und zugleich ehrerbietigster Diener, der stets hinter allen zurückstand, aber stets da war, um seine Dienste anzubieten.

O glückseliger St. Josef, Sohn Davids und Bräutigam der unbefleckten Jungfrau! Du warst der Beschützer Mariens und der Nährvater Jesu; sieh nun einen anderen Josef, auch er leistete dem Sohne Gottes die liebevollsten Dienste; auch *seine* Arme nahmen ihn auf, wie Du einst in Deine das allersüßeste Kind Jesu. Der Arimathäer legt den blutigen Leichnam Jesu an die Brust seiner schmerzvollen Mutter. Du, glückseliger Vater, hast oft das lächelnde, schönste Kind der freudvollsten Mutter in die Arme gelegt. O Maria, den Eintritt Jesu in die Welt schützte ein heiliger Josef. Er legte das Jesuskind in die Krippe. Nun, da Jesus tot ist, begräbt ihn ein anderer Josef.

Josef von Arimathäa ist einer meiner liebsten Schutzheiligen. Vor Jahren erhielt ich von jemand, der mir unsagbar teuer ist, ein Kreuzlein mit heiligen Reliquien. Sie waren »namenlos«. Ich sah dann die beiden Heiligen Simon von Cyrene und Josef von Arimathäa. Mein Gebet um die kostbaren Reliquien wurde also erfüllt zu einer Zeit, wo ich nicht mehr zu hoffen gewagt habe. St. Josef von Arimathäa wird wenig verehrt, trotzdem sein Name im Evangelium steht. Er ist ein mächtiger Schutzheiliger. Man sollte ihn vor jeder heiligen Kommunion, die Priester vor jeder heiligen Messe anrufen. Er, der mit dem Leichnam Christi so zart und fürsorglich umging, wird uns helfen, uns gut auf die heilige Kommunion, den Empfang des heiligen Fronleichnams Christi, vorzubereiten. St. Josef von Arimathäa war von ziemlich großer Gestalt, hatte sehr ruhige, edle Bewegungen, dunkle Haare, Vollbart, aber kurz gehalten. Er hatte sehr schöne, schmale Hände. Seine Stirn war sehr bedeutend, ähnlich der des heiligen Paulus. Zwischen den Augen hatte er zwei tiefe Falten. Die Augen waren dunkel und hatten einen sehr ernsten, aber doch recht gütigen Ausdruck. Die Stimme war tief, aber sehr weich. Er sprach nicht gern viel und wollte immer möglichst unbeachtet und ungeniert sein. Er scheute das Aufsehen über alle Maßen. Er litt so furchtbar bei der Kreuzigung Christi und aus Mitleid mit Maria, daß seine Haare nach Jesu Begräbnis leicht angegraut waren. Er ist auch der Schutzheilige der Betrübten und Trauernden. Seine Macht im Himmel ist außerordentlich groß und erreicht diejenige des Cyrenäers. Seine Glorie ist unbeschreiblich, und seine Hände, die Jesus und Maria mit solcher Ehrfurcht und Liebe dienten, glänzen wie Sonnenstrahlen.

Der Arimathäer hielt den Leichnam Jesu in seinen gesegneten Armen. Wir nehmen den Herrn in unser Herz auf — das müssen wir uns vor Augen halten, um den Arimathäer nicht zu beneiden. Aber wir sollen trachten, ihn nachzuahmen in der Vorbereitung auf die heilige Kommunion. Es gehört so wenig dazu, nur ein guter Wille. Und daß wir diesen guten Willen ernstlich haben, das verleihe uns unser gekreuzigter Jesus auf die Fürbitte der Schmerzensmutter und des heiligen Josef von Arimathäa. Amen. — Seele Christi heilige mich!

17. 4. 1912

Heute feierte ich privat das Fest Unserer Lieben Frau vom Guten Rat. Ich schmückte meine Muttergottes-Statue mit frischen Primeln. Ich hielt den ganzen Monat Novenen und Andachten zu Unserer Lieben Frau vom Guten Rat. Heute betrachtete ich den unsagbaren Schmerz Mariens und Josefs, bis sie Jesus im Tempel wiederfanden. Maria wußte sich keinen Rat mehr, da sie Jesus, das Licht ihrer Augen, verloren hatten. Maria und Josef vergossen tausend bittere Tränen um ihr kostbarstes, verloren geglaubtes Gut. Der Schmerz bei der Weissagung Simeons war der andauernste Schmerz Mariens und Josefs. Der Schmerz beim Verlust Jesu war der einer grenzenlosen Verlassenheit. Es war der größte Schmerz Josefs. Der Schmerz bei der Grablegung Jesu war bei Unserer Lieben Frau nicht so intensiv, die Verlassenheit nicht so groß wie damals, als sie ihn in Jerusalem verlor. Der Schmerz bei der Passion war der heftigste, aber doch verhältnismäßig der kürzeste. Er war eine grausame Summe von Schmerzen, in einen Tag zusammengedrängt. Aber bei dem Verlust Jesu als zwölfjährigen Knaben war der Schmerz der Verlassenheit mit so großer Trauer und Unruhe vermischt. Als aber dann Maria und Josef in den Tempel zu *Gott* gingen, da fanden sie den, den ihre Seele liebte und sie hielten ihn und ließen ihn nimmer.

28. 4. 1912

St.Josefs Schutzfest. Heute war ein Fest voller Schmerzen und Kummer für mich. In der Morgenfrühe betrachtete ich den Tod St.Josefs und wie Jesus und Maria nach seinem Tod den besten Freund, den sie hatten, beweinten. Es liegt viel Rührendes und Ergreifendes in den Tränen Jesu und Mariens. Als Jesus, der Allwissende, vom Tod des Lazarus hörte,

Schloßanlage von Obermarchtal. Nach Baumreihe NO, Wohnung von Mechthild.

Mechthild in mittleren Jahren

weinte er. Wie mußte ihm da erst der Tod des heiligen Josef nahegehen, der ihm, im wahrsten Sinne des Wortes, ein »Vater« war. Wie selig war hingegen St.Josef beim Anblick der kindlichen Tränen seines Pflegesohnes, deren jede einzelne seine himmlische Freude ins Unermeßliche erhöhte.

29. 4. 1912

Heute wurde mir mit Gottes Hilfe etwas leichter. Aber meine furchtbare Müdigkeit bringe ich nicht weg. Ich sah den Herrn, wie er nach seiner Auferstehung den heiligen Lazarus, den Bruder von Maria Magdalena, besuchte. Es lag soviel Liebe einerseits, soviel Ehrfurcht andererseits, sowie bedingungslose Hingabe in dieser Begegnung. Und gleich wie damals, als der Herr von Lazarus in Bethanien Abschied nahm, sich Lazarus auf die Knie warf und Jesus anbetete als den Lebensspender, den Vater des Lichtes, so warf er sich auch beim Besuch des Auferstandenen vor ihm nieder und sprach unter Tränen: „Sei gegrüßt, der Du bist die Wahrheit und das Licht!" Auch sah ich den Herrn bei Lazarus zu Tisch sitzen, Unsere Liebe Frau, Magdalena, Martha, der Arimathäer und Simon von Cyrene waren dabei. Johannes und Lazarus saßen neben Jesus, Magdalena und Maria Salome neben Unserer Lieben Frau. Es war ein Bild voll stillen, heiligen Friedens, und ich habe ein so ruhiges Herz.

30. 4. 1912

Heute kam St.Katharina von Siena zu mir. Sie hatte lange, schmale Hände, ganz blutleer. Die Wunden waren schmal, nicht breiter als ein schmaler Bleistift. Sie war heiterer Natur, obwohl sie manchmal fast verging vor Mitleid mit dem leidenden Herrn. Sie hatte viele geistliche Kinder. Einen ihrer zärtlichst geliebten Söhne pflegte sie wirklich wie eine Mutter. Sie schlief nachts auch öfters in einer Ecke seines Zimmers, auf daß sie jederzeit bereit sei, ihm zu Hilfe zu kommen. Sie war ungemein besorgt um ihre geistlichen Söhne und Töchter und nahm ihnen soviel seelische und körperliche Leiden ab, daß sie oft meinte, zusammenbrechen zu müssen unter der Kreuzeslast. Sie zeigte mir ihren Vermählungsring, denn sie war die mystische Braut des Kreuzes, und sagte mir, am 1. Mai würde ich einen großen, echten Kreuzpartikel bekommen, ich solle mich darauf freuen. Die gute Heilige!

1. 5. 1912

Jetzt ist die Post gekommen, hat mir aber nichts gebracht. Wo bleibt der Kreuzpartikel?

Abends. Um halb acht Uhr brachte mir jemand ein kleines Schächtelchen mit vielen Grüßen von einem Pater. Als ich es öffnete, war ein kleiner Brief von Pater A. darin, worin er mir mitteilte, daß mir Pater Johannes den beiliegenden großen Kreuzpartikel zum Geschenk macht. Also doch! Heute war ein Tag voll Kreuz und Leiden, und jetzt kommt der Kreuzpartikel. — Deo gratias!

3. 5. 1912

Herz-Jesu-Freitag. O Jesus, ziehe meine arme Seele an Dich, binde Dich mit ihr durch ein unauflösliches Band. Dir vermählt und dem Kreuze angetraut, will ich alles Geschaffene nur insofern lieben, als Du der Schöpfer bist. Du mein Jesus, sollst mein Ein und Alles sein: Meine Liebe, meine Sehnsucht, doch gib mir auch die ganz besondere Gnade, daß ich mich niemals vom Kreuz trenne und abwende, sondern stets im Kreuz die wahre Ruhe, am Kreuz den ungestörten Frieden finde.

Kreuzauffindung

Als ich vor einigen Jahren an diesem Tag meinen Leiden zu erliegen glaubte, blickte ich auf mein Kruzifix und dachte mir: ,,Bei mir ist doch alle Tage Kreuzauffindung und recht oft drückt mich des Kreuzes Last zu Boden.'' Da neigte sich der Herr und sprach: ,,Kreuzauffindung hast du alle Tage Deines Lebens, aber Kreuzerhöhung feierst Du weniger oft, und doch sollte eine gekreuzigte Seele stets Kreuzauffindung und Kreuzerhöhung miteinander feiern. Ich schickte der Seele das Kreuz. Da sagst Du recht geduldig, aber auch oft recht freudlos: »Fiat«. Ich aber will, daß Du zu diesem »Fiat« auch noch freudigen und dankbaren Herzens hinzufügst: »Deo gratias«, denn dadurch erhöhst Du das Kreuz und machst mir eine unsagbare Freude.''

Das habe ich nicht vergessen und oft ist es mir ein großer Trost. Auf Erden gibt es doch keine süßere Ruhe als mit Jesus, um Jesus und für Jesus zu leiden. — Deo gratias!

4. 5. 1912

St.Monika ist ein leuchtendes Beispiel der heiligen Beharrlichkeit. Sie war eine Frau von geringer Körpergestalt, aber lebhaft in jeder Bewegung. Sie hatte dunkle Augen. Ihr Blick war eigentümlich rasch, wenn ich so sagen darf, er verweilte nie lang auf einem Gegenstand. Sie verehrte Unsere Liebe Frau besonders unter dem Titel Trösterin der Betrübten. Auf direkten Befehl Unserer Lieben Frau gründete sie mit St.Augustinus die »Gürtelbruderschaft Maria Trost«. Den Mitgliedern versprach Unsere Liebe Frau baldige Erlösung aus dem Fegfeuer. Auch wird kein Mitglied dieser Bruderschaft »das ewige Feuer« erblicken.

5. 5. 1912

Ein Tag voll Leiden und Kummer. Unter Tränen bemühe ich mich, Kreuzerhöhung zu feiern. Deo gratias. Ich kann nicht schlafen, es gibt Wunden der Seele, die so schmerzlich sind, daß sie den Schlaf verjagen.

Als ich mich in mein Zimmer begeben hatte, rief ich noch die gute St.Justina an. Ich habe eine ziemlich große Reliquie von ihr. Diese Heilige habe ich so gern, weil sie durch ihre große Weisheit, die in der Wissenschaft des Kreuzes begründet war, den berühmten heidnischen Gelehrten zu Christus führte. Das war ein großer Gewinn für die Kirche!

6. 5. 1912

Heute hatte ich so furchtbar zu leiden, daß ich wirklich ganz trostlos war. Trotzdem ging ich zu meinem gekreuzigten Jesus und dankte für alles widerfahrene Leid und auch dafür, daß ich durch Gottes Gnade und Hilfe geduldig bleiben konnte. Mir wurde Angst um das ewige Heil meiner nächsten Umgebung. Ich bettelte den Herrn um seiner heiligen fünf Wunden willen um Barmherzigkeit für alle, die mir das Dasein so entsetzlich erschweren und verbittern. Da sprach der Herr liebevoll zu mir: „Durch immerwährendes Verzeihen und immerwährendes Leiden wirst Du alles für alle erhalten." Also: Ich muß Gott danken, daß er mir soviel Gelegenheit schickt zu verzeihen, und ich muß bitten um recht viel Leid und Kreuz, denn dann werde ich für alle alles erlangen dürfen. — Deo gratias!

7. 5. 1912

Ecce homo! Ein Tag unsäglicher Leiden! Deo gratias! Aber auch Deo gratias, daß wieder ein Tag meines Lebens vorüber ist, daß ich wieder einen Tag näher der Ewigkeit bin. Der Tod ist einer der allergrößten Barmherzigkeitserweise Gottes.

8. 5. 1912

Gestern abends dachte ich, ich hätte den Gipfel des Leidens und der Verachtung erreicht. O nein! Es gibt stets wieder eine Steigerung. Manchmal meine ich, in der Hölle zu leben. Und doch: Als mich heute der Herr fragte, ob er jetzt seine Gerechtigkeit fallen lassen sollte auf diejenige, die mir das Leben zur größten Qual macht, rief ich entsetzt: „O nein! Halt ein mit Deiner Gerechtigkeit! Nicht strafen, sondern verzeihen!“ Es ist etwas so Furchtbares in dem Gedanken, daß die Geduld Gottes erschöpft ist, denn Gott ist ja die Quelle aller Geduld.

9. 5. 1912

Heute fühle ich mich wieder so schrecklich verlassen und sterbensmüde. Und alles Leid meines ganzen Lebens fiel mit erdrückender Schwere auf mein Herz, auch die vielen, vielen Unterlassungen des Guten. Da sah ich plötzlich eine sonderbare Gestalt vor mir stehen. Sie war in ein lichtes Gewand von blauer Seide — mit Gold gestickt — gehüllt. Die ganze Erscheinung war »schön« zu nennen; aber es war doch im Ganzen ein undefinierbares Etwas, das mir wehe tat und mich abstieß. Mit leiser Stimme fing die Gestalt zu sprechen an und hielt mir alle Sünden meines Lebens vor und beklagte bitterlich, daß es unmöglich sei, so viel Versäumtes an Gutem nachzuholen. Das durchfuhr meine Seele wie ein Schwert. Aber ich war doch etwas beruhigt, weil ich mir dachte: ‚Wenn ich diesen Ausführungen noch länger zuhöre, muß ich verzweifeln. Es ist unmöglich, daß ein *guter* Geist so spricht.‘ Ich blickte schärfer hin zur sprechenden Erscheinung. Wieder wurde es mir so unheimlich zumute wie anfangs, und ihre Augen waren doch immer gesenkt. Da unterbrach ich plötzlich die endlose Aufzählung meiner Versäumnisse — es war erst mein 15. Lebensjahr daran — indem ich sagte: „Im Namen Jesu des Gekreuzigten befehle ich Dir, Deine Augen zu erheben und mich anzuschauen!“ Da verzerrte sich das Antlitz zu einer schrecklichen Grimasse und zwei furchtbare, haßerfüllte Augen — die Augen des Teufels — blickten mich an. Jetzt wußte ich, woran ich war.

Ich befahl dem Teufel, noch vor mir stehen zu bleiben, und sagte zu ihm: „Alle Sünden, die Du mir aufgezählt hast, habe ich begangen, und noch tausendmal mehr. Aber auch wenn meine Sünden unbegrenzt sind an Zahl und Schwere, so ist auch unbegrenzt mein Vertrauen auf die Verdienste Jesu.“ Und ich fügte ganz unbedachterweise den Segensspruch an, den ich mir im ständigen Umgang mit den leidenden Seelen des Fegfeuers angewöhnt habe: „Die Barmherzigkeit Gottes tröste Dich und gebe Dir den Frieden!“ — Da verschwand der Teufel mit furchtbarem Geheul, aber ich sah meinen geliebten Vater Johannes zürnend vor mir stehen. Er sagte: „Wie kannst Du dem Teufel diesen Friedenswunsch geben, ihm, der den Menschen den Frieden raubt und stets danach trachtet, den Frieden zu stören. Wie unbedacht bist Du doch, demjenigen den Frieden zu wünschen, der ihn durch das Urteil der göttlichen Gerechtigkeit auf ewig verloren hat!“ — Das war mir dann sehr leid und ich betete das Te Deum zu Ehren der göttlichen Gerechtigkeit.

10. 5. 1912

Der gestrige Vorhalt des Teufels hat mir doch zu denken gegeben; ich dachte daran, wieviele Gelegenheiten zum Guten, zur Selbstverleugnung ich versäumt habe. Wohin sollte ich nun gehen, als zu meinem gekreuzigten Jesus? Da schüttete ich alle Beängstigungen, die ich seit gestern erlitten hatte, aus. Der Herr war von unaussprechlicher Liebe und sprach zu mir: „O Gekreuzigte! Warum bekümmerst Du Dich so sehr und warum ist Dir so angst ? *Komm zu mir!* Mit aller Liebe warte ich auf Dich, um Dich zu trösten. Und wenn der Himmel und die Erde Dich verklagen, daß Du, der ich mich schon in der Kindheit vermählt habe, mich nicht geliebt hättest mit Deinem ganzen Herzen, so will ich selbst für Dich antworten. Sei standhaft in der Geduld und sei treu dem Kreuz, so wirst Du Dich über Dich selbst erheben können und der Natur Übernatürliches möglich machen. Wenn doch die Menschen erkennen möchten, wie sehr ich sie liebe und wie sehr es mich verlangt, meine süßesten Tröstungen und meine übergroße Barmherzigkeit über sie auszugießen. Aber kalt sind so viele Seelen, für die ich starb, vertrocknet viele Herzen, die in mir den Quell der Liebe und des Lebens finden würden!“

11. 5. 1912

Heute war mein »Novizenmeister« auswärts. Ich faßte ein Reliquienkreuz. Es kam mir auch eine Reliquie der guten heiligen Franziska von Chantal in die Hände. Als sie Witwe geworden war, mußte sie mit ihren Kindern zu ihrem Schwiegervater ziehen, der ein schlechtes Verhältnis mit seiner Magd hatte. Was mußte doch die arme Frau von Chantal leiden, neben bzw. unter dieser Person! Eine bittere Schule der Demut, eine Geduldsprobe, die nur jene ganz verstehen, die Ähnliches gelitten haben.

St.Franziska war lebhaft und voll Geist, sonst wäre sie ja niemals befähigt gewesen, nicht nur die Vorzugstochter, sondern auch die vertrauteste Freundin des heiligen Franz von Sales sein zu können. Durch sie fand der heilige Bischof von Genf viel Trost und Ermutigung. Sie gaben sich gegenseitig das, was zum Seltesten gehört, was Gott den Kreuzträgern geben kann: eine treue und heilige Freundschaft.

12. 5. 1912

Bittsonntag. ,,Herr, lehre mich beten'', wie Du gebetet hast in Deiner zartesten Kindheit: Voll Gehorsam und voll Verlangen. Herr, lehre mich beten, wie Du gebetet hast, als Du zwölf Jahre alt, im Tempel zurückgeblieben warst: voll Verlangen, Gottes Ehre zu mehren, voll Opfergeist. Herr, lehre mich beten, wie Du es getan hast bei jeder körperlichen Arbeit: in Demut, in Liebe, in Gehorsam. Lehre mich beten in der steten Sammlung des Geistes, in steter Fürbitte für andere, wie Du gebetet hast während Deiner vierzigtägigen Fastenzeit. Lehre mich einsam beten im Getriebe der Welt, lehre mich, stets in und mit Dir zu beten, wie Du ja selbst gesagt hast, daß wir beten sollen: ,,Alles, was Ihr den Vater in meinem Namen bittet, wird er Euch geben.'' Herr, lehre mich beten, wie Du es tatest bei der Einsetzung des heiligen Sakramentes: voll Liebe, voll Hingabe, bis zur Selbstvernichtung. Lehre mich beten, wie Du in Deiner Todesangst am Ölberg gebetet hast: in Beharrlichkeit und vollkommener Ergebung. Wie Du am Kreuze gebetet hast, voll Verzeihung und Liebe gegen Deine Kreuziger, so möchte ich allezeit beten können, jede Beleidung mit einem Segensspruch begleitend und vergeltend, alles Böse mit Gutem erwidernd. Hilf mir, so beten zu können, dann werde ich Dein sein und bleiben in alle Ewigkeit. Amen.

13. 5. 1912

Heute habe ich wieder Reliquien gefaßt, ich hatte ja einen freien Tag. Wenn doch die Reliquienbesitzer wüßten, welch großer Schatz in ihren Händen ist. Es ist ein ganz besonderer Beistand der Heiligen damit verbunden, wenn man ihre heiligen Reliquen verehrt; auch sind sie eine große Hilfe in der Todesstunde. Oft brauchen kindlich fromme Seelen recht lang, bis sie sich mit der Reliquienverehrung befreunden, aber auf einmal flammt dann der kleine Funke auf und sie bekommen eine große Liebe zu den Heiligen und ihren Reliquien.

14. 5. 1912

In aller Morgenfrühe schmückte ich mein Marienaltärchen mit Blumen. Ich hatte den Drang, fortwährend Ave Maria zu sagen und forderte auch die Blumen auf, statt meiner die allerseligste Jungfrau allezeit mit diesem Engelsgruß zu erfreuen, denn mit jedem »Ave Maria« erfreut man das Herz Unserer Lieben Frau aufs Höchste. Ich mußte wieder an St.Bernhard denken, der mir im vergangenen Mai sagte: ,,Niemals kann man unsere Königin zu oft mit dem seligen »Ave Maria« begrüßen. Weil sie so gut und freigibig ist, so gibt sie jedem Menschen, der sie mit diesem süßen Gruß erfreut eine Gnade als Gegengabe.'' Auch St.Gabriel hat jedesmal eine große Freude, wenn man die Worte spricht, die er als erster zu Maria sprach.

15. 5. 1912

Heute war ich wieder recht trostlos, aber ich konnte innig beten! Durch immerwährendes Verzeihen und Leiden werde ich ja alles für alle erlangen können. Deo gratias!

Am Abend sah ich unsere Liebe Frau, wie sie sich zum Gebet richtete. Sie hüllte sich in einen weiten Mantel, dann machte sie langsam und in innerer Beschauung das Kreuzzeichen. Sie wußte, daß Jesus tags darauf in den Himmel auffahren würde. Einesteils war ihr Herz deshalb betrübt, andernteils dachte sie mit seliger Freude daran, daß ihr Sohn nun zur Rechten des Vaters sitzen würde. Gegen die Morgenfrühe kam der Herr zu seiner heiligen Mutter; er strahlte in göttlicher Herrlichkeit. Er war in ein weißes Unterkleid wie in eine Albe gehüllt und hatte einen roten Mantel mit Goldsaum. Später sah ich noch St.Josef. Er war mit Leib und Seele anwesend. Die Begrüßung Unserer Lieben Frau und des heiligen Josef war so liebevoll, so erfüllt von gegenseitiger Ehrfurcht. Maria dankte Josef nochmals mit großer Innigkeit für alles, was er ihr und Jesus getan hatte, für alle große Sorgfalt, seine Mühen, Arbeiten und Leiden. Josef dankte hinwieder seiner unbefleckten Braut für alle ihm erwiesenen Dienste, für alle Liebe. Das war so rührend, daß ich wieder ganz froh in Gott wurde. Deo gratias!

16. 5. 1912

Christi Himmelfahrt. Am Morgen ging der Herr mit den Aposteln und Jüngern noch einmal den Leidensweg; bei jeder einzelnen Station erklärte er ihnen, für was und wodurch er gelitten habe. Es kamen immer neue Scharen: alle liefen dem Herrn nach. Es war aber trotzdem alles wie in den Schleier tiefer Wehmut gehüllt. Manche weinten laut. Petrus war still und schweigsam, doch sein Herz brannte vor Liebe, und unaufhaltsam rannen die Tränen aus seinen Augen. Magdalenas Schmerz war maßlos. Sie hatte den Mund fest zusammengepreßt und unter dem Mantel zerrissen ihre Hände das Kleid.

Gleichwie der Herr ihr im Garten in der Morgenfrühe des Auferstehungstages erschienen war, so hatte er auch heute Morgen im Garten von ihr Abschied genommen. Magdalena weinte heftig und umfaßte die Füße Jesu. Er war unsagbar mild und liebevoll mit ihr. Sie wollte absolut sterben und gleich mit dem Herrn in den Himmel gehen. Aber Jesus versagte ihr die Gewährung dieses Wunsches. Er besprach ihr künftiges Büßerleben mit ihr und ermahnte sie, sie möge endlich lernen, geduldig zu sein. Zum Schluß versprach er ihr in ihrer Einsamkeit die süßesten Tröstungen seiner Liebe, dann verschwand er.

Als der Herr sich Gethsemane näherte, wurde sein Schritt immer schneller, seine Gestalt immer leuchtender. Die Apostel drängten sich immer mehr an Unsere Liebe Frau, die sie aufs liebevollste tröstete. Magdalena war immer ganz nah bei Jesus und Maria. Einer der Jünger wollte sie verdrängen, aber sie klammerte sich fest an das Gewand Mariens an. Ihre Augen heftete sie stets auf den Herrn. Nun war Jesus auf dem Ölberg angelangt. Eine große, weißglühende Glorie umfing ihn. Jesus selbst war so hell und glänzend, daß der Tag im Vergleich zu ihm dunkel war. Zahllose Seelen drangen in den Glorienschein, der den Herrn umgab, sie durften alle mit dem Herrn in den Himmel auffahren. Plötzlich legte der Herr seine linke Hand auf die Brust, die Rechte erhob er und segnete mit unbeschreiblicher Majestät die ganze Welt. Aus der segnenden Hand flammte es wie Feuerstrahlen. Danach erhob sich der Herr langsam vom Boden. Viele der Anwesenden warfen sich auf die Erde. Es war mir, als ob ein sanfter Regen sich aus dem Glorienschein ergoß. Als der Herr den Segen gab, waren die Apostel dicht um ihn. Maria stand hinter ihnen. Als nun die zwei Gestalten in lichten Gewändern zu der Versammlung niederschwebten und den Jüngern sagten, daß Jesus in den Himmel aufgefahren sei, erkannten sie erst, was geschehen war. Die Apostel waren außer sich vor Schmerz. Manche weinten unaufhaltsam wie Kinder. Maria, Petrus und Johannes waren jedoch von innerem Trost erfüllt. Maria ging mit den Aposteln nach dem Abendmahlssaal. Als sie im Saal beisammen waren, erfüllte sie die ruhige Anwesenheit Mariens mit großem Trost. Sie erinnerten sich des Wortes des Herrn, der ihnen versprochen hatte, er würde seine hl.Mutter noch bei ihnen lassen, und sie würde ihnen allzeit Mutter, Trösterin und Fürbitterin sein. Im Abendmahlssaal nahm Petrus den Platz von Christus ein: Maria saß ihm gegenüber und alle empfingen den Frieden.

17. 5. 1912

Während des Lebens fließen so viele Tränen und das Herz wird oft verwundet. Gottes Hand schickt uns diese Leiden, Gottes Hand wird unsere Tränen im Jenseits trocknen und alle Wunden heilen.

Vom Ölberg aus nahm Jesu bitteres Leiden seinen Ausgang, vom Ölberg aus ist Jesus in den Himmel eingegangen. Vom Ölberg aus sandte der Herr seine Apostel in die ganze Welt. Er sandte sie, um das Heil zu wirken und die Seelen für ihn zu gewinnen. Er sandte sie aber auch in Leiden, Verdemütigungen und Tod. Immer ist der Ölberg der Todesangst-Garten. Nur durch Geduld und Leiden gewinnt man die Seelen für Jesus. In Gottes Namen, wenn Gottes Hand uns hilft, dürfen wir am Heil keiner Seele verzweifeln!

18. 5. 1912

Heute Morgen dachte ich mir, es sei doch schade, daß wir gar nichts wissen von der unaussprechlichen Freude des himmlischen Vaters, als Jesus in den Himmel aufgefahren war. Ich suchte mir ein Bild davon zu machen. Ich dachte des Jubels des ewigen Vaters und des Heiligen Geistes, der Begrüßung des göttlichen Sohnes und der hohen Freude der allerheiligsten Dreifaltigkeit. Ich beglückwünschte die göttlichen Personen mit großer Ehrfurcht zur Himmelfahrt Christi.

Plötzlich stand mein guter Vater Johannes neben mir und sagte: „Komm mit! Soviel die Schwäche Deiner Seele ertragen kann, sollst Du schauen dürfen, wie Jesus in den Himmel einzog." Ich sah den Herrn in göttlicher Majestät vor seinem ewigen Vater stehen. Er übergab ihm die Seelen aller Auserwählten, die mit ihm gekommen waren, und wie in ein rundes Kristallgefäß eingeschlossen übergab Jesus auch die Seelen derjenigen, die in Zukunft in den Himmel kommen. Ich kann mich nicht recht ausdrücken über diese Vorgänge. Auch übergab Jesus all die Verdienste seines bitteren Leidens wie ein Geschenk, durch das er die Majestät und Macht der allerheiligsten Dreifaltigkeit vergrößern wollte. Gott Vater nahm alle Leiden Jesu mit größter Freude auf und vereinte sie mit seiner Person in wunderbarer Weise. Der göttlichen Taube, dem Heiligen Geist übergab Jesus alle Liebesglut, mit der sein Herz entflammt gewesen war. Als nun Gott Vater Christus zu seiner Rechten gesetzt hatte, kamen die unzähligen Scharen der Engel und huldigten dem Sohne Gottes. Beim Anblick der Menschheit Jesu empfingen die Engel eine wundersame Vermehrung ihrer Freude, die Patriarchen und Propheten fanden die Erfüllung all ihrer Sehnsucht, Alle Unschuldigen, die um der Gerechtigkeit willen getötet worden waren, z.B. St.Johannes der Täufer, erhielten eine selige Verklärung ihrer Leiden. Danach erhob Jesus die Hand und segnete den ganzen Erdkreis. Daraufhin strömten auf die Apostel und Gläubigen unsagbare Freuden herab.

19. 5. 1912

Heute sah ich den guten Bruder Deo gratias, Felix von Cantalicio. Er war so einfach und gut. Er sagte aus Herzensgrund bei jeder Gelegenheit »Deo gratias«. Einst hatte er 17 Stunden gar nichts zu essen. Er hatte argen Hunger. Da begegnete ihm ein Frau, die auf den Markt ging. Sie gab ihm ein großes Brot. Voll Freude sagte der gute Bruder: »Deo gratias«! Als er aber anfangen wollte, das Brot zu essen, sah er im Straßengraben einen alten Bettler liegen, der elend klagte, er könne nimmer weiter, denn schon seit zwei Tagen hätte er jeder Nahrung entbehrt. Da sprach Felix gleich voll Freude: ,,Deo gratias! Lieber Bruder, hier hast Du Brot! Nimm es zu Ehren Gottes! Deo Gratias!" Und damit ging er voll Freuden seiner Wege. Als er sich dann abends niederkniete und mit ausgestreckten Armen betete, erschien ihm der Herr und bedankte sich für das Brot, das Felix ihm gegeben habe. »Deo gratias!«, sagte der Bruder, und er fand kein anderes Wort, während sich seine Augen an der Herrlichkeit des Herrn erfreuten. Er war gesättigt und gestärkt, trotzdem er keine irdische Nahrung genossen hatte; aber in der Liebe des Herrn fanden Seele und Leib volles Genügen.

20. 5. 1912

Ich war heute schon recht unzufrieden mit mir. Je ernster ich darüber nachdenke, ob ich nicht doch einen Fortschritt im Guten zu verzeichnen hätte, desto weniger finde ich. Ich hätte heute nach der heiligen Kommunion dem Herrn etwas Gutes opfern wollen und fand nichts. Als ich daheim war, ging ich in mein Zimmer, um mein Kruzifix zu grüßen. Als ich aber die Tür öffnete, stand mein lieber Jesus vor mir, weiß und rot gekleidet. Ich warf mich auf die Knie nieder und opferte dem Herrn die Herzen aller, die meiner Seele teuer sind, denn ich selbst habe gar nichts. Da war es mir plötzlich, als ob ich all die geopferten Herzen in der Hand hätte, und ich hatte so heftig Mitleid mit manchem dieser Herzen, die von Leiden wund waren. Ein Herz — es ist mir gut bekannt — war von Leiden gefüllt und von Dornen umgeben. Da mußte ich weinen. Ich bot dieses arme Herz vor allen anderen dem Herrn dar und sprach: ,,Herr, das geschah um *Deinetwillen!"*

21. 5. 1912

Von Pater B. hört man nichts. Aber heute Morgen sah ich ihn wieder eifrig beschäftigt mit Sortieren seiner Schriften. Auch seinen zweiten Engel von den »Oberherrschaften« sah ich an der Arbeit. Auch er packt zusammen. Er hatte große Körbe, in die er sorgfältig und ernst alle Verdienste seines geliebten Schützlings einräumt. Es sind soviele herrliche Kostbarkeiten dabei. Ich sehe erst jetzt, wie unsagbar viel gebetet, gelitten und geopfert wurde von Pater B., solange er im Seminar war.

Auch der Teufel ist beschäftigt, auch er hält Körbe vor sich, viel größer und viel mehr als Pater B.' Engel. Er arbeitet unverdrossen mit großer Freude, doch ganz heimlich. Man sieht nicht, was er in die Körbe packt. Ich ärgerte mich über ihn und sagte unwillkürlich ein bei uns viel gebräuchliches Wort: „Du tausendfacher Lügenschüppel! Was schwindelst Du schon wieder zusammen? Du bist doch gemein-schlecht!" Da lächelte Pater B.'s Engel und sagte: „Befiehl ihm, er soll Dir sämtliche Körbe öffnen!"

Da befahl ich dem Teufel in Jesu Namen, alles auszupacken, was er in den Körben hätte. Er war gar nicht zornig, sondern redete mir ganz freundlich zu, es wäre nichts besonders Schönes in diesen Körben. „Das glaube ich aufs erste," sagte ich darauf, „in diesen Körben sind lauter Lügen, die sind freilich so häßlich wie Du; aber nun vorwärts!" Da schleppte er mit einem furchtbaren Aufwand von Kraft den größten Korb mitten ins Zimmer, ich mußte fast lachen über seine Seufzer, denn ich dachte gleich, daß der Korb *leer* sei. Und so war es auch; in den anderen Körben waren vereinzelte Papierschnitzel. In einem anderen lagen leere Zündholzschachteln, jedesmal elf. Auch alte Stahlfedern kamen zum Vorschein. Ich fragte Pater B.'s Engel, warum der Teufel ein so einfältiges Gelump einpackte. Da kam die Antwort: „Sooft ich fertig bin mit dem Packen eines Korbes, hat er zwei fertig; es sind dies lauter Dinge, die er gegen Pater B. vorbringen will. Wer sich täuschen läßt, der sieht schwere Beschuldigungen, wer näher zusieht, kennt Lüge, Mißgunst, Eifersucht, Verleumdung sofort in den Körben. Er ist lauter Lüge, doch wie bitter sind die Leiden, die diesen Lügen folgen!"

Ich hatte so arg Mitleid mit Pater B. Aber sein Engel sprach: „Tröste Dich! Er hat sich überwunden und dadurch die Welt. Was willst Du mehr?"

22. 5. 1912

Heute war ein schlimmer Leidenstag, ich kam fast an Ungeduld. Wiederum kam die gute Frau Franziska von Chantal. Sie setzte sich zu mir, neben dem Eichkätzchen-Käfig, und half mir, Reliquien auszusuchen. Als ich ein kleines Beinchen von ihr unter die Hände bekam, legte sie ihre rechte Hand vor mir hin und zeigte genau die Stelle, woher das Knöchelchen war, vom ersten Daumenglied. Ich hatte eine große Freude daran. Wie oft hat die liebe Frau mit diesem Glied ihres Fingers das heilige Kreuzzeichen gemacht! — Ora pro nobis!

23. 5. 1912

Deus dedit's Gebet ist erhört, ein Kreuz wurde ihm abgenommen, aber ein zweites wird kommen, das ihm eine große, schwere Verantwortung bringen wird.

Heute faßte ich eine Reliquie der heiligen Julia, Märtyrerin und Jungfrau. Sie wurde gekreuzigt von den Sklaven ihres Herrn, der sie gern zur Frau genommen hätte. Sie war von strahlender Schönheit. Ehe sie gekreuzigt wurde, wollte man ihr noch eine letzte Bitte gestatten. Sie verlangte, in ihren Kleidern gekreuzigt zu werden. Man schnürte sie mit einschneidenden Stricken ans Kreuz und dann nagelte man ihre Hände und Füße fest. Das Blut floß von ihren Händen zur Erde, wie eine kleine Quelle. Sie blickte zum Himmel, solang ihr die schwindenden Kräfte erlaubten, das Haupt zu heben. Plötzich fiel ihr Kopf nach vorn — im Augenblick, als ihr Herr heimkam — und sie gab ihre Taubenseele in die Hände Gottes zurück. Eine weiße Taube saß dann ganz plötzlich auf dem Kreuzesbalken. Ihr Herr, der sie unaussprechlich geliebt hatte, umfaßte ihre Füße und schrie wie ein Rasender vor Schmerz. Dann wurde er nach und nach ruhiger, alle Rachegedanken verschwanden. Als er sich von Julias Füßen loslöste, war er ein *Christ.*

Die Leiche Julias war ungemein zart weiß und wie verklärt, ähnlich wie Agnes — aber sie war schon sechzehn Jahre alt. Sie hatte schwarzgelockte Haare, das Gesicht war etwas breit, aber trotzdem von geradezu klassischer Schönheit. Als sie gestorben war, erschien über ihrem Haupte ein lichter Schein. — St.Julia, ora pro nobis!

24. 5. 1912

Als St.Bernhard sich einst bei Unserer Lieben Frau bitter beklagte über schwere, dem Kloster zugefügte Ungerechtigkeiten, sagte Maria zu ihm: „O geliebter Sohn! Um alles kann ich meinen Sohn bitten und alles kann ich von ihm erbitten, nur nicht *Gerechtigkeit!* Da mußt Du Dich an Christus, den Herrn, wenden!" Dieses Wort fiel mir heute wieder ein, als ich Unsere Liebe Frau bettelte, mir doch zu helfen. Und so bat ich sie denn von Herzen, allen meinen Widersachern recht viel geistliche Freude zu geben, wenn es nicht anders geht, dann auf meine Kosten. Die eigentliche Andacht von Unserer Lieben Frau von der immerwährenden Hilfe hat eigentlich Alphons von Liguori wiederbelebt und zu höchster Blüte gebracht. Ich begreife die Liebe des heiligen Alphons zur »immerwährenden Hilfe« so gut. Es liegt sehr viel kindliches Vertrauen, sehr viel Hingabe in den kurzen Anrufungen: ,,O Maria, Du Mutter von der immerwährenden Hilfe, bitte für uns! Laß es nicht zu, daß ich Deinen Sohn je verliere!" Und wie gerne setze ich hinzu: ,,Heiliger Alfons, mein geliebter Beschützer, laß es nicht zu, daß ich Maria je verlasse. Hilf, daß ich in aller Not zu ihr meine Zuflucht nehme. Amen!

25. 5. 1912

Heute ist Pfingstsamstag. Da feiere ich ganz still für mich das Fest Unserer Lieben Frau, der Braut des Heiligen Geistes. An diesem Tage bete ich siebenmal den »Engel des Herrn« zu Ehren der Gnadenvorzüge, die der Heilige Geist seiner getreuesten Braut verlieh. Die Andacht zur »Braut des Heiligen Geistes« wird so wenig geübt. Und doch sagte mir Maria, als ich mich einst in einer furchtbaren Seelennot zu ihr wandte: ,,Alles sei Dir gewährt, um was immer Du bittest, wenn du mich an die Gnadenvorzüge erinnerst, die ich als Tochter des ewigen Vaters, als Mutter des göttlichen Sohnes, als Braut des Heiligen Geistes empfing." Namentlich kann man geistliche Freude von der Braut des Heiligen Geistes erbitten, wenn man ihr vorstellt, daß *sie* unter allen je erschaffenen Menschen die Freude des Heiligen Geistes in aller vollkommenster Weise genossen habe.

26. 5. 1912

Pfingstmontag. Ich konnte die verflossene Nacht fast nicht liegen vor Husten und Atemnot. Es war eine recht martervolle Nacht, aber im Herzen war ich still und zufrieden und suchte mich möglichst gut auf die heilige Kommunion vorzubereiten. Am frühen Morgen sah ich dann endlich wieder St.Johannes (Evangelist). Sein Antlitz flammte wie Feuer. Er stand vor mir im Alter das er hatte, als er den Heiligen Geist empfing, ungefähr 30 Jahre alt. Ich bat ihn um feurige Gottesliebe für mich und alle, die meine Seele lieb hat. Ich bat um überreiche geistliche Tröstungen für alle und sagte, er möge mir doch mitteilen, wie man sich verhalten muß, um stets den Heiligen Geist in der Seele zu haben. St.Johannes sagte: ,,Der Heilige Geist liebt ein stilles Herz, denn ein stilles Herz hört, was der Geist Gottes spricht. Wenn ein Herz zuviel mit

Sorgen, Begierden und Wünschen erfüllt ist, kann es nicht hören, was der Herr spricht. Wenn in einem Haus großer Lärm ist, überhört man das Klopfen an der Haustür. Wie oft klopft der Heilige Geist ans Menschenherz und man hört ihn nicht. Wie unsagbar groß sind die Wirkungen des Heiligen Geistes in einer stillen Seele. Der Heilige Geist ist unendlich und seine Gnaden sind es ebenso. Er ist es, der dem Joch Christi alles Schwere und Bittere nimmt, der es leicht macht, ja noch mehr, der das heiße Verlangen nach dem Kreuz entzündet und der stillen, ergebenen Seele den Weg zeigt zur Erkenntnis der Herrlichkeit des Kreuzes, und der sie kosten läßt, wie süß das Kreuz ist. Der Heilige Geist gebietet Dir, fromm zu sein, und er gibt Dir auch die notwendigen Gnaden dazu. Wenn Du nur willst, dann kannst Du im Heiligen Geist stets fröhlich sein, auch wenn Du unter dem Kreuze liegst. Der Heilige Geist verlangt Dich ohne jeden Vorbehalt zu besitzen, wie ein König will er ausschließlich in Deinem Herzen regieren. Liebe Gott über alles und Dein sind die größten Tröstungen der göttlichen Liebe!"

Ich erkundigte mich, ob Pater B. nicht doch noch im »tätigen« Dienst sein werde. St.Johannes aber sagte, daß ein Jüngerer zum Kanonikus bestimmt sei, ein Günstling des Bischofs. Aber demjenigen, dem man gegenüber Pater B. den Vorzug gibt, wird die rasche Förderung nicht zum Heile sein, und der Diözese ebenfalls nicht. Ich glaube zu wissen, wer es ist.

28. 5. 1912

Heute sah ich St.Augustinus mit dem flammenden Herzen in der linken Hand. Er war ein glühender Liebhaber des Heiligen Geistes. Ich liebe ihn sehr, diesen großen Heiligen, der, obwohl nicht gemartert durch menschliche Hände für Christus, dennoch die Märtyrerpalme errang. Er war in seiner Jugend und Vollkraft des Alters ein schöner Mann. Sein Sohn, Adeodatus, sieht ihm gleich, ist aber nicht so kräftig. St.Augustinus weinte ganze Nächte seiner sündhaften Vergangenheit wegen. Oft kam ein Engel zu ihm und tröstete ihn aufs Liebevollste. Manchmal fühlte er die Liebe zu Gott in so hohem Grade, daß seine Brust wie Feuer brannte und er mit beiden Händen nach seinem Herzen griff, weil er dachte, es müsse zerspringen. In einer dieser Stunden seines Martyriums der Liebe entströmten bittere Tränen seinen Augen und er rief das bekannte Wort aus: „O ewige Schönheit, zu spät habe ich Dich erkannt —

zu spät habe ich Dich geliebt!" Und doch möchte ich fragen: „Ist es denn je zu spät, Gott zu lieben? So lange wir atmen, ist es noch Zeit. Es gab große Sünder, deren Verbrechen zum Himmel schrien und im letzten Augenblick kam ihnen die Barmherzigkeit Gottes entgegen und lehrte sie, Gott zu erkennen und zu lieben — und im Zeitraum von Stunden, ja von Minuten wurden aus Sündern Heilige.

Mir fällt eben ein, daß ich am letzten Lichtmeßtag vom Archangelus an ein Sterbebett geführt wurde, wo ich dieses plötzliche Wunder sich vollziehen sah. Er hatte alle Sünden begangen, nur konnte er keinen Armen unbeschenkt gehen lassen. 37 Jahre ging er nicht mehr zu den Sakramenten, die tausende »Vergelts Gott« retteten ihn. Ich wollte, ich könnte einmal in meinem Leben so zerknirscht und reuevoll beichten, wie damals der Sterbende. Seine Bekehrung war vollständig. Er war sich seiner Sünden voll bewußt, aber er hatte keine Angst, sondern ein unbegrenztes Vertrauen auf die Barmherzigkeit Gottes und die Verdienste des Leidens Christi. Er verlangte, aufgelöst zu werden, um keine Möglichkeit mehr zu haben, seinen endlich gefundenen Erlöser zu beleidigen.

Es ist eine fast lächerliche Gedankenfolge, die mir kam: Als St.Exuperia zum Tod verurteilt wurde, dankte sie dem Herrn von Herzen, um des Glaubens willen sterben zu dürfen. Dann kam ihr aber die Geringfügigkeit ihrer Verdienste in Erinnerung und sie seufzte tief und war von Herzen traurig. Da schaute sie im Geist ihren gekreuzigten Bräutigam und ihr Herz wurde mit Freude erfüllt. Sie sprach: „Nichts habe ich, das ich dem Herrn als Verdienst anbieten könnte, aber ich will nicht verzagen: Das Leiden und Blut Jesu Christi sind mein Brautschatz, den mir niemand nehmen kann."

29. 5. 1912

Das Kreuzweggebet ist doch eine der größten Gnaden Gottes, ohne dasselbe wäre ich schon längst verzweifelt. Den Kreuzweg betrachtend zu gehen, verdanken wir unserer lieben Schmerzensmutter Maria. Sie ging ihn ja zuerst mit Johannes und den frommen Frauen nach dem Begräbnis des Herrn.

Weil ich heute außerordentlich gedrückt und traurig war, ging ich die Stationen für die Betrübten und Gekränkten. Ich wurde nicht getröstet wie sonst, aber etwas ruhiger.

Inneres der Schloßkirche von Obermarchtal

Das Chorgestühl von P. Speisegger, 1690, in der Schloßkirche

30. 5. 1912

Wie es scheint, ist es Gottes Wille, daß mir die letzten Maitage noch recht viel Geduldsproben bringen. Ich sehe allmählich ein, daß ich das Wesen der Geduld schon erfaßt habe, aber geduldig, wie ich es gern sein möchte, bin ich noch nicht. Ach, Du gekreuzigter und geduldiger Jesus! Hilf mir doch, daß ich vollkommen geduldig werde!

31. 5. 1912

In einer halben Stunde ist der Marienmonat zu Ende. Als ich heute Nachmittag eine vorbereitende Betrachtung auf den Herz-Jesu-Monat hielt, erschien mir der Herr in grauenhaft zugerichteter Gestalt. Ich verging fast vor Mitleid, aber er sprach: „Du beklagst die Wunden meines Leibes, die ja so furchtbar sind, daß keine Steigerung mehr möglich ist — aber sieh erst, wie *mein Herz* an tausend Wunden blutet!“ Damit öffnete der Herr die Falten seines weißen Spottgewandes und ich sah sein Herz mit Dornen umflochten und wie zertreten, so daß es fast formlos war. Der Anblick war so schrecklich, daß es mir nicht möglich ist, auch nur einigermaßen zu beschreiben, was ich fühlte. Ich hatte heftiges Verlangen, dieses zermarterte Herz in meine Hände zu nehmen, aber dann fielen mir meine vielen Sünden ein, das hielt mich zurück, den Herrn um sein Herz zu bitten. Der Herr sprach zu mir: „Daß Du so mitleidig bist, erquickt mich, aber wenn Du *mitleiden* wolltest, wäre ich getröstet.“ Da bot ich mich dem Herrn zum »Mit-leiden« an. Er nahm das Opfer, das ich ihm in Form eines Ysopstengels reichte, mit großer Freude an. Aber mir wurde es plötzlich furchtbar schwer ums Herz. Trotzdem sagte ich nochmals: „Nimm dieses Opfer an, o Herr, und verschmähe es nicht. Ich bringe es Dir dar durch die Hände der schmerzvollen Mutter Maria.“ Da sah ich zwei leuchtende Hände nach dem Ysopstengel greifen und ihn dem Herrn neuerdings geben. Es wurde mir etwas leichter zumute. Dann fragte mich der Herr: „Was soll ich Dir für eine Freude bereiten?“ Ich konnte nicht länger widerstehen und sagte: „Gib Dein Herz in meine Hände. Ich bin die allergrößte Sünderin, aber Du bist die allergrößte Barmherzigkeit und vollkommenste Liebe!“ Der Herr legte sein verwundetes Herz in meine armseligen Hände, es war so heiß, daß ich glaubte, meine Hände müßten von Flammen verzehrt werden. Die Dornen stachen mich, aber das war mir gleich. Dann legte ich die Seelen aller, die meine Seele lieb hat, in die Herzenswunde, auch alle, die mich kränken und beleidigen. Ich hatte manche zeitlichen Wünsche, aber ich vergaß sie vollständig beim Anblick des allerliebsten Herzens Jesu.

1. 6. 1912

Als ich dem Herrn sein göttliches Herz zurückgegeben hatte, machte er mir liebevolle Vorwürfe, ob des geringen Vertrauens meiner Liebe, die zauderte, sein Herz zu verlangen. „Es gibt keine mich liebende Seele, die von mir zuviel verlangen könnte. Die Erinnerung an frühere Sünden und Nachlässigkeiten, an die täglichen Fehler und Schwächen darf Dich niemals abhalten, etwas von mir zu fordern. Alles für alles! Du gibst mir Dein Herz und ich gebe Dir das Meine. Ich bin Gott, Du kannst daher alles von mir erwarten. Dadurch, daß Du Dich aus mißverstandener Demut besonnen hast, mein Herz zu verlangen, hast Du gewissermaßen meine Ehre verkürzt und meine übergroße Liebe angezweifelt. Auch will ich nicht, daß Du Deiner Sünden wegen das Kruzifix nur am Holz küßt. Nimm mein Leidensbild sooft zur Hand, wie Du willst und küsse es so inbrünstig wie in Deiner Kindheit, ohne jede Scheu. Nimm Dir meine Freundin von Bethanien zum Vorbild. Ihre Sünden bekümmerten sie gar nicht, wenn sie in meiner nächsten Nähe war. Die liebende Seele soll auch gegen sich selbst großmütig sein und sich in den verborgenen Äußerungen der Liebe keine Abtötung auferlegen."

2. 6. 1912

Dreifaltigkeitsfest. Heute am frühen Morgen führte mich der Herr in seinen Myrrhengarten. Es war ein wundersames Duften, süß und bitter zugleich, so daß ich überselig und doch auch traurig war. Der Herr sprach: „Komm mit mir und schau die Myrrhen näher an, ich habe soviel gelitten im Verborgenen und es gibt wenige, die diese Leiden kennen und gegenwärtig fast niemand, der sie verehrt. Ein großer Schmerz war mir die Erkenntnis, daß trotz der Erlösungsleiden soviele Sünden begangen werden wie früher. Die Erkenntnis der schrecklichen Bosheit der Sünde zerschnitt mein Herz. Ein zweites fürchterliches Leiden war das Mitleid, das ich mit meiner unschuldigen Mutter hatte. Mein Leiden wurde noch bitterer, da ich wußte und sah, wie schwer sie leiden mußte.

Dann der Verrat des Judas: Er, der mein Freund war, verriet mich um elendes Geld. Als Judas in den Garten kam und mich küßte, war mein Herz wie gebrochen. Es war mir unmöglich zu schweigen, und so nannte ich den Verräter »Freund« und frage ihn, wozu er gekommen sei.

Petrus, der es zuerst mit der ganzen Welt aufnehmen wollte, fürchtete sich vor einem Weib und verleugnete mich, obwohl er mich liebte.

Auch fiel mir das haßerfüllte Benehmen der Israeliten schwer aufs Herz. Drei Jahre zog ich umher, erweckte Tote, heilte Kranke, predigte ihnen das Heil — und nun waren sie so undankbar und ungerecht. Gleichzeitig sah ich das heidnische Leben so vieler kommender Christen, die mich trotz aller Gnadenhilfen mit Füßen treten. Als ich vor Angst am Ölberg betete und keinen Trost fand, wollte ich mich an der Liebe und Treue meiner bevorzugten Apostel aufrichten, aber sie schliefen. In ihnen beklagte ich die Lauheit so vieler Auserwählter.

Ein weiterer Schmerz war die Voraussicht, daß sich so viele durch die Todsünde von mir loslösen werden. Das war ein brennender Schmerz, von dem Du Dir keinen Begriff machen kannst."

3. 6. 1912

„Als ich am Kreuze hing, sah ich den Untergang so vieler Seelen voraus, und ich seufzte mit verdorrtem Mund: ‚Mich dürstet!', nämlich nach den Seelen. Ein weiterer Schmerz war der linke Schächer und seine ewige Verdammung. Trotzdem er neben mir starb, bekehrte er sich nicht, und fiel dem ewigen Tod anheim.

Ein anderer Schmerz war die Voraussicht, daß soviele meiner Auserwählten und Geliebtesten dem Kreuz entfliehen wollen und es sogar von sich werfen. Wie viele Heilige gäbe es, wenn man nicht unter der Kreuzeslast seufzte und sich dagegen auflehnte, sondern sanftmütig den königlichen Weg des Kreuzes ginge. Hier hast Du ein Myrrhenbüschlein verborgener Leiden. Bewahre es wohl und denke daran! Dann wird seine Erkenntnis Deine Seele mehr und mehr durchdringen und die Tröstungen des Kreuzes werden Dein Anteil sein in Ewigkeit!"

4. 6. 1912

Heute bedauerte ich wieder, wie schon oft, daß das Fest der allerheiligsten Dreifaltigkeit ein ganz stiller Sonntag ist. Und doch ist es begreiflich: Der Gegenstand ist so hoch und heilig, daß kein Fest hinreichen würde, ihn genügend zu feiern.

Wieder ein schrecklicher Kreuztag, mir wäre alles recht, aber die schrecklichen Sünden, die in meiner nächsten Nähe begangen werden, bedrücken mich sehr!

5. 6. 1912

Ich habe mein Fenster für morgen geziert. Das Wetter ist so heiß, daß ich Regen fürchte. Jetzt muß ich gleich die gute Frau Franziska von Chantal um trockenes Wetter bitten.

Nachmittags war ich beinahe eine Stunde in der Kirche. Die allzu häufigen Kinderbeichten und -kommunionen sind nichts. Heute haben fünf Kinder sakrilegisch gebeichtet. (Zu dieser Zeit, 1912, waren häufige Beichten üblich. In der heutigen Zeit ist das Gegenteil der Fall: gebeichtet wird kaum noch, aber trotzdem geht man zur heiligen Kommunion. Es besteht die große Gefahr, daß viele Menschen unwürdig die heilige Kommunion empfangen, weil eine tiefe Reue über begangene Sünden aus Lauheit ebenfalls unterlassen wird. D.H.) Morgen ist Fronleichnamsfest. In der Frühe wird unser armer Erlöser verraten. Etwas später geht man mit der Fronleichnamsprozession und die Teufel begleiten voll Freude die Seelen, die ihren Herrn um ein Nichts, also noch billiger als Judas, verkauft haben.

6. 6. 1912

Die Prozession war im Freien. Ich war von Herzen betrübt über die »Judasse«, die mitgingen. Überhaupt herrschte eine gewisse Unordnung und Zerstreuung, die Teufel waren fest an der Arbeit.

7. 6. 1912

Gestern Nachmittag war »allgemeiner Spaziergang«. Diese Belustigungen erfreuten mich zwar gar nicht, aber ich konnte und wollte mich nicht ausschließen.

Abends. Tagsüber bis jetzt, wo ich endlich in meinem Zimmer bin, kam ein Kreuz und eine Verdrießlichkeit nach der anderen, ein ganzer Psalter von Leiden. Ich mußte ununterbrochen gegen eine gewisse

Mutlosigkeit kämpfen und bin schrecklich lebensmüde. Ich wollte, ich wäre schon im »ewigen Frieden«. Am Morgen sah ich die Hostie in der Monstranz zweimal wie in großer Freude aufhüpfen, der Herr zeigte sich in Kindergestalt, »überaus liebenswürdig«, wie St.Bernhard sagte.

8. 6. 1912

Am Mittwoch sah ich wieder die katholische Kirche in Gestalt einer großen Frau mit einer tiefen Wunde an der linken Schulter. Das Achselbein war ganz auseinandergeschlagen wie durch einen Schwertschlag. St.Johannes sagte mir, diese Wunde bedeute die abgeschafften marianischen Hochfeste (Verkündigung, Geburt, Lichtmeß). Auch wird in der nächsten Zeit wieder irgendwo ein großes Ärgernis begangen. Mir graut vor den Schändungen des eucharistischen Herzens Jesu. Meine Korrespondenz wird vernachlässigt, des Tagebuchs wegen.

Heute faßte ich eine Reliquie des St.Petrus. Ich sah ihn im Augenblick, da er »hinausging und bitterlich weinte«. Ich hatte so großes Mitleid mit ihm und doch — wäre er nicht gefallen, hätte er den Herrn später nicht so sehr geliebt.

Heute bekam ich wieder einen großen Kreuzpartikel. Der Herr selbst sagte, er sei echt. Nachmittags suchte ich Reliquien zusammen für eine mir sehr teure Person. Ich war müde und nicht sehr gesammelt, wie ich hätte sein sollen. So rief ich nach St.Romuald. Er kam und suchte mir die verschiedenen Reliquien aus meinen Dutzend Schachteln zusammen, so daß ich wenigstens drei Stunden Zeit ersparte. Danach spaltete ich einen Kreuzpartikel. Trotzdem es mit äußerster Sorgfalt geschah, sprang mir ein Stückchen zum Fenster hinunter. Ich war sterbensunglücklich und bettelte mein teures Kruzifix um schnelle Hilfe. Da brachte mir St.Johannes das Splitterchen. Der Herr zeigte mir am Kruzifix, daß der Partikel von dem Kreuzesholz ist, auf welchem seine gebenedeite Hand angenagelt wurde. Das ist also etwas Besonderes. Ich werde trachten, daß jeder meiner geistlichen Freunde etwas davon bekommt. Der Partikel ist sehr groß.

Heute war Kreuzauffindung und Kreuzerhöhung bei mir von früh bis nachts. Schlechte Laune meiner Umgebung, ständige Unzufriedenheit mit allem, was ich tat. In Gottes Namen! Als Jesus auf Erden wandelte, konnte er es auch niemand recht machen. Aber Geduld ist notwendig und Kreuzesliebe, sonst müßte man bei dieser Existenz irrsinnig werden.

10. 6. 1912

Heute hatte ich so furchtbare Geduldsproben auszuhalten wie noch nie. Es ist Gottes Zulassung, aber daß fortgesetzt schwere Sünden begangen werden, ist nicht Gottes Wille. Manche treiben die öftere Kommunion wie einen Sport. Ist das nicht grausam gegen den Herrn, diese Frivolität! Ein Glück, daß manche davon »nicht wissen, was sie tun«.

11. 6. 1912

Der einzige Lichtblick dieses Tages war der Besuch der Kirche am Morgen und die heilige Kommunion. Wenn ich nicht fast täglich kommunizieren dürfte, könnte ich dieses Leben schon lange nicht mehr ertragen. Während des ganzen Hochamtes betete ich fast ununterbrochen: „Göttliches Herz Jesu, ich vertraue auf Dich, Jesus, Sohn Davids, erbarme Dich meiner."

12. 6. 1912

Morgen ist St.Antonius, ich freue mich schon darauf. Ich habe ihn so gern wegen seiner Beharrlichkeit im Gebet. Er hat soviel Franziskus-Ähnliches an sich, was seine Seele betrifft. Das ruhige Gottvertrauen, die große Andacht zum allerheiligsten Sakrament, die Liebe zur Armut und zum Kreuz.

13. 6. 1912

Ich sah heute den lieben heiligen Antonius in Gesellschaft des Jesuskindes. St.Antonius war so sehr von Liebe entflammt, daß er ganz vergaß, daß er den Schöpfer und Herrn in den Armen hielt. Er sah nur den Kind gewordenen Erlöser, dessen Schönheit ihn so gefangen nahm, daß er alles andere vergaß.

Das zweitemal sah ich, wie Antonius in einem Zimmer war — er befand sich auf Reisen und nicht in seiner Zelle. Er las in der Heiligen Schrift, und zwar im Evangelium St.Johannes. Als er hier von Christi Geburt las, schloß er einen Augenblick die Augen und stellte sich recht lebhaft die Holdseligkeit des Jesuskindes vor. Da fühlte er plötzlich einen leisen Kuß auf seiner Stirn, er schlug die Augen auf und da sah er das Jesuskind auf dem Evangelienbuch stehen, und — im Alter von zwei Jahren — voll Liebreiz und Schönheit. Damals wäre St.Antonius' Herz fast gebrochen vor Entzücken und Liebe. Sein überaus seliges Hinscheiden war auch ein Tod aus Liebe. Das Herz konnte die Liebesgewalt nicht mehr ertragen, Es brach vor Liebe im Anblick des Erlösers, wie einst unser guter, teuerster St.Josef.

14. 6. 1912
Heute war ich überaus unzufrieden wegen Pater Benediktus. Ich machte meinem Heiland am Kreuz bittere Vorwürfe darüber, daß die Ungerechtigkeit über die Gerechtigkeit, die frivole Ungläubigkeit über den wahren Glauben triumphiere. Der Herr sagte aber: „Sei getrost, Pater B. wird Genugtuung, der Gegenpartei aber Gerechtigkeit widerfahren." Gerechtigkeit! Das ist in diesem Falle ein Begriff von entsetzlicher Bedeutung.

15. 6. 1912

Wieder ein Tag voll Leiden! Das hoffnungslose Leiden ist das Entsetzlichste, was es gibt — und doch, wie oft ist das Herz Jesu durch meine Schuld in Bitterkeit versenkt worden. Ich habe daher kein Recht, zu klagen. Eben erinnert mich St.Johannes an die Begegnung, die mir das gestrige Herz-Jesu-Fest brachte. Am späten Abend, es war fast sieben Uhr, begegnete ich dem Herrn im Hausgang mit einem großen Kreuz. Ich nahm es ihm ab — aber ich erschrak vor der Schwere des Kreuzes. Doch ich dachte mir: „Wenn ich es nicht tragen könnte, würde es mir nicht gegeben werden." Ich kniete mich nieder und bat den Herrn um seinen Segen für alle, die mir nahestehen, die ich lieb habe, und der Herr gab für jeden einzelnen den Segen. Sooft der göttliche Heiland den Frieden gewünscht hatte, gab mir St.Johannes seine goldene Rose in die Hand. Zum Schluß aber, als ich den Segen erhielt, bekam ich ihn in anderer Weise. Nicht der Friede und die göttlichen Tröstungen der Liebe wurden mir gewünscht, sondern Standhaftigkeit und Geduld in Kreuz und Leiden. Warum stellt man sich Gott immer so streng vor? Ich glaube, man kennt ihn zu wenig. Wie anziehend ist doch ein wahrhaft guter Mensch — und doch ist Gott die Quelle aller Güte und Liebe. Es gibt soviele Menschen, die Gott aus lauter Angst davonlaufen möchten. Wie töricht und armselig!

17. 6. 1912

Der gestrige Tag war *Kreuzauffindung* und *Erhöhung*. Deo gratias!

Heute Abend kam ohne jede Anmeldung eine mir schrecklich unsympatische Person. Ich war so empört, daß ich ein paar Minuten brauchte, bis ich sagen konnte: ,,O Herr, in Vereinigung mit Deiner verzeihenden Sanftmut und göttlichen Geduld, mit welcher Du den Kuß des Judas angenommen hast, will ich auch diesen Besuch erdulden!"

Beim Abendgebet nahm ich mir vor, an den kommenden Tagen alle Küchenpflichten mit aller Vollkommenheit und Liebe zu erfüllen, als ob ich für meinen gekreuzigten Jesus kochen und sorgen würde. Und jetzt gehe ich zur Ruhe. Ich bin todmüde, noch von gestern her. Gute Nacht, mein liebster, von Judas mit einem Kuß verratener Jesus!

18. 6. 1912

Heute Morgen faßte ich eine Reliquienkapsel. Ich faßte ein kleines Splitterchen von den Gebeinen der glückseligen heiligen Elisabeth, der Mutter des heiligen Johannes des Täufers. Ich sah das Haus den Zacharias vor mir. Die bejahrte, gesegnete Elisabeth eilte, vom Heiligen Geist erfüllt, ihrer Base, der allerseligsten Jungfrau Maria, entgegen. Maria umarmte Elisabeth aufs Innigste, ehe sie das Magnificat anstimmte. Sie sprach es so feierlich und andächtig wie nach der Verkündigung des Erzengels. Auf Elisabeth machte dieser Lobgesang einen tiefen Eindruck. Ich finde keinen passenden Ausdruck für die in ihr vorgehende Wandlung, ich möchte sagen, es fiel viel Körperliches ab von ihr, sie war wie vergeistigt. Und Johannes wurde von der Sünde gereinigt, auch das empfand Elisabeth. Josef und Zacharias standen im Hintergrund und blickten auf die beiden Frauen. Es war ein himmlisches Bild voll Frieden und höchster Anmut.

Später sah ich dann, wie Maria und Elisabeth an einer großen Decke arbeiteten. Maria fügte ganz feine Stickerei an den Rand. Die Arbeit ging ihr schnell aus den gebendeiten Händen. Ich sah auch, wie St.Gabriel ihr Stickfaden, Seide und Wolle reichte. Elisabeth betrachtete fortwährend die Erscheinung ihrer heiligen Base, so daß sie manchmal ganz verkehrte Stiche machte. Maria lächelte dann und nahm Elisabeth die Nadel aus der Hand. Auch viele Vögel und Schmetterlinge flogen um das glückliche Haus. Die Luft war so klar und durchsichtig, Oliven und Palmen umstanden dasselbe, es war alles so friedlich und freudvoll wie im Paradies.

Ich erhielt ein Steinchen vom Haus der heiligen Elisabeth. Es stammt vom Boden des Raumes, in dem Johannes geboren wurde. Das Steinchen leuchtet sanft wie ein Stern.

19. 6. 1912

Meinen guten Vorsatz habe ich ausgeführt. Ich kochte so sorgfältig, als ob ich für Jesus, Maria und Josef hätte kochen dürfen. Aber ich bin doch sehr müde, meine körperlichen Kräfte versagen fast. Als ich nachmittags glaubte, etwas Ruhe zu haben, kamen noch ein paar Besuche, die mir durch ihre Taktlosigkeit viel Herzeleid brachten. In Gottes Namen! Aber mir ging es arg nahe!

21. 6. 1912

St.Aloisius hat heute ein großes Fest im Himmel. Es ist ein so liebenswürdiger Heiliger. Ich habe ihn deshalb so gern, weil er die Engel so hoch verehrte und ihre Verehrung überall empfahl. Als er starb, war sein Zimmer von lauter Engeln erfüllt. Maria stand neben seinem Bett und Jesus überschwebte es so, daß Aloisius das göttliche Antlitz sehen konnte. Als der Herr Aloisius beim Namen rief, gab er seine Seele in Jesu Hände. Sie war wie eine lichte Taube. Aloisius kam ohne Fegfeuer in den Himmel. Fast jeder Orden hat einen oder mehrere St.Aloisius, wenn ich so sagen darf. Aber der Jesuitenorden ist ausgezeichnet durch das herrliche Dreigestirn der Jugendpatrone: Aloisius, Stanislaus und Johannes Berchmans. Der Orden selbst aber wurde durch einen Büßer, St.Ignatius, gestiftet. „An ihren Früchten werdet ihr sie erkennen!“ Großer, lieber, guter St.Ignatius! Wie groß war Deine Heiligkeit, daß Du solche Söhne Dein eigen nennen darfst!

23. 6. 1912

Heute war ich den ganzen Tag recht angestrengt und am Abend sehr müde. Als ich endlich in mein Zimmer durfte, leuchtete mir mein gekreuzigter Jesus hell entgegen. Ich stand an der Tür, ins Schauen versenkt, und vergaß mein Ruhebedürfnis. Ich dachte mir, wie schön doch der heilige Philipp Benitius das Kruzifix »Mein liebstes Buch« nannte. Gibt es denn ein lehrreicheres Buch als den Anblick der gekreuzigten Geduld? Plötzlich fiel mir wieder ein, daß es ja meine Sünden sind, die den Herrn ans Kreuz schlugen, und ich mußte weinen. Der Herr sprach zu mir: „Sieh an meine fünf Wunden!" Ich ließ sie mir schlagen um Deinetwillen. Sieh an mein Haupt, das sich nicht aufrecht halten kann unter der Wucht und Pein der Dornenkrone. Meine Augen sind trocken und brennen wie Feuer. Alle Tränen, die ich hatte, habe ich für Dich vergossen, jeden Tropfen Blutes für Dich dahingegeben. Nicht eine einzige Stelle an meinem ganzen Körper kannst Du finden, die heil wäre. Und das alles habe ich Deinetwegen ertragen. Tu auf Deine Augen und sieh in mich, wie in einen Spiegel: Kein Leiden und kein Weh gibt es auf der ganzen Welt, das ich nicht ertragen hätte um Deinetwillen und für Dich. Und so spreche ich zu jeder Seele: Denn fürwahr, gerne hätte ich für jede einzelne das gelitten, was ich für alle insgesamt ausgestanden habe. Wie verschmachte ich fast vor ungestillter Sehnsucht nach der Liebe der Seelen! O wieviel Zeit wird vertan in unfruchtbarer Erinnerung an längst verziehene Sündenschulden! Ich strecke die Arme aus nach den Seelen, und so viele meiner Auserwählten gibt es, die immer nachgrübeln über ihre Fehler und darüber vergessen, daß ich mit unendlichem Sehnen danach verlange, daß sie endlich kommen, sich vertrauensvoll an mein Herz schmiegen und sagen: „Herr, ich liebe Dich so sehr ich kann! Nimm mich, wie ich bin, mit all meinen Fehlern, aber ziehe mich ganz an Dich und lehre mich, Dich zu lieben, wie Du geliebt sein willst!" Und nach einer Pause setzte er hinzu, wie schon einigemale: „Himmel und Erde, Menschen und Engel können Euch bei mir verklagen: Wenn Ihr Euch Mühe geben werdet, mich zu lieben, dann wird mein liebeglühendes Herz Euch verteidigen und in Schutz nehmen vor der göttlichen Richtergewalt."

Als ich dann meine abendliche Gewissenserforschung anstellte und gar nichts fand, wodurch ich Gottes Ehre gefördert und dem Gekreuzigten Liebe erwiesen hätte, sprach der Herr abermals: „Sei getrost! Du hast heute sooft Deine schmerzliche Müdigkeit mit der Müdigkeit vereinigt, die ich auf Erden leiden wollte, hast Deine Selbstverleugnungen und Entsagungen des Herzens sooft mit meinem Gang nach Kalvaria vereint, daß mir das wohlgefälliger ist, als ob Du 100 Jahre lang die strengsten Bußübungen eigener Wahl vollbracht hättest. Eine einzige

Geduldsübung in aller Stille vollbringen, ehrt mich mehr als wenn Du Dich vor der gesamten Welt als das unwürdigste aller Geschöpfe bekannt hättest. Denn bei öffentlichen Verdemütigungen, die man freiwillig auf sich nimmt, spielt soviel rein Menschliches mit. Bei den verborgenen Abtötungen des Eigenwillens, bei den äußerlich kaum wahrnehmbaren Demutsübungen spielt das eigene Ich keine Rolle."

23. 6. 1912

Heute habe ich wieder eine Stunde Reliquien gefaßt, unter anderem ein Stückchen vom Abendmahlstischtuch. Das Fleckchen leuchtete so hell mit dem mir wohlbekannten blauen Licht. Ich fragte dann den Herrn, von welchem Stück Saum das Fleckchen wäre. Der Herr war gleich bereit, zu antworten: „Dieser Teil stammt gerade von der Stelle des Tischtuchs, das auf meinen Knien lag, als ich mein Sakrament des Altares einsetzte. Als sich später Johannes an meine Brust lehnte, berührte er gleichzeitig dieses Teilchen des Saumes mit seiner Hand. Ich sah auch Dich und Deine große Freude, mit der Du allen denjenigen, die Du liebst, von diesem Heiligtum mitteilen würdest. Ich verspreche allen, denen Du davon gibst, die Fülle geistlichen Trostes und Frieden der Seele. Wie groß ist Deine Sehnsucht nach Heiligtümern, mit wieviel Freude und Ehrerbietung empfängst Du sie, um sie mit zehnfacher Freude wieder wegzugeben an die Freunde Deiner Seele und Deines Herzens! Nur weil Du frei bist von jeder Habsucht, gebe ich Dir so viele ehr- und hochwürdige Reliquien, denn Du machst den rechten Gebrauch davon, weil Du ihren wahren Wert kennst."

24. 6. 1912

Heute Morgen mußte ich auf die heilige Messe verzichten, weil ich meinen Mann bedienen mußte. Ich brachte das Opfer gern, da ich dachte, es sei dies ja die Erfüllung des göttlichen Willens.

Gegen vier Uhr morgens kam St.Johannes und mahnte mich, eine Betrachtung über das eucharistische Herz Jesu zu machen als Vorbereitung zum Empfang der heiligen Kommunion. Ich hätte so gerne gefolgt, aber immer wieder kehrten meine Gedanken zur 9. Station zurück.

Gegen halb fünf Uhr kam dann St.Johannes mit der Hostie. Der Archangelus betete das Confiteor. Als aber St.Johannes nach der Absolution sich mit der heiligen Eucharistie zu mir wandte, sah ich plötzlich den Täufer Johannes vor mir und neben dem Evangelisten. Er sagte mit unaussprechlichem Nachdruck: „Ecce Agnus Dei!“ Als dann der Evangelist das »Domine, non sum dignus« ausgesprochen hatte, sagte der Täufer wieder: »Agnus Dei!« Und so dreimal. Ich sah nur flüchtig hin zu ihm und vergaß seiner, als ich den Leib des Herrn empfangen hatte.

Nachmittags war ich in Neuburg. Es waren kurze, stille Stunden.

Am Abend betete ich zu Ehren des Täufers den Rosenkranz. Da sah ich ihn wieder wie ungefähr zu der Zeit, da er Jesus taufte. Er, der Vorläufer Christi, sah ihn nur dreimal während seines ganzen Lebens, das eine fortwährende Reihe von Entsagungen war. Aber was sind die Entsagungen jeder Bequemlichkeit und der Freuden des Lebens gegen die Entsagungen des Herzens? Das Herz des Johannes brannte ja danach, Jesus, das Lamm Gottes, zu sehen. Was wäre wohl berechtigter, was natürlicher gewesen, als daß der Täufer Jesus aufgesucht hätte, dessen Vorläufer und Blutsverwandter er war! Aber er war sich seiner Unwürdigkeit bewußt, er wußte, daß er nicht würdig sei, Jesus die Schuhriemen zu lösen. St. Johannes der Täufer war der reinste unter allen Menschen, Unsere Liebe Frau und St. Josef ausgenommen. An ihm war nichts Fleischliches. Fast eines Alters mit Jesus sah er doch bedeutend älter aus, seine Gestalt war hager und dabei doch von schönem Ebenmaß. Die Kopfbildung war von unsagbarer Ähnlichkeit mit Christi Haupt, die Haut sowie die Haare waren bedeutend dunkler. Der Mund war bei Johannes streng geformt, nicht anmutsvoll und heiter wie beim Herrn. Trotz aller herben Strenge hatte die ganze Erscheinung des Täufers etwas ungemein Anziehendes, etwas Liebliches, wenn ich so sagen darf. Er hatte eine große Gewalt im Blick seiner dunklen Augen. Er hatte lange, schmale Hände. Der Evangelist und der Täufer Johannes bildeten im Aussehen strenge Kontraste. Als das Jesuskind nach Ägypten gebracht wurde, sah ich Johannes im Dickicht stehen und nach Jesus sehen. Obwohl noch im allerzartesten Kindesalter, sah er aus wie vierjährig und konnte schon selbstständig gehen. Als Jesus nach sieben Jahren zurückkehrte, stand Johannes an der gleichen Stelle wie das erstemal. Er hatte einen Kreuzesstab in der Linken. Neben ihm stand ein schönes, schneeweißes Lamm. Elisabeth war schon tot.

Johannes kniete ehrfürchtig nieder und betete den zukünftigen Erlöser demütig an, kein Wort wurde gewechselt. Das sind die Entsagungen des Herzens — und die sind die schwersten.

23. 6. 1912

Heute war ein Tag, der fortwährend Widerwärtiges brachte. Als ich meine nachmittägliche Gewissenserforschung anstellte, mußte ich wirklich lachen, weil gar nichts nach meinem Willen gegangen war. Es gibt solche Tage, und sie sind nicht die schlechtesten im geistlichen Leben. Am Abend sah ich die heilige Franziska von Chantal; sie nickte mir zu und sagte: „Mir ist's oft auch so gegangen!"

Sie erinnerte mich daran, daß ich mir heute schon mit einem gewissen Überdruß gedacht habe: „Wär ich doch keine Frau, sondern ein Mann." Sie erzählte mir, daß ihre Mutter sich statt ihrer einen Sohn gewünscht habe, so daß ihre Ankunft eine gewisse Enttäuschung brachte. Bei mir war es auch so. St.Franziska sagte, ich solle zufrieden sein, denn das weibliche Geschlecht sei leidensfähiger als das männliche, in Anbetracht dessen würden die Frauen auch viel mehr leiden als die Männer. Ich soll dem Herrn dafür danken, daß ich so sehr mit Leiden überhäuft sei. Also!

26. 6. 1912

Heute hielt ich eine Betrachtung über die große Anspruchslosigkeit des heiligen Josef. Welch unbeschreibliche Größe barg er in sich: Er, der dem Schöpfer des Himmels und der Erde befahl, sagte kein einziges Mal zu seinem göttlichen Pflegesohn, er soll ihm über die oft drückenden Sorgen des Alltags durch ein Wunder hinweghelfen. Und doch war Josef überzeugt von der *Allmacht* seines Pflegesohnes. Das ist der Beweis des erhabendsten Vertrauens. Und *ich verlange* unaufhörlich. Heute kam wieder eine sehr bedrängte Witwe zu mir. Sie schlug jede Erfrischung aus und bat um eine Tasse Kaffee. Ich hatte keine Milch mehr. Da ging ich zu meinem gekreuzigten Jesus und sagte nur: „Hilf doch! Ich möchte dieser armen, leidenden Person so gerne geben, was sie möchte, und ich habe keinen Tropfen Milch!" Da lächelte der Herr und sprach: „Bring mir eine Kanne mit Wasser!" Ich tat es voll Freude. Der Herr segnete das Gefäß mit dem Kreuzzeichen und sagte: „Jetzt kannst Du Deinen Gast bewirten!" Ich schaute gar nicht lang in die Milchkanne, sondern sagte nur: „Aber die Milch soll *heiß* sein, sonst nützt sie mir nichts!" — „Geh in Frieden!", sprach der Herr. Ich trug dann auf, und es war kochendheiße Milch in der Kanne, als ich sie ausschenkte. Ich war herzlich froh und dankte dem Herrn. Und so ist es mir schon öfters gegangen, und wenn ich wieder in Verlegenheit bin, gehe ich wieder vertrauensvoll zu ihm, er wird helfen, da ich das Außergewöhnliche nicht für mich verlange.

27. 6. 1912

Der letzte Donnerstag im Herz-Jesu-Monat! Ich war nachmittags eine Stunde in der Kirche, meine Seele war ruhig und in Gott versenkt, wie selten. So ist es oft, wenn außerordentliche Leiden im Anzug sind. Der Herr zeigte mir die Seele eines Menschen, der in Gottes Gnade steht. Ich dachte daran, wie St.Chrysostomus sagte: „Engel und Erzengel beneiden eine Seele im Gnadenstand.“ Ihr Anblick ist so lieblich, daß der Sohn Gottes sich freut, ihretwegen Mensch geworden zu sein und sie erlöst zu haben.

Auch sah ich eine Seele im Stande der Todsünde, doch bat ich den Herrn, mir doch nicht diesen ganzen Schrecken zu zeigen. Da sprach der Herr: „Ich will Mitleid haben mit Deiner Schwäche und Dir zeigen, was ich einstens meiner geliebten Braut Theresia zeigte.“ Und ich sah einen Menschen in der Vollkraft des Alters, aber er war blind und seine Hände und Füße waren lahm, seine Ohren taub, es war ein Bild schrecklichen Elends, und ich nahm mir vor, von dieser Stunde an mehr für die armen Sünder zu beten als bisher.

28. 6. 1912

Wir mögen Gott geben, was wir haben, so ist es doch immer viel zu wenig, der Herr will unseren *Willen,* unsere ganz persönliche *Freiheit.* „Du sollst so sehr mein Eigen sein,“ sprach heute mein liebster Jesus, „daß Du Deiner Phantasie keine Vorstellung erlaubst, sie würde sich denn auf *mich* beziehen. Ich will Dein Anfang und Dein Ende, aber auch Dein Mittelpunkt sein. Komm recht oft zu mir, dem Gekreuzigten! Siehe, das Kreuz ist der Thron der Barmherzigkeit. Auch sollst Du mich jeden Morgen bitten, Dich vor jedem Sündenfall zu bewahren. Wenn Du dann trotzdem fällst, wird das Vergehen gegen meine göttliche Majestät lange nicht so schwer sein, als wenn Du mich nicht um Hilfe gebeten hättest.“

Abends. „Leiden Christi, stärke mich!“ So lang wir leben, haben wir das Recht, Stärkung durch Christi Leiden zu verlangen. Im Jenseits, wenn wir in Gott ruhen, wird diese Anrufung der Kraft des Leidens Jesu eine Quelle süßester Tröstung sein — wogegen die Pein der Verdammten sich durch die Erinnerung an das Leiden Jesu sich furchtbar steigert. Denn jeder Blutstropfen Christi sagt zum Verdammten: „Siehe, wie Du uns verachtet hast!“ Könnte es einen schwereren Vorwurf geben?

29. 6. 1912

„Herr, Du weißt, daß ich Dich liebe!“ Dieser so demütige Ausspruch des heiligen Petrus, diese so einfache und doch so tiefgläubige Beteuerung, hat mich stets gerührt. Das ist mit wenigen Worten »alles sagen«. Petrus hatte den Herrn lieb; aber nie wäre seine Liebe so glühend geworden, wenn er den Herrn nicht vorher verleugnet hätte. Petri Liebe wurde aus Reue geboren. Mit den Tränen, »die er bitterlich weinte«, betaute er den Anfang seiner Liebe und sie wuchs wie das Senfkorn. Seine Liebe brannte so gewaltig wie ein Scheiterhaufen. Petrus hatte den Herrn lieber, als ihn Johannes liebte; aber der Herr liebte Johannes mehr als Petrus. Für oberflächliches Denken liegt darin ein gewisser Widerspruch. Man sagt wohl, Johannes sei dem Herrn seiner Virginität wegen der liebste gewesen, aber nach Maria, der Mutter Jesu, liebte der Herr Magdalena am meisten unter den Frauen, obwohl Martha eine Jungfrau von tadelloser Sitte war. Magdalena hat die Märtyrerpalme in ihrer Hand, auch bei so vielen Bekennern sah ich sie. Große Liebe bringt großes Leiden und großes Leiden führt zum Martyrium, zum Tod aus Liebe. „Lauft, daß Ihr es ergreift,“ schreibt Paulus an die Korinther, d.h., „eilt, *heilig* zu werden.“ In diesem »lauft« ist so viel drängende, hinreißende Liebe. Die Liebe der beiden Apostelfürsten hat die gleiche Quelle, der eine verleugnet Christus und aus Reue wird er ein glühender Liebhaber Jesu. Der andere verfolgt den Herrn in seinen Anhängern: Von der Gnade getroffen, wandelt sich sein Sinn, und er weiß und kennt und liebt nichts anderes mehr als den Gekreuzigten. Bei den Aposteln aber ist der Großmut der Liebe gemeinsam: ohne Großmut keine Heiligkeit. „Herr, lehre mich wahre Großmut“, rief der heilige Ignatius aus, und wir sollen alle darum bitten. „Je demütiger eine Seele ist, desto mehr überhäufe ich sie mit meiner Liebe, denn kann sich der Schöpfer vom Geschöpf beschämen lassen? Gib mir *alles,* und Du wirst tausendfach alles in mir finden“, sprach Jesus zu mir. Ja, Herr nimm *alles,* und gib mir Dich und Deine Liebe, dann verlange ich nichts mehr. Amen.

30. 6. 1912

Der gestrige Tag war ein Tag voll Entsagung. Gott sei Dank, daß ich stets ruhig und still zurücktreten kann, das ist eine besondere Gnade Gottes. Abends erlebte ich noch das Unglück, einen betrunkenen Menschen die unsittlichsten Dinge aussprechen zu hören. Ich war ganz niedergeschlagen. Ich beklagte mich beim Herrn und bat für diesen Sünder. Der Herr war voll Liebe und sagte mir, in der schrecklichen Leidensnacht seien seine Ohren auch gepeinigt worden durch das Anhören müssen unzüchtiger Reden. Mir sind solche Dinge furchtbar. Was muß da erst das reinste Lamm Gottes gelitten haben! Armer, armer Jesus!

Später sprach dann der Herr: „Geh mit mir, ich zeige Dir das Seminargärtlein!“ Er nahm mich mit sich. Der liebe, gute Seminargärtner war eifrig an der Arbeit; wie wird es gehen, wenn er nicht mehr da ist! Der Herr zeigte mir jede einzelne Pflanze. Einige waren arg krank an der Wurzel, aber äußerlich sah man nichts. Manche sind wie faul im Herzen, das sind träge Charaktere mit schwachem Glauben. Auch viel Zweifelsucht gibt es. Um das Unkraut zu entfernen, hat sich Pater Benediktus die Hände blutig gearbeitet. Eine Pflanze ist nahe am Verkümmern, ich mußte weinen, als ich sie sah; an ihrer Wurzel nagt ein ekelhafter Wurm. „Herr, gib mir diese Seele!“, bat ich. Da sprach der Herr: „Ja, Du sollst sie haben, aber Du mußt ihr Leiden übernehmen. Diese Seele ist entschlossen, bei der letzten Beicht vor der Ordination eine Sünde zu verschweigen. Sie hat furchtbare Angst, willst Du sie an ihrer Stelle leiden?“ — „Ja“, sagte ich, „mit tausend Freuden, wenn die arme Seele nur gerettet wird!“

Da fiel es wie eine Zentnerlast auf mich und ich glaubte, alle Sünden der Welt lägen auf mir. Dann zeigte mir der Herr noch fünf Alumnen, auch ihre Skrupel usw. mußte ich auf mich nehmen. Dann sagte mir der Herr, ich müsse die neun Tage vor der Priesterweihe noch viel und schwer leiden an Leib und Seele und auf jeden Trost und jede Erleichterung verzichten. Dann würde ich diese fünf Seelen erkämpfen.

1. 7. 1912

Heute Morgen konnte ich nicht zur Kirche. Herzschwäche. Den ganzen Tag war es mir sterbensübel. Auch den Archangelus sehe ich nicht. Ich bin ganz allein und verlassen.

Mechthild in späteren Jahren, daneben ihr Mann

Altar mit Pieta in der Schloßkirche

Gegen Abend besuchte mich der Teufel und sagte, ich solle Schach mit ihm spielen. Ich kann nicht Schach spielen, man sagt, das können nur gescheite und geistvolle Leute. Aber nach einem Ruf zum Herrn, sagte ich zum Teufel: „Um was spielen wir?" Der Satan lachte entsetzlich und sagte: „Um *hohen* Preis, um Deine Seele!"

„Die verliere ich nicht an Dich, antwortete ich, „denn die ist Eigentum des Kreuzes und des Gekreuzigten!" Da riß der Teufel am Tisch, daß ich glaubte, er müsse zerbrechen. Plötzlich sah ich St. Johannes und er sagte zu mir: „Spiel mit ihm und binde ihn hernach!" Mir fiel der eine Alumnus ein, der soviele Skrupel hatte, und ich sagte zum Satan: „Ich spiel mit Dir, wenn ich gewinne, mußt Du von diesem Alumnus ablassen und darfst ihn nicht mehr beängstigen."

„Ja", heulte der Teufel, „und so soll es sein, wenn Du verlierst, dann bestimme ich den Preis!"

„Ja", sagte ich, „es ist mir recht!"

Dann stellte der Teufel die Figuren auf, sie waren sonderbar, ich hatte das Gefühl, als ob *seine* Figuren lauter Laster bedeuteten. Er fragte: „Wer beginnt?"

Ich sagte: *„Du* sollst diesen Vorteil haben!"

Dann spielte er mit der Eckfigur aus; sie glühte wie Feuer. Ich rief die schmerzvolle Mutter Maria an, mir zu helfen. Da legte sich eine leuchtende, ungemein feingliedrige Hand auf die meine. Auch *ich* zog den Turm und dachte dabei: „Turm Davids, bitte für uns!" Dabei sagte ich: „Im Namen des Vaters!"

Der Teufel lachte fürchterlich und schob eine andere Figur vor. Die weiße, leuchtende Hand führte die meine wieder und ich sagte: „Im Namen des Sohnes!"

Da knirschte der Teufel mit den Zähnen. Dann fuhr er mit einer Figur über das ganze Schachbrett bis hart vor meine Figuren. Ich spielte wieder aus, geführt von der leuchtenden Hand und dachte: „Du Zuflucht der Sünder, bitte für uns!" Laut sagte ich dann: „Im Namen des Heiligen Geistes!"

Da wurde der Teufel zornig und fuhr mit seiner Tatze über seine Figuren, daß sie umfielen, und als er nach den meinen griff, sagte ich: „Im Namen der allerheiligsten Dreifaltigkeit banne ich Dich, im Namen unseres gekreuzigten Erlösers, Jesus Christus, binde ich Dich. Du hast alles Anrecht auf diese Seele verloren." Da verschwand er, aber ich fühlte mich recht krank und elend.

2. 7. 1912

Heute bin ich so krank, daß ich nicht schreiben kann. Ich hatte schon morgens heftige Anfälle von Herzschwäche; sie wiederholten sich im Laufe des Tages. Auch den künftigen Seminargärtner sah ich; er taugt nicht dazu. Armes, verlassenes Seminargärtchen!

3. 7. 1912

Aus der Tiefe rufe ich zu Dir! Ich konnte wieder nicht in die Kirche, dieses *Not*-Leiden der Seele ist schmerzlicher, als alle körperlichen Leiden. O wie unsagbar mußten die Leiden Unserer Lieben Frau und St. Josefs sein, als sie ihren verloren geglaubten göttlichen Sohn mit Schmerzen suchten. Ich konnte heute fast nichts tun; ich bin so lebensmüde. Das *Leben* ist das schwerste Kreuz für mich, trotzdem ich mich oft daran zu ermannen suchte, wie einst mein guter Archangelus sagte: ,,Du dankst dem Herrn so herzlich und aufrichtig für jedes Kreuz, danke ihm doch auch täglich für das Leben! Denn siehe, das ist wohl die kostbarste Gabe des Herrn, dadurch, daß Du lebst, kannst Du den Herrn allzeit lieben, ihn preisen, ihm dienen — und für ihn leiden. Dadurch, daß der Herr Dich ins Leben rief, gab er Dir die Möglichkeit, heilig zu werden. Du gehörst zu den überaus glücklichen, die im katholischen Glauben geboren und erzogen wurden. Der Herr gibt sich Dir zur Speise, die unaussprechlich großen Verdienste und die Kraft seines Leidens sind Dein Eigentum; seine Mutter wurde nach seinem Willen die Deine. O danke doch dem Herrn für die kostbare Gabe des Lebens!" Nun, mein göttlicher Herr, dank sei Dir von Herzen für das Leben, weil es Deine Gabe ist. Ich danke Dir — obwohl das Leben für mich ein bitteres Martyrium ist. Ich danke Dir, o Herr, weil Du diesen Dank von mir erwartest. Ach, Herr, wie weit bin ich von der echten Kreuzesjüngerschaft entfernt! Sonst würde ich aufrichtigen Herzens sagen: ,,Ich danke Dir für das Leben, weil es so bitter ist. Ich will mich ernstlich bemühen, Dir so danken zu können. Herr, lehre mich beten, leiden und leben. Amen."

4. 7. 1912

Erster Donnerstag im Juli! Heiliger Tag, dem eucharistischen Herzen Jesu und dem Kostbaren Blut geweiht. Mit wahrer Sehnsucht und Liebe bereitete ich mich vor zur heiligen Kommunion. Aber es war mir wegen großer Herzschwäche unmöglich das Haus zu verlassen.

Gegen Mittag sah ich meinen armen, skrupulanten Alumnus, als ich mich im Geiste nach ... wandte. Ich bat den Herrn, doch *mich* an seiner Stelle alle die Gewissensängste leiden zu lassen. Mein Gebet wurde augenblicklich erhört. Skrupel haben ist ein furchtbares Leiden und wohl das größte Hindernis zum geistlichen Fortschritt. Nachmittags beichtete ich. Da mein Beichtvater sagte, ich solle mich dieser Skrupel entledigen, erweckte ich augenblicklich Akte des Gehorsams und ich war befreit. Ich hatte noch zwei bis drei schwache Anwandlungen, aber ich sagte mir stets: „Es ist ungehorsam, wenn Du Dich ängstigst", und damit war es vorbei. Es gäbe überhaupt keine Skrupulanten, wenn man seinen Eigensinn vollständig aufgäbe und sich mit Freuden dem Befehl des geistlichen Führers beugen würde. Eine gute und alte Weisheit!

5. 7. 1912

Herz-Jesu-Freitag. Heute komme ich wieder nicht in die Kirche; es ist Gottes Wille, daß meine Seele hungert. Also muß ich zufrieden sein. Ich war heute etwas niedergeschlagen über den krassen Undank, der mir widerfuhr. Doch dann dachte ich des Undanks der ganzen Menschheit dem treuesten Herzen Jesu gegenüber und ich war wieder ganz ruhig. Warum soll es der Schüler besser haben, als der Meister!

6. 7. 1912

Heute hatte ich viel zu leiden und wenig Freuden. Doch nein! Durch Gottes Gnade und Hilfe konnte ich einer sehr betrübten Seele eine große Freude bereiten. Ein herzliches »Deo gratias!« dafür

7. 7. 1912

Ich bitte Dich, mein liebster Herr, nicht darum, daß meine Schmerzen leichter, nicht darum, daß mein einstiger Tod leicht sei, nicht um schmerzloses Kranksein, o nein, dies alles überlasse ich Deinem Willen, der stets über alles anbetungswürdig ist. Aber darum bitte ich, daß Du mir und denjenigen, die meine Seele lieb hat, mit Kraft und Stärke ausrüstest, auf daß unsere Seelen nicht erliegen.

Heute Nacht machte mir das Seminargärtlein wieder viel zu schaffen. Da fiel mir zum Glück das Wort des Herrn ein: „Um was immer Du bittest für die Seelen um meines kostbaren Blutes willen, das wird Dir gegeben." Und so fing ich an mit den Aufopferungen des kostbaren Blutes. Des Primizianten unseres Ortes gedachte ich besonders, denn als ich ihn zum letzten Mal sah, gefiel er mir nicht; er war sehr von sich selbst erfüllt. Ich konnte mit großer Inbrunst beten, aber *ein* Opfer war doch bei diesem Beten, ich durfte mich nicht wie sonst mit ausgespannten Armen vor mein geliebtes Kreuz hinknien. Denn Deus dedit verbot mir, vor fünf Uhr das Bett zu verlassen. Es war mir eine gewisse Demütigung, im Bett zu liegen und vor mir das geliebte Kruzifix zu sehen. Da sprach des Archangelus liebe Stimme zu mir: „Das Gebet dessen, der sich demütigt, wird die Wolken durchdringen, es wird sich nicht trösten lassen, bis es dem Herrn nahe ist, es wird nicht von dannen gehen, bis der Allerhöchste es anschaut und erhören wird."

Die Beharrlichkeit im Gebet ist eine große Gabe, um die man täglich beten sollte. Nur sich nicht abweisen lassen, nur recht »zudringlich« sein gegenüber dem Herrn: Ach, wie lieb ist ihm doch diese Zudringlichkeit! Und er wird uns überreich erhören, wenn wir gut und in rechter Gesinnung beten.

Ich bete oft zu dem kananäischen Weib, das um seiner Tochter willen so zudringlich zu Jesus flehte. Es liegt etwas tief Ergreifendes in diesem Vorgang. Wer sich selbst verleugnet und seinen Willen ganz rückhaltlos dem Willen Gottes unterordnet, der darf sicher sein, vollkommen erhört zu werden. Es gibt soviele fromme Seelen, die viel und eifrig und mit Andacht beten, und doch ist ihr Gebet wie Blei, wenn sie dabei vergessen, daß man stets bereit sein soll, Gott um Gottes willen zu verlassen. Nicht den Nächsten in Nöten des Leibes oder der Seele sehen und ihn ignorieren, um nur ja keine Gebetszeit zu versäumen, das ist nichts. Lieber das Gebet etwas beschränken, als eine Liebespflicht versäumen. Wie oft schon begegnete ich dem Kinde Jesu und verließ es augenblicklich, wenn man mich rief oder wenn es Zeit wurde, irgend welche Hausarbeit zu tun. Wenn ich dann wieder frei hatte und in mein Zimmer zurückkehrte, wartete das liebste Jesuskind stets auf mich und oft verlangte es dann, daß ich es auf meinen Arm nehme: Stets in Gott, stets für Gott leben. Aber immer von Herzen bereit sein, Gott um Gottes willen zu verlassen, das ist der sicherste Weg zur Heiligkeit.

8. 7. 1912

Allerheiligste Dreifaltigkeit! Durch die reinsten Hände der allerseligsten Mutter Gottes opfere ich Dir das Blut auf, das unser göttlicher Herr in seiner zartesten Kindheit bei der Beschneidung vergoß. Ich opfere es Dir auf in Vereinigung mit den Tränen Mariens, mit der Besorgnis des heiligen Josef. O kostbares Blut, rufe ohne Unterlaß zum himmlischen Vater um Erbarmen! O Maria, Du schmerzensreiche Mutter, hilf uns beten! St.Josef, der Du dem göttlichen Kind den liebsten Namen Jesus geben durftest, sei unser Fürsprecher um der Gnadenkraft dieses Namens willen, der da ist »Jesus«. Amen.

O allerheiligste Dreifaltigkeit, ich opfere Dir das kostbare Blut auf zur Sühne für alle Sünden, die die neu zu weihenden Priester vom ersten Gebrauch ihrer Vernunft bis zum gegenwärtigen Zeitpunkt begingen. O kostbares, am Ölberg vergossenes Blut Christi, durch die reinsten Hände Mariens, in Vereinigung mit ihren Tränen opfere ich Dich der allerheiligsten Dreifaltigkeit auf für diejenigen unter den Neupriestern, die sich in Gewissensängsten befinden. Gib ihnen die Gnade des Gehorsams, daß sie Ruhe finden für ihre beängstigten Seelen. O kostbares, bei der Geißelung vergossenes Blut Christi! Ich höre die entsetzlichen Geißelschläge, die Dich, mein geliebter Jesus, verwunden. Durch die allerreinsten Hände Mariens und in Vereinigung ihres tiefen Mitleids bei Deiner schmachvollen Entblößung, opfere ich Dein kostbares Blut der allerheiligsten Dreifaltigkeit auf für alle Fehler gegen die heilige Reinheit, die Deine Priesterkandidaten je begangen haben. Wasche ihre Seelen rein in dem kostbaren Blut, das bei der Geißelung vergossen wurde. Ich werfe mich nieder vor Dir, an die Geißelsäule gebundener Jesus. Ich bete dich in diesem äußersten Schmerz an als meinen König, meinen Herrn und meinen Gott! Gleichzeitig leiste ich diese Anbetung für alle Neupriester. Ich opfere Dir ihre Herzen auf, es sind manche dabei, die Dir nicht gefallen. Aber ich tauche sie ein in Dein kostbares Blut und biete sie Dir an als wohlgefällige Opfergaben.

9. 7. 1912

Mein Gott und mein Alles! Wie bist Du grausam mit Dornen gekrönt worden! Auf den Knien bete ich Dich an, in tiefster Ehrfurcht. Welche Bäche von Blut entströmten diesen Wunden, die Dir die Dornen verursachten! In Vereinigung mit den Tränen und Leiden der allerseligsten Jungfrau Maria und durch ihre Hände opfere ich der allerheiligsten Dreifaltigkeit dieses Blut auf für alle Sünden des Stolzes, des Eigenwillens, der Bosheit und Trägheit, die die Priesterkandidaten bis heute begangen haben. Mache sie von Herzen demütig, mein dornengekrönter Jesus! Hilf, daß sie sich selbst vergessen und allen alles werden.

Mit den Engeln und Deiner tieftrauernden Mutter Maria folge ich der blutigen Spur, die Deinen Weg, o kreuztragender Jesus, durch Jerusalems Straßen zeichnet. Ich opfere der allerheiligsten Dreifaltigkeit dieses kostbare Blut auf in Vereinigung mit den bitteren Tränen Mariens, mit der Treue der Heiligen, die Deinem Kreuzweg folgten. Erbarme Dich aller Priesterkandidaten um des kostbaren Blutes willen! Verzeihe ihnen alle Unaufmerksamkeit und Gleichgültigkeit beim Unterricht! Gib allen die Gnade, sich schnell zu erheben, wenn das Kreuz oder die Sünde sie zu Boden wirft. Hilf, daß ihnen das Berufskreuz niemals so schwer wird, daß sie es von sich werfen. Liebster Jesus, um Deines kostbaren Blutes willen bewahre sie vor dem Abfall! Laß sie stets ihre Mutter, die katholische Kirche, hochhalten. Laß ihnen stets einen Simon von Cyrene begegnen, der ihnen das Berufskreuz erträglich macht, laß sie stets Deine Barmherzigkeit und Gnade finden, die ihnen Erleichterung und Freude verschafft, so wie die treue Veronika Dein betrübtes Herz erfreute. Und wenn Verleumdung und böser Wille ihren Ruf zerstören will: dann bedecke sie mit dem Mantel Deines kostbaren Blutes und hilf ihnen über die Schrecken der zehnten Station. O Schmerzensmutter Maria, erflehe Du die Gewährung all dieser Bitten.

10. 7. 1912

Nun wirst Du, o Jesus, ans Kreuz genagelt. Blut entströmt Deinen göttlichen Händen und Füßen. In diesem Augenblick werden auch die Priesterkandidaten an ihr Berufskreuz geheftet. Was kann ich besseres tun, als Dein kostbares, bei der Kreuzigung vergossenes Blut für sie aufopfern. O Maria, die Du uns von Deinem Sohn zur Mutter gegeben wurdest, durch *Deine* mütterlichen Hände, in Vereinigung mit Deinen Schmerzen, mit der Treue der Heiligen, die unter dem Kreuze standen, opfere ich das kostbare Blut Christi auf für die Neupriester. Gib ihnen *jede* Tugend, namentlich ein treues Festhalten am Glauben. Vergiß nicht, o treue Mutter, daß Du auch ihre Mutter bist. St.Johannes,

Du Schutzheiliger der Priester, Du liebenswürdigster aller Apostel, von dem die Schrift sagt, daß Dich der Herr lieb hatte, nimm alle Neupriester in Deinen Schutz. Erflehe ihnen Standhaftigkeit im Glauben. Du zweifeltest keinen Augenblick, daß der Gekreuzigte Gott sei, erbitte ihnen Treue und Beharrlichkeit. Du warst der einzige Apostel, der dem Herrn auf dem Kreuzweg folgte, bitte Jesus, er möge ihnen die Liebe ins Herz geben, die sich niemals selbst sucht, sondern ganz auf sich selbst vergißt, und auf nichts anderes hofft, als auf Jesus und nicht anderes liebt, als den Gekreuzigten und das Kreuz.

Um unsere Erlösung überreich zu machen, willst Du, o freigebiger Jesus, daß nach Deinem Tod Dein heiliges Herz durchbohrt wird, auf daß auch noch der letzte Blutstropfen vergossen werde. O Maria, nimm den letzten Seufzer, den letzten Blutstropfen des gütigsten Herzens Jesu in Deine unbefleckten Hände und opfere diese kostbare Gabe der allerheiligsten Dreifaltigkeit in Vereinigung mit Deinen Tränen und Leiden für alle Neupriester, um ihnen alle priesterlichen Tugenden zu erlangen und ihnen einen guten Tod zu erbitten. Amen.

11. 7. 1912

Abends. Heute habe ich soviele kirchliche Geräte im »Teufelsbad« gereinigt, das ist eine starke Zyankali-Lösung. Trotzdem ich so lebensmüde bin und Zyankali-Blutvergiftung fast augenblicklich tötet, hatte ich doch keinen einzigen Gedanken, meinem Leben ein Ende zu machen. Vielleicht kam es davon her, weil ich die Reinigungsarbeiten unter fortwährendem Gebet vornahm. Um sechs Uhr kam unser Primiziant. Er hat seine Zeit benützt und er gefiel mir gut. Bei seiner Antrittsrede sprach er »vom Kelch des Heiles«, den er ergreifen wolle. Da blickte ich einen Augenblick auf die Kanzel und sah einen schwachen, roten Schein an seiner linken Schulter, er wird also *leiden* müssen, und bald den »Leidenskelch« ergreifen. Gott sei Dank! Ich konnte von Herzen für ihn um Stärke beten.

12. 7. 1912

Freitag. Heute betrachtete ich die Schmerzen Jesu während der Leidensnacht. Als der Herr von Annas ins Antlitz geschlagen wurde, fingen gleichzeitig alle anwesenden Soldaten an, den Herrn aufs Frechste zu verhöhnen, in schamloser Weise, Auf dem ganzen Weg zu Kaiphas wurde der Herr verspottet und ins Angesicht gespien. Ich sah dieses göttliche Antlitz, es war geschwollen von rohen Schlägen und durch das fortwährende Anspeien fast unkenntlich gemacht. Als Jesus bei Kaiphas war, wurden die Lästerungen in erhöhtem Maß fortgesetzt, das Antlitz, das die Engel zu schauen verlangen, wurde mit einem Tuch verhüllt und immer wieder verspottet. Mit unüberwindlicher Geduld erträgt der Herr alle Schmach.

Mir fällt die Unverschämtheit von Untergebenen oft so schwer aufs Herz; wenn ich auch nur selten davon spreche, so tut es doch meinem Herzen weh. Wie schwach ist meine Liebe zum Gekreuzigten! Jesus hat in der Leidensnacht tausendmal soviel gelitten und blieb sanftmütig und geduldig, obwohl nur ein einfacher Willensakt genügt hätte, alle seine Peiniger zu vernichten. Aber: „Da er die Seinen liebte, liebte er sie bis ans Ende." Mir fehlt noch soviel zur vollkommenen Geduld. Vor allem habe ich bei länger dauernden und sehr heftigen Beleidigungen ein gewisses bitteres Gefühl. Ich kann es zwar bald überwinden, weil ich, dem Beispiel meinem gekreuzigten Jesus folgend, sofort anfange, für meine Beleidiger zu beten. Und es ist etwas Merkwürdiges: Schon nach kurzer Fürbitte beginnt alle Bitterkeit zu schwinden. Ich werde friedvoll und wunschlos. Wenn nur alle sich dieses Mittels zur Beruhigung bedienen möchten. Es hilft jedem, denn jeder, der für seine Feinde betet, hat guten Willen, vollständig zu verzeihen.

13. 7. 1912

Heute putzte ich ein wenig in der Kirche, um den Altar möglichst würdig zu schmücken für die morgige Primiz. Die Barmherzigkeit des Herrn sandte mir viele Freuden, Gott ist so unendlich gut. Als ich nachmittags den Deckel des Taufbrunnens reinigte, sah ich wieder die Seele des Prämonstratensers sitzen, die schon so lange nach Erlösung seufzt und doch so geduldig und ergeben ist.

Geduld und Ergebung! Das Fegfeuer wird uns einstens dazu zwingen. Doch wenn wir uns versenken in das blutige Mysterium der Dornenkrone, wie kann es dann anders sein, als daß wir jetzt schon das Haupt voll Blut und Wunden mit Geduld und Ergebung umwinden. Dann werden die grausamen Dornen das göttliche Haupt nicht mehr so tief verwunden, und das Gewicht der Dornenkrone wird leichter sein.

Schloßkirche von Obermarchtal und Donau

Die Familien-Grabstätte von Mechthild

14. 7. 1912

Diesen Morgen konnte ich trotz aller Festvorbereitung die heilige Kommunion empfangen. Ganz besonders gedachte ich Pater Benediktus. Nach dem Primizamt begegneten mir noch Widerwärtigkeiten und boshafter Trotz von untergebener Seite, aber ich blieb ruhig. Mittags war Armenspeisung, ich hatte fünf Personen. In den drei älteren Armen bediente ich Jesus, Maria und Josef, in den zwei jüngeren St.Franziskus und St.Bonaventura, dessen Fest ja heute ist. Ich war recht müde. Als ich mich um zwei Uhr zum Kirchgang vorbereitete und kniend den Psalm »Laetatus sum ... « gebetet hatte, klopfte es an meine Tür und ich war etwas überrascht, da ich mich allein im ganzen Haus wußte. Aber ich erhob mich und öffnete die Tür. Da standen zwei Franziskaner vor mir. Nur der eine hatte priesterliche Gewalt, die priesterliche Würde hatten beide. Ich schaute sie voll Freude an; einen Augenblick dachte ich an Pater Pasqualis. Da öffnete der Jüngere seine Hände, die zuerst gefaltet waren, und sprach mit strahlendem Lächeln: ,,Ave, filia crucifixa! Pax tecum!" Jetzt sah ich die glühenden Rosen in seinen Händen und erkannte an ihnen Franziskus. Auf seinen heiligen Begleiter vergaß ich ganz. Doch St.Franziskus nahm ihn bei der Hand und sagte: ,,Siehe da Deinen Bruder und meinen liebsten Begleiter Bonaventura! Ihn und mich hast Du heute in den zwei Armen gespeist, und hast uns dadurch große Ehre und Liebe erwiesen. Wir danken Dir tausendmal in der Liebe des Gekreuzigten und seiner unbefleckten Mutter. Du hast uns so sehr erfreut, daß wir auch Dich erfreuen möchten, was sollen wir Dir erbitten? ,,Da kam mir der Gedanke an die glühende Liebe des seraphischen Vaters und an die außerordentliche Fähigkeit seines seraphischen Sohnes Bonaventura. Und ich bat: ,,All denen, die meiner Seele nahe stehen und auch mir selbst, möge durch die Fürbitte des heiligen Franziskus das Herz brennend werden in Liebe zum Gekreuzigten, und alle mögen die innige Erkenntnis von St.Bonaventura über das bittere Leiden Jesu und Mariens erhalten." Dann kniete ich mich nieder und erbat den Segen beider Heiligen. Der Segen des heiligen Franziskus war ungemein liebevoll und väterlich, so daß ich mich wie versenkt in wunschlosen Frieden fühlte. St.Bonaventuras Segen hatte jedoch noch etwas Undefinierbares. Beim Segen des heiligen Franziskus glühte sein Antlitz wie Feuer, seinen Händen und Füßen entströmten glänzendweiße Strahlen, er erhob sich über einen Meter vom Boden und sein Antlitz war dem

Himmel zugewandt. St.Bonaventura blieb *stehen* beim Segnen, sein Antlitz leuchtete, und dort wo seine Kutte die Stelle des Herzens bedeckte, brach ein rötlicher Strahl hervor, denn St.Bonaventuras Herz war verwundet, wie das von St.Franziskus.

15. 7. 1912

Manche Freude aus dem Umgang mit lieben Seelen — aber viel Herzeleid zwischen vier eigenen Mauern; manche frohe Tröstung von außen: Den Kelch der Bitterkeit bis zum Rand gefüllt — Dank für beides!

16. 7. 1912

Pater B. wird nun bald nach Untermarchtal kommen. Ich sah sein Zimmer im Zustand des Aufbruchs. Aber die ersehnte und erwartete *Ruhe* wird er noch nicht finden. Der Herr bedarf seiner noch.

Heute bekam ich durch ein Karmelitenkloster eine Reliquie des Propheten Elisäus. Ich zweifelte etwas an der Echtheit, trotzdem das Beinchen so schön weiß leuchtete. Ich wollte eben mein Kruzifix fragen, da beugte sich mein gekreuzigter Jesus zu mir herab und sagte: „Sei nicht so zweifelsüchtig! Nimm die Reliquie in die linke Hand und schau!" Da sah ich den großen Propheten, schon in zartester Jugend hoch begnadigt. Sein Herz brannte in glühendem Eifer für Jehovas Ehre. Er war ein »Gefäß der göttlichen Gnade«. Er war groß und hager von Gestalt, hatte etwas von St.Johannes dem Täufer. Seine Augen waren groß und hatten zwingende Gewalt. Beinahe wäre sein Eifer größer geworden als seine Liebe: Da warnte ihn der Herr. Seine Liebe zu Elias war groß und rührend. Elisäus kommt mir vor wie eine Verkörperung des Glaubens. Er ist seines Eifers wegen ein erhabenes Vorbild für die Priester. Er hat etwas Hinreißendes, Gewaltiges an sich. Und doch wirkt er in höchstem Maße anziehend. Das kommt davon her, weil er sich selbst vergessen hatte und nur für und in Gott lebte. Er gab alles für alles.

17. 7. 1912

Heute morgen betrachtete ich die stets unverdrossene Arbeit des heiligen Josef. Da hatte ich ein liebes Bild. Denn ganz zufällig hatte ich nach einer kleinen Schachtel gegriffen, das ein Steinchen vom heiligen Haus und auch eines vom Haus unseres lieben St.Josefs enthielt. Ich sah St.Josef kurz nach seiner Geburt im Arm seiner überglücklichen Mutter liegen. St.Josef war der siebte ihrer Söhne. Früher als St.Johannes der Täufer war er von der Erbsünde befreit worden, schon im dritten Monat seines Werdens. Als ich das Kind Josef in den mütterlichen Armen sah, mußte ich weinen vor Freude und vor Mitleid. Das Kind hatte so verständige, ernste Augen, als ob es schon die Zukunft ahnte mit ihren tausendfachen Entbehrungen und Entsagungen des Herzens und mit übersinnlichen, unsagbar seligen Freuden. Über dem Josefskind sah ich den Heiligen Geist, die goldene Taube, schweben. Zwölf Strahlen gingen aus vom Herzen dieser Taube und vereinten sich über dem Herzen des Kindes zu einem einzigen Strahl, der es durchbohrte. St.Josef war ja bestimmt, die Stelle Gott des Vaters zu vertreten. Ein Amt, dessen Erhabenheit zu begreifen uns für die selige Ewigkeit vorbehalten ist.

St.Josef, Du auserwählter Liebling des Heiligen Geistes, sei in innigster Liebe und tiefster Ehrfurcht gegrüßt! Könnte ich Dir, dem gebenedeiten unter den Männern, die Herzen aller Menschen weihen! Nur deshalb konntest Du Deine höchste Würde, der Nährvater Jesu und Schützer Unserer Lieben Frau zu sein, ertragen, weil Deine tiefe, tiefe Demut, Deine unbeschreibliche Kindlichkeit, das Nichtwissenwollen Deiner Macht Dich im Frieden der Seele erhielt. Wenn alle Engel des Himmels Dir stets zu Füßen gelegen wären, um jeden Deiner Wünsche zu erfüllen, Du wärest doch der einfache, demütige Josef geblieben. Denn dadurch, daß Du die Größe Deines Pflegesohnes erkanntest, hieltest Du Dich stets als das unwürdigste aller Geschöpfe.

Als Kind von drei Jahren liebte Josef die Einsamkeit über alles. In der Nähe seines Hauses war eine Grotte, in der er oft mit ausgespannten Armen betete. St.Gabriel war oft bei ihm und brachte ihm öfters Weißbrot und Milch. Im Alter von vier Jahren fing Josef an, in der späteren Geburtsgrotte zu beten. Er betete mit Inbrunst auch um die Ankunft des Messias. Seine Brüder mochten ihn gar nicht; auch sein Vater machte sich nicht viel aus dem Träumer. Nur seine Mutter liebte ihn mit allen Fasern ihres Herzens und gerade deshalb mochten ihn seine Brüder nicht. Als er dann später auf Anraten des Engels das Zimmermannshandwerk erlernte, verlangte der Tag seine Arbeitskraft. Trotzdem widmete er oft ganze Nächte dem Gebet um die endliche Ankunft des Messias. Aus diesem Grund nannten seine Brüder ihn nie anders als den »Träumer«. Schon in den Jugendtagen lernte also Josef Verachtung und Spott kennen, und gerade dieses Kreuz führte ihn ein in die intensive Betrachtung des 68. Psalms.

Ich sah, wie Josef später in der Werkstätte arbeitete. Er hobelte ein Brett zurecht, die Hobelspäne, die abfielen, wurden von dem etwa achtjährigen Jesuskind sorgfältig aufgehoben und in eine kleine Kiste geworfen. Sooft Josef den Hobel ausklopfte, ging er an die Kiste, um das Jesuskind nicht unnütz zu bemühen. Diese zarte Rücksichtsnahme rührte mich tief. Alles war so edel und so erhaben in dieser Einfachheit.

Dann sah ich Maria in die Werkstätte treten, sie war ungefähr 24 Jahre alt. Über einem gelblichweißen Unterkleid hatte sie den bekannten blauen Mantel geworfen, über dem Haar, es ganz verhüllend, trug sie einen weißen Schleier. Sie war bereit zum Ausgehen und wollte mit Jesus eine kranke Verwandte besuchen. Josef hatte eben zwei kleine Balken übereinander gefügt und hob sie in die Höhe. Die Werkstätte war von Sonnenlicht erfüllt, so warf der Balken einen schweren Schatten in Kreuzesform über den am Boden Hobelspäne sammelnden Jesus. Maria wurde totenblaß und fuhr mit beiden Händen nach ihrem Herzen, denn sie gedachte der Weissagung Simeons. Josef blickte in diesem Augenblick nach Maria, sah diese erblassend auf Jesus schauen, und da gewahrte auch Josef den schrecklichen Schatten. Sein Herz krampfte sich zusammen und er gedachte des Psalmverses: „Sie haben meine Hände und Füße durchbohrt, sie haben alle meine Gebeine gezählt." Jesus aber erhob sich, so daß der ganze Kreuzesschatten auf seiner Person lag. Nicht mehr mit den Augen des Kindes, nein, mit dem schmerzerfüllten Blick des von seinem Volk verschmähten Erlösers schaute er nach Josef und Maria. Da dachte Unsere Liebe Frau in ihrer Großmut und Liebe: „O tröste doch Josef, Deinen Vater." Und Jesus gehorchte ihrem gedachten Wunsch, eilte zu Josef und umschlang ihn mit seinen kindlichen Armen. Als Josef sich mit tränenüberströmtem Gesicht herabbeugte, küßte ihn sein göttlicher Pflegesohn mit innigster Liebe und größter Zärtlichkeit, wodurch er Josef mit dem reinsten himmlischen Trost erfüllte. Maria aber verließ leichten Schrittes den Raum, der den Gehorsam und die Liebe eines Gottes, *ihres* eingeborenen Sohnes umfaßte, und ging, ihre kranke Base zu besuchen und zu trösten.

Josef war bestimmt, vor dem Beginn der Lehrtätigkeit Christi die Welt zu verlassen. Er mußte Jesus und seine geliebte Braut nach Gottes weisem Ratschluß verlassen und in der Vorhölle fast vier Jahre lang auf alle Zärtlichkeiten Jesu verzichten. Darum ist es nur in der Gerechtigkeit Gottes zu suchen, daß ihm von seinem Pflegesohn mehr Liebesbeweise zuteil wurden, als Maria. Andernteils hatte Maria den Vorzug, dem Herrn auf dem blutigen Kreuzweg zu folgen und unter seinem Kreuze stehend, seinem Todeskampf beizuwohnen, den letzten liebevollen Blick seines brechenden Auges auf sich gerichtet zu sehen. Maria wußte, wie oft Josef weinte über die zukünftigen Erlöserleiden; wie oft, fast stets an Freitagen, kam es vor, daß etwas bei den kindlichen Spielen Jesu oder später bei seinen Arbeiten an die zukünftigen Passionsleiden erinnerte. Dann liebkoste Jesus stets seinen Vater und gab ihm die süßesten Tröstungen seiner Liebe zu kosten, selten kam er dann zu Maria. Mit dem Schmerzensschwert im Herzen blieb sie äußerlich ruhig und unbewegt bei ihrer Spindel oder ihren häuslichen Arbeiten, selten gestattete sie sich eine Träne. In der zartesten Kindheit Jesu weinte sie mehr als jetzt, sie sparte ja alle Tränen auf zur Beweinung Christi. Nur ein einziges Mal sah ich Jesus seine Eltern gleichzeitig mit großer, großer Zärtlichkeit liebkosen. Das war damals, als seine Eltern ihn drei Tage mit bittersten Schmerzen gesucht und nun endlich im Tempel wiedergefunden hatten. In dem freiwilligen Entsagen Unserer Lieben Frau zugunsten St.Josefs liegt soviel hochherzige Großmut, soviel Opfersinn. Sie, deren Herz das Schmerzensschwert durchbohrt hat, verzichtet auf die Liebkostung des Sohnes um Josefs willen; ihm schiebt sie die Zärtlichkeiten zu, die in erster Linie ihr gebühren. Wie hoch muß sie Josef geschätzt haben, wie innig ihn geliebt — und wir verehren diesen liebenswürdigsten aller Heiligen so wenig, und unsere Liebe zu ihm ist so armselig. Maria gibt uns ein beschämendes Beispiel. Jeder wahre Marienverehrer muß nach Maria Josef am meisten lieben, sonst kann man Maria, die Josef so zärtlich und ehrfurchtsvoll liebte, gar nicht dienen, wie man sollte.

O Maria, um Deiner Schmerzen willen bitte ich Dich, erlange allen, die meine Seele lieb hat und auch mir eine recht innige, beharrliche Liebe zu St.Josef. Amen.

18. 7. 1912

Abends. Heute war für mich ein Tag schmerzlicher Entsagungen, das Schmerzlichste aber war, daß fast die Hälfte von denen, die meiner Seele nahe stehen, vom Kreuz niedergedrückt sind. Andere leiden zu sehen und ihnen nicht helfen zu können, ist das ärgste Martyrium des Herzens. Es ist das einzige Kreuz, das ich fast fürchte und dem ich gern aus dem Weg ginge. Ich klagte diese Charakter- und Willensschwäche heute Unserer Lieben Frau, sie aber, statt mich zu tadeln, sagte mit großer Liebe: „Ach, liebe Tochter! Die Bitterkeit gerade dieses Leidens hat niemand so gekostet, wie gerade ich. Denn die Schmerzen, die ich beim Anblick der furchtbaren Leiden meines Sohnes ertragen mußte, waren die heftigsten während meines ganzen Lebens. Ich litt mit Jesus — und konnte ihm gar nicht helfen, und diese meine Ohnmacht war mir die furchtbarste Qual, Als mein Sohn mit herzzerreißender Stimme rief: „Mich dürstet!", da hätte ich mit Freuden mein Herzblut gegeben, um dadurch den Durst meines gekreuzigten Sohnes zu mildern. Dieses *Mitleiden* mit den Leiden solcher, die Dir lieb sind, gehört zu den bittersten Heimsuchungen, und doch ist die Quelle dieser Leiden etwas Köstliches: es ist ja die Liebe. Vereinige nur stets die Qual des Mitleidens mit dem Durst Christi am Kreuz und mit meinem Verlangen, diesen Durst zu stillen, und diese gute Meinung wird Dir und anderen tausendfältige Frucht bringen."

Also: Von heute ab will ich versuchen, auch in diesem furchtbarsten aller Kreuze die Schönheit und Süßigkeit zu suchen.

19. 7. 1912

Freitag. Heute war für mich ein qualvoller Tag. Die Juli-Freitage sind in dieser Hinsicht besonders ergiebig. Es ist so arg, wenn man eine Seele sieht, der der Herr alle Wege zur Heiligkeit geebnet hat, und sie will nicht, weil sie zu sehr am Irdischen und den selbstgezimmerten Kreuzen hängt. Ich beklagte mich bitter bei meinem gekreuzigten Heiland, daß die vielen Gebete und Opfer gerade bei dieser Seele keine nennenswerte Frucht bringen. Da sprach der Herr zu mir: „Was nützt einem Kranken der beste Arzt, wenn er taub und ungehorsam ist gegen seine Anordnungen? Was hat ein Mensch von der Pracht des Paradieses, wenn er seine Augen verbindet, um nichts zu sehen?" Das war mir arg, aber ich dachte der allmächtigen Barmherzigkeit des Herrn und sagte: „Herr, Du kannst alles, was Du willst, hilf doch dieser armen Seele. Wie lang muß ich Dich noch darum bitten?" Der Herr erwiderte: „Helfen kann ich schon, aber nur *im Kreuz* ist Hilfe, und sobald ich dieser Seele Leiden schicke, kommst Du gleich und handelst mit mir und verlangst stellvertretend zu leiden. Für Dich verlangst Du niemals Erleichterung, aber wenn ich Dein Gebet für andere nicht gleich erhöre, dann betest Du ohne Unterlaß Tag und Nacht, und wenn ich dann nicht endlich helfe, sagst Du ganz erstaunt: ,Liegt es an der Unvollkommnheit und Lauheit meines Gebetes? Du verlangst ja nicht mehr, als man eben kann, also, warum hilfst Du nicht?' Und oft hast Du mit dem Wunsch gekämpft, mir zu sagen: ,Herr, sei doch nicht so streng, ich bin's ja auch nicht!' Du vergißt dann meine Allwissenheit und Gerechtigkeit und begreifst nicht, daß es Seelen gibt, die sich selbst Kreuz und Leiden schaffen, die um Kleines trauern und das Große verachten, das meine Liebe ihnen gab. Das selbstgeschaffene Kreuz ist manchen recht lieb, denn sie haben dann die ersehnte Ursache, sich selbst zu beklagen. Ich liebe Deine ungestümen Gebete, denn nur das grenzenlose Vertrauen findet ein so feuriges Bitten. Du hast das Gleichnis vom ungestümen Freund erfaßt. Erfasse nun auch das Geheimnis meines Gebetes am Ölberg. Ich habe für Euch alle Todesangst gelitten, ich habe um jede einzelne Seele gerungen, für jede einzelne Kraft zum Leiden erkauft.

Du darfst und sollst um stellvertretende Leiden beten, aber Du wirst jeweils nur einen Teil der von mir gesandten Kreuzesleiden übernehmen können. Also gib Dich zufrieden und füge Deinen Gebeten für andere stets hinzu: ,Wenn es möglich wäre, würde ich alles Kreuz auf mich nehmen, aber nicht mein Wille geschehe, sondern der Deine!' "

20. 7. 1912

Heute Vormittag kam ein hochgestellter Geistlicher aus der Münchner Diözese zu uns. Ein paarmal fiel aus seinem Mund das Wort: »unzeitgemäß«, und zwar an verkehrter Stelle. Wenn ein Laie um den Segen eines Priesters bittet, soll das »unzeitgemäß« sein. (Ich habe diesen Priester nicht um diese »unzeitgemäße« priesterliche Handlung gebeten). Die Niederlassung von Redemptoristen in München ist »unzeitgemäß«. Die Kapuziner sind ein »unzeitgemäßer« Orden. Auf einmal riß mir die Geduld und ich sagte zuerst so ruhig, daß sich mein Vis-a-vis täuschen ließ: „O ja! Es ist vieles unzeitgemäß." Dann, nach kurzer Pause: „Ganz und gar ist es auch »unzeitgemäß«, wenn gegenwärtig ein Katholik über religiöse Bräuche, priesterliche Handlungen, religiöse Orden abweisend urteilt. Ganz und gar »unzeitgemäß« finde ich es aber, wenn ein *Geistlicher* diese Dinge »unzeitgemäß« findet und für diese seine ganz unzeitgemäße Meinung auch noch Propaganda macht, namentlich bei altmodischen, also ganz unzeitgemäßen Leuten, die in jedem Priester den Stellvertreter Christi sehen und deshalb mit Freuden jede Gelegenheit ergreifen, den priesterlichen Segen zu erhalten. Himmelschreiend unzeitgemäß ist es aber, wenn ein Geistlicher die »Unzeitgemäßheit«, also »Überflüssigkeit« der religiösen Orden betont. Die Anwendung des Ausdrucks »unzeitgemäß« in der eben erwähnten Art hat der Teufel erfunden. Doch bitte ich demütigst um Verzeihung, den Teufel erwähnt zu haben, er ist jedenfalls als höchst »unzeitgemäß« auch abgeschafft."

Trotz meiner Grobheit unterhielten wir uns doch noch über den unzeitgemäßen Reichtum der hiesigen Kirche. Es wäre viel zeitgemäßer, wenn sich die Geistlichen mehr an die hohen Gewalten erinnern würden, deren Verwalter sie sind. Es ist noch nicht lange her, da sagte mir eine arme Priesterseele, sie müsse noch Wochen im Fegfeuer schmachten wegen der Mißachtung, die sie auf Erden dem priesterlichen Segen und der Weihegewalt entgegengebracht habe. Eine Gewalt besitzen und sie nicht ausüben — besonders wenn es aus Bequemlichkeit geschieht — wird mit strengem Fegfeuer bestraft. Ehe ein Priester um eine besondere Weihevollmacht anhält, soll er überlegen, ob er auch gewillt ist, von dieser Vollmacht ausgiebigen Gebrauch zu machen. Eine ganz besondere Kraft liegt auch im sogenannten »Maurussegen«. Aber wer die Vollmacht dazu hat, soll sie möglichst oft ausüben, namentlich bei Sterbenden, die der Maurussegen erleichtert. Nicht daß einst der Herr kommt und sagt: „Was hast Du mit deinem Talent getan?" Und die Antwort kommen muß: „Ich habe es vergraben."

21. 7. 1912, Fest des allerheiligsten Erlösers

Als ich heute von der Kirche heim kam, gedachte ich des kostbaren Blutes, das unser Erlöser für uns vergossen hat. Als ich dann in mein Zimmer trat, sah ich den Erlöser, »den Mann der Schmerzen«. Es war das Bild »Ecce homo«, das ich sah, in allen grauenhaften Qualen. Und ich bin nicht gestorben bei diesem entsetzlichen Anblick, aber ich bin jetzt noch erschüttert bis ins Innerste meiner armen, sündhaften Seele. Oft schon kam der Herr zu mir als Sieger über den Tod, im Glanz seiner Glorie und Liebe. Das ganze Herz wird einem da erfüllt von Jubel und Freude. Doch bei aller Liebe des Herrn schimmert dann doch viel von seiner Gottheit durch. Doch wenn der Herr sich zeigt „um unserer Missetaten willen gezüchtigt", dann ist er mir so nahe. Die Gottheit ist verborgen, nur der Glaube sieht sie. Die unaussprechliche Liebe des Herrn zeigt sich in seinem Leiden. Dem leidenden Erlöser kann man alles sagen, alles anvertrauen, um alles kann man ihn bitten. Die göttliche Liebe hat sich verborgen in der gekreuzigten Liebe. Mit tiefem Reueschmerz kann man sich dem leidenden Herrn zu Füßen werfen.

Ohne Scheu, ohne zu fragen, ganz impulsiv, löste ich die Dornenkrone vom Haupt meines geliebten Heilandes und löste die Bande, die die Hände meines Bräutigams so grausam gefesselt hatten. Doch die Armut meiner Seele kam mir immer wieder zum Bewußtsein, es war mir fürchterlich, daß ich nichts hatte, was ich dem Herrn opfern könnte. Dabei mußte ich fortwährend weinen über den armen, verlassenen Jesus. Endlich sagte ich: „Ach Herr! Sag mir doch, was ich Dir tun kann?"

„Deine Tränen, Dein Mitleid und Deine Liebe trösten mich, doch gib mir Dein Herz!"

„Ja", erwiderte ich, „mit tausend Freuden würde ich es Dir geben, aber es gehört schon längst Dir und dem Kreuz!"

„So ist es", sprach der Herr, „aber was soll ich Dir geben, was wünschest Du von mir?"

Da empfahl ich dem Herrn alle, die meinem Herzen und meiner Seele nahe stehen, für jedes verlangte ich Leidensliebe und Leidensfähigkeit, für jedes Einzelne hatte ich einen besonderen Wunsch. Der Herr war so gütig und liebreich und ich dachte immer wieder: „Und diese Liebe habe ich so oft verraten, geschmäht, zurückgewiesen!"

Da erinnerte mich der Herr, ich möchte doch nicht so ganz auf mich selbst vergessen, es sei eine besondere Gnadenstunde. Ich überließ es aber ihm selbst. Da nahm der Herr die Dornenkrone vom Bett weg, auf welches ich sie gelegt hatte, und sagte: „Nimm diese Krone der Liebe, dieses Zeichen des Spottes und der Schmach, nimm diese meine Liebesgabe und drücke sie an Dein Herz. Nicht Deine Hände werden davon verletzt, aber Dein Herz wird bluten unter den grausamen Dornenstichen. Ich trug die Dornenkrone sichtbar auf meinem Haupt, doch unsichtbar hatte der Haß der Menschheit und ihre Begierde, mich zu verfolgen, schon längst mein Herz mit Dornen umwunden. Flechte die Dornen um Dein Herz, das wird mich trösten. Jeder einzelne Dorn, der Dich verwundet, bedeutet das, was Du »Entsagungen des Herzens« nennst, bedeutet Schmach, Lästerung und Verfolgung. Der Leidensweg, den Dich bis jetzt das Kreuz geführt, war rauh, und blutig sind Deine Füße. Jetzt aber kommt der Dornenweg. Ängstige Dich nicht, ich bin bei Dir und auch ich bin diesen Weg gegangen. Dann kommt die ewige Ruhe, nach der Du so schmerzliches Verlangen trägst. Der gegenwärtige Stand meiner Kirche verlangt blutige Opfer. Hochmut und Selbsterhebung tritt die Auserwählten zu Boden, man verfolgt unerbittlich die mir ergebenen Diener, und was meinem Herzen das schmerzlichste ist: Meine auserwählten Diener, meine Priester, befeinden sich, und mancher, der mir und der Kirche die allergrößten Dienste geleistet hat, bezahlt seine Treue gegen mich mit der Verbannung. Nicht das Martyrium der ersten Christen, die ihr Leben für mich dahingaben, wird ausschließlich der größten Belohnung würdig sein. Auch die Jetztzeit bringt der Kirche die Glorie des Martyriums. Jetzt ist es ein unblutiges Martyrium, aber grausamer noch als das der ersten Christenzeit. Damals sollten die Christen den Statuen der heidnischen Götter opfern, jetzt aber will man die Menschen mit allen möglichen Mitteln veranlassen, den Götzen der Wissenschaft und der freien Forschung zu opfern. Diejenigen, die mir und ihrem alten Glauben treu bleiben, verfolgt man und gefährdet ihre Existenz, man verspottet und kreuzigt sie. Ich will und verlange, daß Du alle Donnerstage aufopferst für meine Priester, daß sie die Reinheit des Glaubens bewahren. Sag auch denen, die Dir nahestehen, daß sie darum beten, denn schreckliche Zeiten kommen.“

Ich war so betrübt, weil der Herr so streng und ernst sprach. Aber dann dachte ich, daß wir ja eine mächtige Fürbitterin haben an Unserer Lieben Frau und halb unbewußt begann ich »Salve Regina, mater misericordiae«. Da neigte sich der Herr zu mir und sagte, wie schon oft: „O sei getrost, ancilla crucifixa, siehe, ich habe die Welt überwunden!“

Dann war ich allein mit der Dornenkrone in den Händen, — sie stach mich nicht. Dann drückte ich sie an meine Brust — da entschwand sie meinen Händen und ich fühlte einen furchtbaren Druck in der Herzgegend. »Entsagungen des Herzens« — ich fürchte zu wissen, was der Herr meint. Ja, die »Entsagungen des Herzens« — das sind die drückensten Leiden. — Leiden Christi stärke mich!

* * *

ANMERKUNGEN

1 Dieses Edikt hatte den Hugenotten (Protestanten) die Religionsfreiheit gewährt.

2 Von einer Verwandtschaft zu Bischof Wittmann, von der Friedrich Ritter von Lama in seinem »Büchlein von den Engeln« spricht, hat noch niemand aus der Familie gehört.

3 Siehe Roland Röhrich, »Der oberpfälzische Volkskundler Franz Xaver Schönwerth«.

4 Laut Mitteilungen von Mater Hedwig Schabel an Frau von Lama.

5 Friedrich von Lama in »Ein Büchlein von den Engeln«, der Ausdruck stammt von Mater Schabel, die sogar Mechthild als »Weltdame« bezeichnete. (Siehe Pater Severin von Lama, »Erfahrungen mit den Armen Seelen«.

6 Siehe Band II, Briefe an A.W. S.161. Siehe auch »Aus M. Briefen von Obermarchtal« S.10. Und am 22.12.1900 schrieb sie an Pater Schora: ,,Mir wird schwer ums Herz, wenn ich an die nächste Zukunft denke, ich meine, ich warte Weihnachten ab und dann mache ich einen Strich unter mein bisheriges Eheleben und kehre zu Mama zurück." Ihr Seelenführer erlaubte es aber nicht.

7 Roland Röhrich, ,,Der oberpfälzische Volkskundler Franz Xaver Schönwerth."

8 In der Amalienstraße von München. Das Haus wurde im 2. Weltkrieg zerstört.

9 Nach Mitteilung von Mater Hedwig Schabel an Frau von Lama.

10 Nach Angaben von Mater Hedwig Schabel an Frau von Lama.

11 Ihr Mann wurde dorthin versetzt.

12 Der heilige Pfarrer von Ars sagte zu Frau von Schönwerth auf deren Hochzeitsreise, sie werde einem heiligen Kind das Leben schenken. In der Folge glaubten alle, dies wäre M. Benedikta: es war aber Mechthild.

13 Ihr Erzengel.

14 Nach einer anderen Schauung schwebte der Heilige Geist in Taubengestalt vor den über der Brust gekreuzten Händen Mariens.

15 Zeichen ihrer Stigmatisation.

16 Engel aus dem Chor der Gewalten, die fast ausschließlich Priestern dienen.

17 Grüne Farbe der Engelskleider bedeutete immer Leid.

18 Deus dedit's Haushälterin.

19 Deckname für Pater Benediktus, der zukünftige Führer von Deus dedit.

20 Mit „Kr.“ und „R.“ ist die Geliebte von Herrn Thaller gemeint.

21 Emil war der Taufname von Deus dedit. Pater Schora hatte Ancilla einen Führer namens Johannes vorhergesagt; letzterer war der Name, den Deus dedit bei Aufnahme in die Grignion-Bruderschaft erhalten hat.

22 Auch Marie des Vallées' Herz erwählte der Herr zu seinem »Blumengärtchen«. Siehe »Marie des Vallées, Sühnopfer für die Zeit der großen Bekehrung«, Verlag Hacker, Gröbenzell.

23 Die Betreffende lebte und starb später als Missionsschwester in Afrika.

24 Stigmatische Herzwunde.

25 Offensichtlich Servus Dei.

26 »Obermarchtaler« — denn Mechthild hatte auch schon in Regensburg Tagebücher für Pater Schora geschrieben, die aber verschollen sind.

27 Verstorbener geistlicher Sohn.

28 Mechthilds Variante.

Lieber Leser!

Des großen Umfanges wegen fanden wir es für besser, das vorliegende Gesamtwerk der uns so lieben Mechthild Thaller in zwei Teile zu gliedern. Damit Sie aber eine Ahnung haben, was im zweiten Teil noch alles kommen wird, lassen wir das Inhaltsverzeichnis folgen. Als Erscheinungstermin ist das Jahr 1984 vorgesehen. Der zweite Teil wird eine etwas größere Seitenzahl aufweisen und sehr wertvolle Einzelheiten aus dem Leben der begnadeten Mechthild Thaller bringen. Alle diese Berichte werden zum ersten Mal veröffentlicht. Bisher erschienen nur kleinere Auszüge aus dem großen Lebenswerk der begnadeten Mechthild. Es handelt sich um das »Büchlein von den Engeln« und »Meine Erlebnisse mit den Armen Seelen«. (Beide sind beim Miriam-Verlag erhältlich.) Sehr viele Menschen haben durch diese zwei kleinen Veröffentlichungen unsere liebe Mechthild lieben und schätzen gelernt. Das vorliegende Werk bietet nun aber ein Gesamtbild und wir wollen hoffen, daß noch viele Leser großen Nutzen aus den Erlebnissen und Erfahrungen der Mechthild auch für ihr eigenes Leben finden werden. Es ist auch gewiß, daß Mechthild eine große Fürbitterin und Helferin im Himmel ist, was schon viele Menschen erfahren durften. Der zweite Teil wird auch darüber berichten.

Josef Künzli

INHALT VON BAND II

Gute Bücher zur geistigen Vertiefung

Erlebtes und Erzähltes

unter anderem Wallfahrtsorte - Pater Pio

Ein weiteres Buch von Irmgard Hausmann

Die mit mystischen Dingen vertraute Schriftstellerin bietet uns hier selbst Erlebtes aus ihrem Leben. Es handelt sich um Berichte von ihren Besuchen bei Pater Pio, Italien, bei dem selg. Pater Scharbel im Libanon, interessante Schilderungen über ihren Besuch in Ephesus und verschiedenen anderen Orten, die alle einen religiösen und geschichtlichen Hintergrund haben.

Im 2. Teil des Buches erzählt Irmgard Hausmann *wahre* Erlebnisse die sie entweder selbst erlebt, oder ihr von Vertrauenspersonen mitgeteilt wurden. Sie sind teilweise so tiefsinnig, daß man sie nicht so leicht vergißt. Zwei davon berühren sogar den Bereich des Übersinnlichen.

176 Seiten, DM 10.80

Medjugorje — ein gesegnetes Land

Armand und Guy Girard / Janko Bubalo

Die beiden Priester Girard aus Kanada verfaßten nach einem Besuch in Medjugorje dieses Buch. Es schildert ihre Eindrücke und bringt vor allem Kunde von einer großen Mystikerin aus Kanada, die für Medjugorje vieles an Sühneleiden übernommen hat, um die Bekehrung der Menschen bei Gott zu erwirken. Sie bekommt vom Himmel dazu die Aufträge. Weitere Beiträge in diesem Buch stammen von Pater Janko Bubalo, der interessante Gespräche mit den Sehern in Medjugorje wiedergibt. 240 Seiten, 23 Farbbilder, DM 24.80

Das Leben der jungfräulichen Gottesmutter Maria

Maria von Agreda

Vorwort und Einleitung von Prof. Albert Drexel, Egg bei Zürich

Die spanische Äbtissin Maria von Agreda hatte viele Visionen und bekam Mitteilungen über das Leben der Gottesmutter Maria, damit sie alles niederschreibe für die Heilige Kirche. Maria selbst war ihre Lehrmeisterin. Päpste zollten dem Werk Anerkennung und es war Papst Pius XII. der der Übersetzerin des Werkes in die deutsche Sprache größtes Lob spendete und ihr mit Schreiben vom 27. Juli 1955 den Apostolischen Segen erteilte. Das Werk besteht aus 4 Bänden mit jeweils ca. 500 Seiten. 46 Bilder, 210 Zeichn., Leinen, Gesamtpreis DM. 120.--; einzeln 30.--.